墨香财经学术文库

"十二五"辽宁省重点图书出版规划项目

Independent Research and Development、
Tax Incentives and
High-quality Economic Development

张俊瑞 陈怡欣 危雁麟 宋晓悦 ◎ 著

自主研发、
税收优惠与经济高质量发展

东北财经大学出版社
Dongbei University of Finance & Economics Press
大连

图书在版编目（CIP）数据

自主研发、税收优惠与经济高质量发展 / 张俊瑞等著. —大连：东北财经大学出版社，2021.1

（墨香财经学术文库）

ISBN 978-7-5654-4032-8

Ⅰ. 自… Ⅱ. 张… Ⅲ. 中国经济-经济发展-研究 Ⅳ. F124

中国版本图书馆CIP数据核字（2020）第237218号

东北财经大学出版社出版发行

大连市黑石礁尖山街217号 邮政编码 116025

网 址：http：//www.dufep.cn

读者信箱：dufep @ dufe.edu.cn

大连永盛印业有限公司印刷

幅面尺寸：170mm×240mm 字数：275千字 印张：19.25 插页：1

2021年1月第1版 2021年1月第1次印刷

责任编辑：王 丽 责任校对：王 力

封面设计：冀贵收 版式设计：钟福建

定价：58.00元

教学支持 售后服务 联系电话：（0411）84710309

版权所有 侵权必究 举报电话：（0411）84710523

如有印装质量问题，请联系营销部：（0411）84710711

本书获得陕西省知识产权战略研究项目（ZL2011-09）、陕西省科技计划项目（软科学）重点项目（2013KRZ18）、陕西省社科界2014年度重大理论与现实问题研究项目（2014Z017）、陕西省社科界2019年度重大理论与现实问题研究项目（2019SS005）的资助。

第一作者简介

张俊瑞，男，经济学（会计学）博士，西安交通大学管理学院教授、博士生导师，会计学科负责人；全国会计专业学位研究生教育指导委员会委员；中国会计学会理事；中国会计学会会计教育分会常务理事暨轮值会长；中国会计学会会计教育专业委员会委员；中国成本研究会理事；陕西会计学会副会长；入选教育部“新世纪人才支持计划”（2007），财政部“会计名家培养工程”（2015），获财政部“会计名家”证书（2019）。在“Journal of Accounting and Public Policy”“Journal of Business Ethics”等国际期刊发表SSCI论文27篇，在《会计研究》《金融研究》等重要期刊发表论文200余篇。出版专著、译著、教材20余部。主持国家自然科学基金面上项目4项、国家社会科学基金规划项目1项、国家社会科学基金重大项目子课题2项，主持省部级科研课题20余项。获国家级教学成果奖二等奖1项，省级教学成果一等奖、二等奖5项；获教育部高校人文社科奖三等奖1项，陕西省哲学社科优秀成果奖一等奖、三等奖4项，陕西省科学技术奖二等奖、三等奖3项。

前言

党的十八大以来，我国致力于建设创新型国家和创新型社会。习近平总书记指出，科技创新是核心，抓住了科技创新就抓住了牵动我国发展全局的“牛鼻子”。目前，结合中长期发展战略和科技革命的影响，我国正在推进产业升级，促进经济高质量发展。在这一过程中，激活企业自主创新的驱动力，加大力度推动企业积极投入自主研发，提高核心竞争力，不仅是建设创新型国家的战略需要，也是助力创新驱动经济发展的关键路径。在每一个企业成立和存续期间，税款缴纳都是贯穿始终的必要环节，因此从税收角度展开优惠激励，以税收优惠提升企业自主研发信心、规避创新的潜在风险，是促进企业加入科技创新大潮，有力助推经济高质量发展的重要手段。

本书从着力抓住科技创新、助力实现经济高质量发展出发，探索了提高税收优惠政策运用效率以提升企业自主研发信心和积极性的问题所在和解决方案。具体来说，本书依托近十年来研究团队完成的陕西省科技计划项目（软科学）重点项目“陕西省研发费用加计扣除政策的实施现状及对策研究”（2013KRZ18）、陕西省社科界2014年度重大理论与现实问题研究项目“陕西企业自主研发与区域经济发展模式研究”（2014Z017）、陕西省社科界2019年度重大理论与现实问题研究项目（2019SS005）、陕西省知识产权战略研究项目“陕西企业研发投入、知识产权产出与企业成长研究”（2012）等课题，着眼于宏观和微观两个层面，分别以我国除港澳台地区以外的31个省（自治区、直辖市）[①]区域数据和企业数据为样本，经过系统的调查研究，形成了系列研究成果，并从如下几个方面凝练为本书的主体研究内容：

首先，本书剖析了我国倡导经济高质量发展的深刻内涵，以及在全球新一轮科技革命的发展浪潮中我国抓住机遇，推进科技创新、助力经济高质量发展的政策导向和总体情况，并突出关注了与自主研发相关的税收优惠政策。其次，本书从企业角度就如何根据企业实际选取适合的自主研发创新模式进行了探讨并给出了相关建议，根据相关实证研究结论，详细阐述了自主研发活动在微观企业层面和宏观经济高质量发展层面的具体影响。再次，本书在梳理了我国自主研发相关税收优惠政策发展进程的基础上，从经济高质量发展中的研发投入水平和新旧动能转换情况，以及税收优惠政策落实等方面，依据全国范围内31个省市的相关资料和数据对目前的发展现状进行了总体分析，选取我国科教大省陕西省为典型案例展开剖析，并以其相关数据为参照获得了横向、纵向对比结论；同时，在税收优惠政策方面，本书还选取了最具代表性和企业普适性的研发费用加计扣除政策进行了政策落实的深入分析，最终根据以上所述现状研究的相关结论总结存在的问题及其成因，从而有针对性地提出一系列改善方案和政策建议。最后，本书从理论分析和实证研究等多个视角对税收优惠政策，尤其是研发费用加计扣除政策的落实在企业价值创造和经济高质量发展层面发挥的作用得出了有力的结论，阐明了有效落实税收优惠政策对促进经济高质量发展的重要意义。

本书的读者对象为有意愿及需要进行自主研发决策的企业技术人员及管理人员，实施研发费用加计扣除等税收优惠政策的相关政府机构人员，高等院校从事会计、财务、税收、创新、区域经济等学科的教学和

① 本书后文如无特殊说明，均称为“31个省市”。

研究工作的教师和学生。

本书由张俊瑞教授、陈怡欣、危雁麟和宋晓悦共同撰写完成。其中，张俊瑞教授为各项课题负责人，主要负责全书逻辑框架的构建，第1章、第6章的撰写以及全书统稿、润色等工作。陈怡欣主要负责本书第3章、第8章的撰写，以及相关部分书稿的内容整理。危雁麟主要负责本书第5章、第7章、第9章的撰写，并协助对全书进行统稿。宋晓悦主要负责本书第2章、第4章的撰写，以及全部书稿的校对工作。

程子健、刘彬、张琦、李美谕、郭磊、孙铁、程茜等人也参与了各项课题的研究工作，为本书提供了丰富的素材，在此向他们表示衷心的感谢！

作　者

2020年8月于西安交通大学

目录

1 绪论

1.1 研究背景

随着时代不断发展进步，创新理念和实践活动的价值和意义不断显现。一直以来，党和政府都对创新予以了高度重视，并将创新发展理念作为制定我国发展战略、推动我国发展建设的重要指导理念。

2006年的全国科学技术大会上，中共中央、国务院在科学分析我国的基本国情和全面判断我国战略需求的基础上，做出了建设创新型国家的重大决策。建设创新型国家，核心就是把增强自主创新能力作为国家发展科学技术的战略基点，推动科学技术的跨越式发展。把增强自主创新能力作为调整产业结构、转变经济增长方式的中心环节，建设资源节约型、环境友好型社会，推动国民经济又快又好发展。在席卷全球的金融海啸之后，各国之间进行自主科技研发的竞争变得更加激烈。建设创新型国家、提高自主创新能力已经成为全社会的共识。

2013年11月党的十八届三中全会通过了《中共中央关于全面深化改革若干重大问题的决定》(以下称《决定》)。《决定》指出，要紧紧围绕使市场在资源配置中起决定性作用深化经济体制改革，加快转变经济发展方式，加快建设创新型国家，推动经济更有效率、更加公平、更可持续发展。此外，《决定》还要求深化科技体制改革，建立健全鼓励原始创新、集成创新、引进消化吸收再创新的体制机制，强化企业在技术创新中的主体地位，发挥大型企业创新骨干作用，激发中小企业创新活力。

2015年，李克强总理在政府工作报告中强调了要推动“大众创业、万众创新”，并以形成“人人创新”新势态为目标，面向全社会发起了人人参与自主创新的呼吁，此后又进一步提出“推动大众创业、万众创新是充分激发亿万群众智慧和创造力的重大改革举措，是实现国家强盛、人民富裕的重要途径，要坚决消除各种束缚和桎梏，让创业创新成为时代潮流，汇聚起经济社会发展的强大新动能”，这充分说明了自主创新活动作为驱动经济社会良好健康发展的重要活动，需要全国人民凝聚力量和智慧、共同积极参与，因此如何广泛增强创新活力已成为提高我国核心竞争力、促进经济发展过程中应予以有效解决的重要问题。

2016年5月，中共中央、国务院发布《国家创新驱动发展战略纲要》(以下称《纲要》)，作为国家实施创新驱动发展战略的顶层设计文件，为实施好创新驱动战略做出系统谋划和全面部署。《纲要》指出，将创新作为引领发展的第一动力，科技创新与制度创新、管理创新、商业模式创新、业态创新和文化创新相结合，并提出到2020年进入创新型国家行列、到2030年跻身创新型国家前列、到2050年建成世界科技创新强国的“三步走”目标。

2017年10月，习近平总书记在中国共产党第十九次全国代表大会上所作的报告中指出“发展是解决我国一切问题的基础和关键，发展必须是科学发展，必须坚定不移贯彻创新、协调、绿色、开放、共享的发展理念”，将创新驱动视为我国科学发展的重要驱动要素之一，足以看出创新在我国发展战略规划中的重要地位，积极鼓励自主创新无疑是促进经济社会科学发展的必要行动方向。

2018年，国务院印发《关于推动创新创业高质量发展打造“双创”升级版的意见》提出了加大财税政策支持力度；推动高校科研院所创新创业深度融合，健全科技成果转化的体制机制；打造具有全球影响力的科技创新策源地，培育创新创业集聚区，发挥“双创”示范基地引导示范作用等八个方面的政策措施，发挥好我国大规模人力人才资源的优势，提供全方位的创新创业支持。

2019年12月31日，国务院办公厅印发《关于支持国家级新区深化改革创新加快推动高质量发展的指导意见》（以下简称《意见》）。《意见》指出，国家级新区是承担国家重大发展和改革开放战略任务的综合功能平台，要以习近平新时代中国特色社会主义思想为指导，全面贯彻党的十九大和十九届二中、三中、四中全会精神，坚持稳中求进的工作总基调，坚持新发展理念，坚持以供给侧结构性改革为主线，突出高起点规划、高标准建设、高水平开放、高质量发展，用改革的办法和市场化、法治化的手段，大力培育新动能、激发新活力、塑造新优势，努力成为高质量发展引领区、改革开放新高地、城市建设新标杆。随着时代的发展，我国对于创新要素驱动的重视程度日益提升，重视高新区的布局和优化，致力于营造良好的创新创业环境，以集聚的高端创新资源带动地区经济发展，乃至满足国家战略和产业发展需求。目前我国正处在改革和发展的关键时期，大力推进创新发展是我国顺应时代特征和趋势、积极应对全球竞争环境新挑战、有力推动社会经济稳定健康发展前提下的科学选择。对于市场主体而言，充分调动自主研发积极性，加快自主研发步伐，有利于在市场主体中将创新驱动发展理念付诸实践，从而以创新推动市场主体从容应对复杂多变的市场竞争环境。具体来说，激励市场主体重视自主研发、提高自主研发投入意愿，并积极从事自主研发活动，是有效在市场主体中贯彻落实自主创新的必然决策和必要途径。

1.2 与自主研发相关的税收优惠政策

1.2.1 发达国家在自主研发方面的税收优惠政策

本书通过收集相关资料，整理了美国、英国、日本等发达国家关于自主研发费用相关的税收优惠政策，总结归纳如下：

1）美国在自主研发方面的税收优惠政策

美国税法规定，符合规定的研发费用，超过基础部分的，可以给予20%的税收抵免，此为常规性抵免（traditional credit）。另一种税收抵免的形式是选择性简化抵免（alternative simplified credit），是指企业本年度有效研发投入超出企业在前三年研发投入均值的50%的部分可享受14%的税收抵免。如果企业前三年无研发投入，则当期产生的有效研发投入可享受6%的抵扣额。这种方式不考虑总收入增长问题，只考虑研发投入情况，适用于大多数企业。此外，美国对产学研合作研发活动给予特别优惠。对于企业支付给合格小企业、大学或州立实验室的外部研究费用，可100%计入抵免额基数，但其他类型的研究费用仅按65%计入。

2）英国在自主研发方面的税收优惠政策

英国针对中小企业和大型企业有不同的研发活动税收激励政策，加计扣除标准因企业规模的大小而不同，不受企业所在行业的限制。中小型企业的研发支出可以税前加计扣除225%。若中小企业财务亏损，还可享受纳税年度合格研发费用24.75%的现金补贴。而大型企业的研发支出可以税前加计扣除130%或享受10%的税收抵免。

3）日本在自主研发方面的税收优惠政策

日本在自主研发税收激励方面，也是针对中小型企业和大型企业分别提供应纳税额抵免政策，但政府还提供了所有企业都适用的额外税收抵免政策。中小型企业可以抵扣12%的研发支出总额，但税收抵扣额不能超过企业在全国的所得税总额的20%。除了这些基础的抵免政策，如果中小型企业购买用于国内制造业等特定产业的新设备，可享受额外税收优惠，例如税收折扣和抵免。大型企业可以抵扣8%~10%的研发支出总额，但是同中小型企业一样也受到所得税总额20%的限制。如果研发支出超过平均销售收入的10%，那么大型企业可拥有额外抵免优惠权利。

4）澳大利亚在自主研发方面的税收优惠政策

澳大利亚在2009年将实施多年的加计扣除政策改为税收抵免政策。目前，澳大利亚对于符合条件的年营业额小于2 000万澳元的内外资企业发生的合格研发费用给予45%的税收抵免，大于2 000万澳元企业的抵免比率为40%。可见，澳大利亚的研发税收优惠也更倾向于中小型企业。

5）法国在自主研发方面的税收优惠政策

法国研发税收抵免是从量计征的，并未明确区分企业规模。企业纳税年度有效研发支出未超过1亿欧元的，可抵扣应纳税款的30%，超过部分可抵扣5%；对于初次享受税收抵免政策或是前五年未享受税收抵免政策的企业，有效研发支出不超过1亿欧元的，第一年可抵扣研发支出的40%，第二年可抵扣35%，第三年可抵扣30%，超过部分可抵扣5%。另外，法国设立了未使用抵免即可即时退税的政策，主要针对新设立企业、中小型企业、以创新业务为主体的企业和身陷财务困境的企业。此外，法国政府还出台了一系列的其他税收激励政策，例如针对创新活动的税收补贴、创新产品使用过程中的固定资产加速折旧、降低销售专利技术的所得税税率等。

1.2.2 我国在自主研发方面的税收优惠政策

我国关于研究与开发费用相关的税收优惠政策最早出现在1996年，由财政部颁布的《财政部、国家税务总局关于促进企业技术进步有关财务税收问题的通知》（财工字〔1996〕41号）中对“三新”投资每年增长率超过10%的企业，可以按照实际发生的费用额度抵扣50%的应纳税所得额，其后数次明确政策的适用范围，使得各所有权性质以及经营状况的企业都得到惠及，并对研发费用的范围做出更加明确的划分，这一举措激发了企业加大科技创新投入的积极性，增强了企业的竞争力。

2008年，国家税务总局发布的《企业研究开发费用税前扣除管理办法（试行）》（国税发〔2008〕116号）进一步完善了研发费用加计扣除政策，并通知各省、自治区、直辖市和计划单列市国家税务局、地方税务局实施，明确界定了企业研发活动范围和研发费用归集标准，使得相关政策的落实更加到位。2015年财政部、国家税务总局和科技部制定下发《关于完善研究开发费用税前加计扣除政策的通知》（财税〔2015〕119号），整体上扩大了研发活动的范围。

2017年，财政部、国家税务总局发布《关于创业投资企业和天使投资个人有关税收试点政策的通知》规定，公司制创业投资企业采取股权投资方式直接投资于种子期、初创期科技型企业满2年的，可以按照投资额的70%抵扣应纳税所得额，天使投资个人采取股权投资方式直接投资于初创科技型企业满2年的，可以按照投资额的70%抵扣转让该初创科技型企业股权取得的应纳税所得额。该政策在8个全面创新改革试验区域和苏州工业园区试点，并在2018年7月起推广至全国，此项对投资初创科技型企业的税收优惠旨在将资本引入政府希望大力发展的科技创新领域，进一步提高企业自主研发的积极性，提高企业的风险承担能力，以创新战略推动国家发展。

2017年7月，国家税务总局推出了《“大众创业　万众创新”税收优惠政策指引》，梳理了“双创”相关的所有税收优惠政策。截至2017年7月，我国针对创业就业主要环节和关键领域陆续出台了83项税收优惠措施，几乎涵盖了企业从初创期、成长期到成熟期的整个生命周期。优惠税种主要包括企业所得税或个人所得税、增值税等，优惠方式包括免征、可抵扣、分期缴纳等方式。全面而多样化的税收优惠政策极大地释放了“双创”企业的发展动能，极大地鼓励了初创期科技型企业的发展。

1.2.3 我国自主研发税收优惠政策的特点：与其他国家相关政策对比

相关研究对我国自主研发相关税收优惠政策的具体特点及国际对比

进行了详尽的讨论。在这一方面，本书通过资料收集及评估分析，参考了黄娅玲和汪树强发表于《中国税务报（网络版）》的文章《激励研发：企业所得税优惠的国际借鉴》中的相关观点[①]，具体归纳总结如下。

第一，我国自主研发相关税收优惠政策的限制较多，普惠性不足。我国现行激励研发的税收优惠政策很多存在领域、对象、时间等因素的限制，只有符合规定条件的行业及企业所发生的特定研发活动才能享受相关的税收优惠。国外研发费用税收优惠政策多为普惠性与特别优惠兼顾，绝大多数国家的研发税收优惠政策适用于所有企业，没有行业或技术领域限制。对于一些特定目标，多数国家选择在普惠性的基础上，再给予一定特殊优惠，如对于中小型企业、产学研合作研发、信息技术、能源等行业以及企业聘用高层次人才等，给予一定特殊优惠。

相对于国外，我国的研发费用税收优惠政策在普惠性方面存在差距，可进一步放宽行业、规模、优惠时间等限制，鼓励所有开展合格研发活动的企业均可享受相关税收优惠政策。

第二，我国主要采用税前加计扣除政策。如前所述，在采用加计扣除的优惠政策时，应税义务减少的额度取决于企业所得税税率。对于符合条件的高新技术企业而言，其适用15%的所得税优惠税率，这反而在一定程度上减弱了研发费用加计扣除对高新技术企业研发活动的激励作用，不利于促进企业的研发创新。相反，国外的自主研发相关税收优惠政策中税收抵免占多数。税收抵免是从应纳税额中直接减免，而加计扣除是从企业应纳税所得额中在按正常情况100%扣除了工资、资本项目折旧的基础上，再额外给予一定比例的扣除。这两种机制的主要区别在于：前者直接减少应税义务，而后者应税义务减少的额度取决于适用的企业所得税税率。

与多数国家采用税收抵免的方式相比，我国的税前加计扣除政策激励程度不足，我国在税收优惠政策中可进一步引入税收抵免，形成更加丰富的优惠政策。

---

① 来源链接：http：//www.ctaxnews.com.cn/2018-09/04/content_945114.html。

1.3 税收优惠对自主研发活动的激励原理

对于以企业为代表的市场主体来说，创新是增强企业竞争力、促进企业发展的有力驱动因素，而自主研发活动则是企业创新的重要实践途径，通过进行自主研发能够帮助企业打造具有充分自主权的核心竞争优势以应对日益激烈的市场竞争环境，因此自主研发活动对企业的意义和价值毋庸置疑。然而不可否认的是，自主研发活动具有的高不确定性和高风险等特点大大制约了企业的研发费用投入及创新意愿，也正因如此自主研发过程中产生的研发费用能够反映企业的科技创新能力和水平。

从企业角度来看，企业内部的自主研发活动是一项投资大、周期长、风险高的活动，影响因素非常多，且具有较大的不确定性，稍有不慎就会导致研发工作失败，企业的研发投入也很可能血本无归。这一情况说明企业在肯定完成自主研发所获得的技术优势和盈利增长的同时，也会考虑进行自主研发投入后，研发失败风险的存在所导致的企业产生损失的潜在可能性，因此企业在进行自主研发活动决策、确定研发投入水平时会更为审慎，甚至最终决定放弃自主研发。企业自主研发积极性的削弱，将不利于企业顺应时代发展，通过充分发挥创新要素的驱动作用，培养企业的核心竞争力，并进一步推动企业的科学、长远发展。

创新驱动发展理念，是我国发展战略规划的重要组成部分，有力贯彻落实创新发展理念、推动企业积极开展自主研发活动与市场各方息息相关，且需要各方对企业等研发主体的支持和激励。对于企业来说，正是由于自主研发活动本身所具有的高不确定性和高风险特点通常会对企业研发投入水平及自主研发意愿产生制约作用，因此在建立企业制定自主研发决策、加大自主研发投入的激励机制过程中，需要考虑采取一系列措施降低企业在自主研发活动中所负担的成本，以期有效削减企业对自主研发活动存在的风险所预期的潜在损失，从而提高企业对自主研发活动的积极性。

根据上述分析，相关政府部门作为政策的制定者和执行者，能够通过颁布与推广一系列科技政策和财税政策的方式来激励企业自主研发的积极性。以税收角度为例，财政、税务等相关部门发布并落实针对企业自主研发活动的税收优惠政策，能够通过一定程度的税收减免帮助企业部分规避研发失败风险所导致的相应损失，使企业切实在自主研发活动中获得利益，从而借助税收优惠有效改善企业进行自主研发活动的收益预期，并最终促进企业加大自主研发方面的投入。目前，已有针对开展自主研发活动的企业的相关税收优惠政策经由相关部门发布并予以施行，并在激励企业自主研发积极性方面收获了显著成效，充分证明了税收优惠政策在企业自主研发活动的激励机制中的积极作用。

1.4 科技革命引领经济高质量发展

1.4.1 经济高质量发展的内涵剖析

1）发展历程

1953年，我国开始实施“五年计划”（从“十一五”起，“五年计划”改为“五年规划”），对国家重大建设项目、生产力分布和国民经济重要比例关系等做出规划，为国民经济发展远景规定目标和方向。实施“五年规划”以来，我国GDP水平基本保持了稳步且高速的增长，具体成效如图1-1所示。

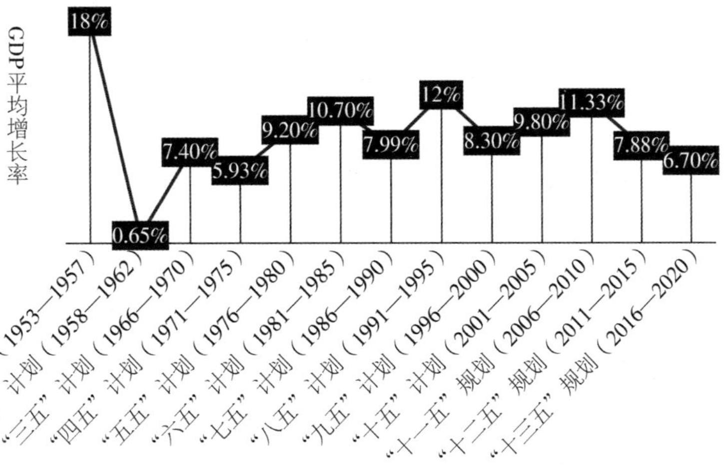

图1-1 我国各个五年规划（计划）期间GDP平均增长率统计图

党的十八大以来，我国对经济发展的规律性认识进一步深化，明确提出“我国经济已由高速增长阶段转向高质量发展阶段”的重要论断。党的十八大首次提出“五位一体”总布局，即经济建设、政治建设、文化建设、社会建设和生态文明建设五位一体，这既承袭了科学发展观的理念，又将生态文明建设提到了前所未有的高度。

在之后的2014年11月9日APEC工商领导人峰会上，习近平总书记提出“新常态将给中国带来新的发展机遇”。中国经济的新常态，有三个主要特点：一是从高速增长转为中高速增长；二是经济结构不断优化，第三产业消费需求逐步成为主体，城乡区域差距逐步缩小，居民收入占比上升，发展成果惠及更广大民众；三是从要素驱动、投资驱动转向创新驱动。新常态下，中国经济增速虽然放缓，但实际增量依然可观，增长动力更为多元，经济结构优化升级保障了稳定的发展前景，为中国经济带来新的发展机遇。

2016年，我国颁布了“十三五”规划，其目标要求为：2016—2020年间，经济保持中高速增长，在提高发展平衡性、包容性、可持续性基础上，到2020年国内生产总值和城乡居民人均收入比2010年翻一番，产业迈向中高端水平，消费对经济增长贡献明显加大，户籍人口城镇化率加快提高。农业现代化取得明显进展，人民生活水平和质量普遍提高，现行标准下农业贫困人口实现脱贫，贫困县全部摘帽，解决区域性整体贫困。国民素质和社会文明程度显著提高。生态环境质量总体改善。各方面制度更加成熟、更加定型，国家治理体系和治理能力现代化取得重大进展。

2017年，党的十九大报告指出，我国经济已由高速增长阶段转向高质量发展阶段，正处在转变发展方式、优化经济结构、转换增长动力的攻关期。在此背景下，我国各省份各地市不能再持续原有的粗放式的经济增长模式，原来的经济发展思路也需要转变，必须从一切以GDP增长为中心转变为以维持经济高质量发展为中心的路线上来。为了经济向高质量转型，并且加快产业升级和产能淘汰，需要坚持供给侧结构性改革策略，坚持“三去一降一补”的政策方针，即去产能、去库存、去杠杆、降成本、补短板。

2018年，面对复杂严峻的国际环境以及国内供给侧结构性改革加速推进过程中不可避免的困难，我国经济依然实现了6.6%的增速，是世界前五大经济体中增长最快的，也是拉动世界经济增长最大的力量来源。

2019年以来，面对国内外风险挑战明显上升的复杂局面，习近平总书记在不同场合多次强调高质量发展，阐明了许多关键问题，提出一系列具体要求。2019年4月17日，习近平总书记在重庆考察时强调要坚定不移推动高质量发展，扭住深化供给侧结构性改革这条主线，把制造业高质量发展放到更加突出的位置，加快构建市场竞争力强、可持续的现代产业体系。2019年6月28日，习近平总书记在出席二十国集团领导人第十四次峰会时谈到，我们要大力推进结构性改革，通过发展数字经济、促进互联互通、完善社会保障措施等，努力实现高质量发展。要营造有利市场环境，尊重、保护、鼓励创新，提倡国际创新合作。2019年10月11日，习近平总书记在致2019中国国际数字经济博览会的贺信中写道，中国高度重视发展数字经济，在创新、协调、绿色、开放、共享的新发展理念指引下，中国正积极推进数字产业化、产业数字化，引导数字经济和实体经济深度融合，推动经济高质量发展。

2）经济高质量发展评价体系研究综述

根据前文所述时代背景、相关政策和讲话精神可以看出，我国正处于突破结构性矛盾和资源环境瓶颈，实现高质量、高效率、可持续发展的关键时期，这也是我国实现社会主义现代化的必由之路。由于经济高质量发展的重要性和紧迫性，目前已有很多文献围绕经济高质量发展进行了研究。具体来说，现有文献主要从经济评价指标构建和城市经济发展质量评价两个角度对经济高质量发展情况进行研究。

在相关研究中，一类聚焦于指标构建，旨在立足于特定政治目标和经济布局构建经济质量评价体系。李旭辉（2019）运用主客观组合赋权法和线性加权评价模型对“十二五”规划期间中国经济社会发展绩效进行动态评价。宋明顺和张霞等（2015）则从竞争质量、民生质量、生态质量三个维度共选取8个指标测度宏观质量指数，采用熵权法确定权重，其测定出的结果与2005—2010年我国和标杆国家的经济及社会发展状况相吻合，说明其构建指标的客观、科学及可操作性。张云云和张新华等（2019）采用物元模型从4个维度选取17个指标构建衡量体系，发现省域经济发展质量整体处于中低水平，且区域之间经济发展质量水平不均衡，整体呈现“东部-中部-西部”逐渐递减的趋势。王志博（2019）运用熵值法对2016年我国31个省市经济、人口、社会和生态环境4个子系统和区域经济高质量发展之间的关联程度进行分析，提出相关建议。张蕊（2018）从企业战略经营目标出发，提出基于高质量经济发展视角下的协调五大发展理念的企业经营业绩评价的重点是：创新与核心竞争力的形成与保持，“三去一降一补”任务的完成，绿色低碳循环发展，企业间的联动以及利益共享度。黄顺春和何永保（2018）从党的十九大以来提出的重点关注领域生态系统出发构建区域经济高质量发展评价体系，选取了区域绿色生态、社会人文、企业发展、经济效率、开放创新、民生共享6个维度设计评价体系，并在此基础上构建熵值-生态位评价模型以对区域经济高质量发展展开评价。刘丽波和曾毅漫等（2018）从监测角度提出了一套评价体系，包括增长动能转换、产业结构优化、需求结构升级、效率效益提升、发展环境优化5个维度。刘干和郑思雨（2018）使用熵值法和模糊综合性加法测算了我国31个省市2010—2016年的经济高质量发展综合得分，从动态和静态两个视角探索各省市的经济高质量发展状况，发现省市发展明显不均衡的状况。关晓光和葛志杰（2000）建立了综合定量测度质量经济效益的评价指标，并以机械工业企业为例做了实证分析验证指标的合理性。华坚和胡金昕（2019）基于灰色关联分析，构建了科技创新系统与经济高质量发展系统耦合协调度评价模型，对我国30个省级地区的耦合协调度进行评价。郑苗秧（2006）基于模糊综合评判原理和质量效益理论提出了构建服装企业质量经济效益综合评价模型。

另外一类关于经济高质量发展的研究，聚焦于对某一个省份或者城市群进行评价，是基于特定目标而进行的经济评价。其中，一部分关注对长江经济带的研究，如李旭辉和朱启贵（2018）分析了长江经济带16个中心城市经济社会发展水平，将其分为4类，表明区域发展差异。裴潇和蒋安璇等（2019）关注长江经济带11座城市1999—2016年民间投资和绿色技术创新，用空间杜宾模型，揭示了长江经济带绿色技术创新呈现空间集聚效应，民间投资对技术创新有一定促进作用，但限制于规模，投资主要集中在低端产业。何寿奎（2019）指出长江经济带存在的多种问题，提出营造长江经济带环境治理与绿色产业发展协同推进的政策环境、构建生态环境服务定价机制与补偿机制、加强服务监督与评价等。另一部分研究聚焦于城市经济质量评价，上海财经大学课题组（2014）从三个维度考虑上海转型发展评价指标，即经济结构合理化、创新驱动和经济运行质量、社会生态环境优化。伍凤兰（2014）构建经济效益、社会效益和生态效益三层综合评价指标，运用层次分析法对深圳经济发展质量进行测算，找出深圳经济发展质量提升的因素。同样是针对深圳经济发展问题的研究，施洁（2019）从创新性、有效性、可持续性、协调性、共享性这五大方面对深圳的经济质量进行了考量并与我国其他五大城市的经济质量总指数和分指数进行了比较，阐述深圳发展的优势与短板。另外还有文章分析了陕西省（徐彤，2011；董鸣皋，2014）、青岛市（薛永杰、闫金玲，2017）、北京市昌平区（范宣丽、白艳娟等，2016）、丝绸之路沿线城市（张立杰、梁锦凯，2019）、连云港市（温迎新，2019）、宁波市（马丁玲、颜颖颖，2018）等地区的经济社会发展。

总体来看，以上关于经济质量评价指标的构建主要存在两个方面的差异：一是评价指标的选择（总结为表1-1）；二是评价指标构建的方法（总结为表1-2）。

由以上总结可见，目前关于全国或地区经济高质量发展评价指标的构建主要是基于特定政治目标和整体经济布局形成的综合性指标，而相关研究多数将科技创新方面的相关指标作为评价经济高质量发展的重要维度。

表1-1　　经济发展评价指标选择

维度	二级指标	来源
1.经济建设 2.政治建设 3.文化建设 4.社会建设 5.生态文明建设	1.经济结构、经济效益、创新驱动 2.治理能力 3.文化投入、文化产出 4.民生改善、科技创新、教育卫生、社会保障就业 5.环境保护、自然资源	李旭辉（2019），“五位一体”总布局视角下经济社会发展绩效综合评价研究——以中国“十二五”期间实证为例；李旭辉、朱启贵等（2018）
无维度	经济发展、资源循环利用、生态环境保护、科技支撑、社会进步	董鸣皋（2014）
经济效益、社会效益、生态效益	无二级指标，直接对应三级指标	伍凤兰（2014）
宏观质量、竞争质量、民生质量、生态质量	国民总收入、财富世界500强、世界品牌500强、人均国民收入、基尼系数、CPI、单位能耗产生GDP、PM10	宋明顺等（2015），研究对象为中国与标杆国家
经济效益、创新发展、人民生活、可持续发展	对应三级指标	张云云等（2019），研究对象为我国31个省市
1.经济发展 2.社会发展 3.资源环境发展 4.对外发展	1.经济增长、结构优化 2.科技创新、社会建设 3.资源消耗、环境质量 4.国际贸易、国际合作	范宣丽等（2016），研究对象为北京市昌平区
1.区域经济发展综合指数 2.区域经济增长指数	1.物质资本、人力资本、能源消耗、环境污染、科技创新、产业环境、对外开放程度、教育环境、政府干预程度 2.区域GDP	袁晓玲等（2017），研究对象为陕西省1998—2014年的数据
目标层共30个指标	1.创新驱动（6个指标） 2.转型发展（17个指标） 3.民生改善（7个指标）	上海财经大学课题组（2014），研究对象为上海市

续表

维度	二级指标	来源
1.自然子系统 2.经济子系统 3.社会子系统	1.绿色生态高质量 2.企业发展高质量、经济效率高质量、开放创新高质量 3.社会人文高质量、民生共享高质量	黄顺春等（2018），无特定研究对象
1.增长动能转换 2.产业结构优化 3.需求结构升级 4.效率效益提升 5.发展环境优化	1.消费拉动、创新驱动、新动能 2.工业转型升级、服务业提质增效 3.居民消费能力水平、投资结构、外贸结构 4.投入产出效率、经济社会效益 5.营商环境便利性、金融环境稳定性、收入分配合理性	刘丽波等（2018），只是构建指数
经济高质量发展总指数	有效性、协调性、创新性、共享性、可持续性	施洁（2019），研究对象为深圳市
经济高质量发展水平	居民生活水平、产业结构、对外贸易、科技教育、绿色环保	刘干等（2018），研究对象为我国31个省市
1.经济创新发展 2.经济协调发展 3.经济绿色发展 4.经济开放性发展 5.经济共享型发展	1.效率程度、经济规模、产业结构、投资消费结构 2.金融结构、城乡二元结构、经济波动 3.资源能耗、环境污染 4.外资利用程度、进出口规模 5.福利变化、基础设施	华坚、胡金昕（2019），研究对象为我国30个省级地区

表1-2　　经济发展评价指标构建方法

序号	数学方法	来源
1	主客观组合赋权法和线性加权评价	李旭辉（2019）、董鸣皋（2014）
2	二次加权的“纵横向”拉开档次动态评价	李旭辉、朱启贵等（2018）
3	层次分析法	伍凤兰（2014）
4	熵值法	宋明顺等（2015）、薛永杰等（2019）、王志博（2019）、黄顺春等（2018）、刘干等（2018）
5	物元模型与GIS技术	张云云等（2019）
6	EKC模型	徐彤（2011）
7	空间杜宾模型	裴潇等（2019）
8	DEA-Malmquist-Tobit方法	张立杰等（2019）
9	模糊评判原理和质量效益理论	郑苗秧（2006）、刘干等（2018）、关晓光等（2000）
10	因子分析法	李莹等（2019）
11	灰色关联分析	华坚等（2019）

1.4.2 经济高质量发展中的创新机遇

近年来，我国科技事业密集发力、加速跨越，实现了历史性、整体性、格局性重大变化，重大创新成果竞相涌现，一些前沿方向开始进入并行、领跑阶段，科技实力正处于从量向质的飞跃、由点的突破向系统能力提升的重要时期。

从世界科技发展大势来看，第四次工业革命正在重构全球创新版图、重塑全球经济结构。科学技术从来没有像今天这样深刻影响着国家前途命运，从来没有像今天这样深刻影响着人民生活福祉。

研究表明，从现在到2040年前后，将是新科技革命孕育发展的关键时期，正在带来世界发展格局的深刻变化。谁能把握住新科技革命的趋势、特征和战略先机，谁就有可能在未来发展中取得领先优势。新科技革命正以人工智能、物联网、能源互联网、生命创制、基因工程等为核心快速孕育发展，对人类社会可能带来前所未有的影响和变革。

从2013年到2019年，习近平总书记多次提到“新一轮科技革命”或“第四次工业革命”，要推动以科技创新为核心、不断推进科技创新、管理创新、产品创新、市场创新、品牌创新的全面创新。新一轮科技革命涵盖众多科技领域，每个领域几乎都与新一代信息技术息息相关，大数据、云计算、移动互联网等新一代信息技术的互相融合致使创新的迸发和传播速度空前，因此，习近平总书记强调科技革命的机会稍纵即逝，抓住了就是机遇，抓不住就是挑战。这就要求我们必须增强忧患意识，紧紧抓住和用好新一轮科技革命和产业革命的机遇。

为抓住新一轮科技革命的历史机遇，2015年国务院提出了“中国制造2025”，这是我国为实现制造强国战略目标而提出的第一个十年行动规划，涉及十大重点领域，即新一代信息技术、高档数控机床和机器人、航空航天装备、海洋工程装备及高技术船舶、先进轨道交通装备、节能与新能源汽车、电力装备、新材料、生物医药及高性能医疗器械、农业机械装备，上述领域无不属于高技术产业和先进制造业。

2018年的中央经济工作会议指出，我国经济发展进入了新时代，基本特征就是我国经济已由高速增长阶段转向高质量发展阶段。国家高新区是落实创新驱动发展战略，推动我国经济转向高质量发展的重要载体。1985年3月，中共中央发布了《关于科学技术体制改革的决定》[①]，提出了“为加快新兴产业的发展，要在全国选择若干智力资源密集的地区，采取特殊政策，逐步形成具有不同特色的新兴产业开发区”，是高新区首次作为国家战略被提出。自1988年中关村高新区率先设立以来，历经30几年的建设，国家高新区已步入“三次创业”阶段。作为中国创新密集区域的典型代表和国家创新系统的核心中枢，其发展历程折射了中国经济社会创新发展的变迁。

由科学技术部火炬高技术产业开发中心（以下简称“科技部火炬中

① 资料来源：中华人民共和国国务院办公厅. 中共中央关于科学技术体制改革的决定[J]. 中华人民共和国国务院公报，1985（9）：201-209.

心”）组织编写的《国家高新区创新能力评价报告（2019）》在北京发布[①]。报告显示，截至2018年年底，经国务院批准（复）建设的国家高新区数量已达169家。2018年国家高新区创新能力总指数达到282.6点，总指数增速为2.9%，是2011年以来的历史最高增速；国家高新区企业研发人员全时当量占全国全部研发人员全时当量的40.4%；国家高新区企业研发经费内部支出占全国企业研发经费支出的48.9%。高新区成为促进技术进步和增强自主创新能力的重要载体，成为带动区域经济结构调整和经济增长方式转变的强大引擎，成为高新技术企业“走出去”参与国际竞争的服务平台，成为抢占世界高技术产业制高点的前沿阵地。

国家自主创新示范区园区作为推进自主创新和高技术产业发展方面先行先试的区域，具有“为国家试制度、为地方谋发展”的特点，其核心是探求政策创新和推进政策先行先试，主要目的是“引导和支配各种资源向创新创业领域倾斜配置”。目前，自创区园区已经成为有关部门对相关政策进行先试先行的有效载体，通过营造开放宽松的政策环境，并由此将政策优势逐步扩散到我国其他地区。

在众多指导方针和先行政策的滋养下，国家高新区优先培育了一批高新技术企业，这类企业的发展速度快、创新水平高，被投资者热捧，成长为“瞪羚企业”，再发展成为高估值的“独角兽企业”，最终成为引领行业发展的龙头企业。2017年年末对国家高新区的问卷调查显示，69.7%的国家高新区实施了瞪羚企业计划，拥有瞪羚企业的高新区达到106家。根据《国家高新区瞪羚企业发展报告（2018）》，2017年度国家高新区拥有2 857家瞪羚企业，瞪羚率达2.7%。有34家高新区拥有独角兽企业。科技部火炬中心联合长城企业战略研究所发布的《中国独角兽企业发展报告》显示，2017年全国164家独角兽企业中有125家诞生于国家高新区。

“瞪羚企业”是指成功跨越创业死亡谷后，商业模式得到市场认可，进入爆发式增长阶段的创新型企业。瞪羚企业具有成长速度快、创

① 来源链接：http：//www.ctp.gov.cn/kjb/hjdt/202001/baa83665bc0240c6982430e43fb1c3b2.shtml。

新能力强、专业领域新、发展潜力大的特征，通过推出新产品、提供新服务、应用新技术、拓展新市场、创建新模式或构建新业态等方式，实现高速成长。根据《国家高新区瞪羚企业发展报告（2018）》，2017年国家高新区瞪羚企业数量达到2 857家，比上一年增长281家，其中被认定为国家高新技术企业的有2 512家，占瞪羚企业总数的近九成。行业分布主要集中于高技术产业，2 857家瞪羚企业中有1 892家从事高技术产业，占瞪羚企业总数的近七成，其中，高技术制造业和高技术服务业分别有734家和1 158家，分别占瞪羚企业总数的25.69%和40.53%，2014—2017年从事高技术产业的瞪羚企业数量呈逐年上升趋势（见表1-3）；信息服务业瞪羚企业最多，共839家，占瞪羚企业总数的29.37%。

表1-3　2014—2017年瞪羚企业中高技术产业企业占比情况①

年份	2014年	2015年	2016年	2017年
高技术产业总计	51.56%	61.80%	65.92%	66.22%
高技术制造业	22.00%	25.90%	26.36%	25.69%
高技术服务业	29.56%	35.90%	39.56%	40.53%

优秀瞪羚企业可以成长为独角兽企业，2017年发布的164家独角兽企业名单中有20家来自高新区瞪羚企业群体。独角兽企业（unicorn）是指成立不到10年但估值10亿美元以上，又未在股票市场上市的科技创业公司。这一词汇由风险创投专家Aileen Lee在2013年的一篇文章中提出并形容此类企业，后风行于创业界②。根据恒大研究院发布的《中国独角兽报告：2019》，截至2018年12月31日，全球独角兽企业总数达313家，从排名及比重来看，中、美两国独角兽企业数量占总体比重的75%以上，且拥有超过八成的超级独角兽，可以说全球独角兽企业国家分布呈现“中美双寡头”并行的局面。截至2018年12月31日，全球独角兽企业分布情况如图1-2所示。

① 科技部火炬中心与长城企业战略研究所，《国家高新区瞪羚企业发展报告2018》，来源链接：https：//www.chinagazelle.cn/report/detail/cb08b0c9e9e14c4ba3536018d65a89ae。

② 观点来自维基百科，来源链接：https：//en.wikipedia.org/wiki/Unicorn_（finance）。

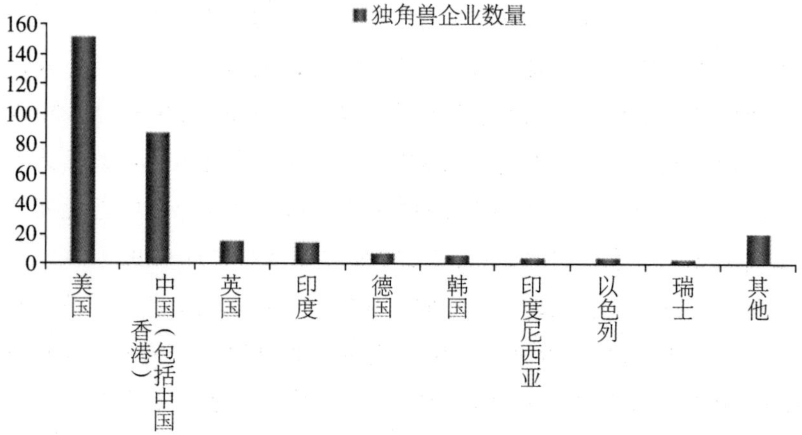

资料来源：CB Insights，恒大研究院（时间截至2018年12月31日）。

图1-2　截至2018年12月31日全球独角兽企业分布情况（单位：家）

从行业分布来看，最具有生命力的行业是高端制造业、金融行业和互联网行业。科技进步、技术创新是优化资源配置、提高社会运行效率、推动工业进步的基础层驱动力，在国家层面，得前沿科技者即得先进生产力和国际话语权。IT类独角兽企业代表了全球IT领域的最前沿科技发展情况，通常以大数据、云计算、人工智能、区块链等高新科技为主要驱动力，其成果的转化真实地提升了生活质量、重构了生活方式或带来了新的体验，如人工智能、物联网支持下的智能家居为家庭生活带来便利，围棋AI AlphaGo在人机大战中以4比1的大比分获胜带来的冲击。金融行业和互联网行业是依靠互联网搭建平台而成长的平台生态型企业，其核心思想是依靠平台“共享”，建立大量用户基础和资本关系，并依托科技手段保持运营优势。国内企业估值的提高得益于中国经济转型升级，以往传统粗放型经济主要依靠土地、厂房、廉价劳动力等生产要素的不断投入作为经济增长的驱动力量，随着科学技术不断发展，新旧动能得到转换，经济增长方式得到革新，在当今的数字经济时代呈现的爆发性增长主要来自新商业模式、新技术、新科技。国家加大财税政策支持力度，促进创新创业，为中国独角兽企业的发展培养了沃土。

瞪羚企业和独角兽企业代表着新经济的增长动力，对引领产业新技术、新业态、新模式升级以及经济结构调整等起到了重要作用，成为国家创新发展的新引擎。在新经济“创业—瞪羚—独角兽—龙头企业”的跃迁式成长链条中，创新创业是基础，瞪羚企业和独角兽企业是重要环节。对高新技术企业的扶植意味着抓增长，同时也意味着抓住了新经济的未来。

1.4.3 税收优惠政策对自主研发助力经济高质量发展的意义

在新一轮科技革命的大背景下，加强自主研发、提高创新能力是抓住时代机遇、实现经济高质量发展重要转型的关键途径。而着力推进自主研发创新，需要激励企业加大创新研发投入，并在企业中广泛树立新旧动能转换意识，积极通过创新研发培育企业新的发展动能，促进产业结构优化升级，力求通过新旧动能转换为我国经济高质量发展“鼓劲撑腰”。在这一过程中，通过税收优惠政策发挥对研发活动和转型升级的支持作用，降低企业创新成本和风险的意义毋庸置疑。因此在本书之后的章节中，将重点关注自主研发活动对经济高质量发展的驱动作用，以及税收优惠政策在其中的意义和目前存在问题的解决方案。具体来说，本书将主要从创新研发投入和新旧动能转换的角度来谈自主研发在经济高质量发展中的作用和意义，着眼于依托企业创新产生的新经济动能对依托传统产业和传统经济模式的传统动能的替换，强调通过创新驱动、提高效率拉动经济增长。

2 自主研发创新的模式选择

如前文所述，自主研发模式作为企业创新实践中的重要途径，对企业核心竞争优势的获得具有较大作用和价值。但是自主研发模式在企业的适用性与企业本身的创新能力密切相关，因此企业是否适合开展自主研发活动，需要科学衡量企业创新能力与自主研发模式是否匹配，从而做出合理决策，以有效推动企业创新发展。本书后面将通过问卷调查及若干企业的实际案例，来解析高新技术企业的创新模式现状，剖析如何根据企业相关特征，选取相匹配的自主研发创新模式。

2.1 案例分析背景

近年来，随着知识化、信息化的蓬勃发展，政府和企业都愈发认识到研发（以下称R&D）投入的重要性，R&D投入比例呈逐年上升趋势。在企业、政府、高校三大R&D投入主体中，各类企业R&D投入占总R&D投入的比例从1999年的49.6%增长到2009年的73.3%（于珍，

2012)，同时根据国家统计局、科技部、财政部2020年8月发布的《2019年全国科技经费投入统计公报》，各类企业研究与试验发展（R&D）经费支出为16 921.8亿元，比上年增长11.1%，而政府属研究机构经费支出为3 080.8亿元，高等学校经费支出为1 796.6亿元，企业、政府属研究机构、高等学校经费支出所占比重分别为76.4%、13.9%和8.1%；不仅如此，2015—2019年全国科技经费投入统计公报中的数据显示，各类企业研究与试验发展（R&D）经费支出所占比重分别为76.8%、77.5%、77.6%、77.4%、76.4%。由此可见，企业无疑已成为最主要的科研投入主体。这进一步说明了企业越来越意识到技术创新的重要性，尤其对那些高科技企业而言，R&D投入是企业创新的基础，在日益激烈的竞争环境中，企业必须通过持续性的R&D投入来培育自主研发能力，为企业的持续发展提供有效的源动力。

尽管大部分企业已经开始意识到R&D投入的重要性，但由于基础薄弱，许多企业仍然面临着自主创新能力不足的问题。因此，鼓励和引导企业加大R&D投入的力度依然是今后很长一段时间内面临的重大课题。由此又引出了另一个值得研究的问题，那就是R&D投入的增长对企业的财务绩效会产生什么样的影响？不同的创新模式在不同的企业中具有怎样的作用？这将是本部分案例分析首要关注的问题。

由于企业数据资料的可得性，本书对西安市的企业进行了问卷调查，以归纳总结高新技术企业的技术创新模式，进一步对航天动力（600343）、海天天线（08227）、宝光股份（600379）这三家陕西省上市公司进行案例分析。本章不仅要从微观的角度探究R&D投入的增长对企业表现的影响，还要考察创新模式的选择对该影响效果的调节作用，即探究不同的创新模式对R&D投入到知识产权产出的过程的作用机理及最终对企业成长性的作用结果。本章将首先从整体角度讨论西安市高新技术企业的创新模式选择和发展现状，进而通过选取高水平研发效率代表航天动力以及另外两家典型企业，以案例分析的形式讨论创新模式的调节作用，以此得到提高企业研发效率的启示，并基于案例提出相关政策建议。本章的研究框架如图2-1所示。

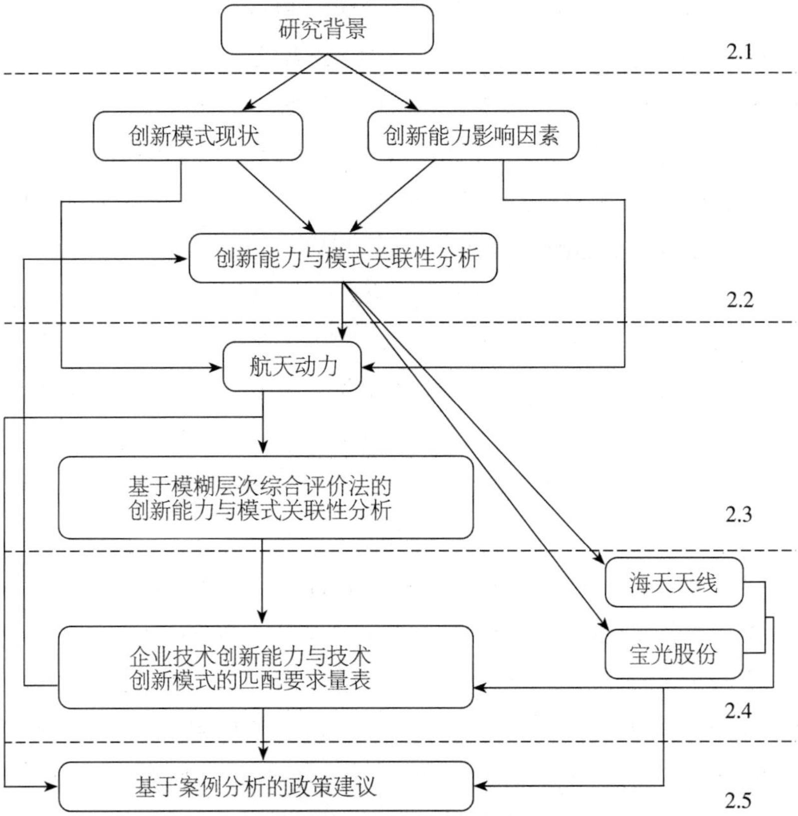

图 2-1 案例分析研究框架

2.2 高新企业技术创新模式选择的影响因素分析

2.2.1 西安市高新企业技术创新模式现状

笔者共向西安市330家企业发放了抽样调查问卷，根据统计结果，79家企业被认定为高新技术企业。通过对被调查企业技术创新模式现状的分析，并结合当前西安市高新技术企业技术创新的整体情况，根据于珍（2012）对高新技术企业创新模式的探讨，笔者总结出西安市高新技术企业三大类技术创新模式，如下所述：

1）企业独立开发、自主创新模式

面对日益激烈的市场竞争，企业通过自主创新取得核心技术不仅能够为企业带来高额的垄断利润，同时能够加强企业的市场主导地位。对于高新技术企业而言，技术创新乃至管理上的创新是推动企业发展的基础。对于创新能力较强的大中型企业而言，主营产品的研发均为企业自身独立完成，部分产品通过与高校院所合作完成。企业的生产能力及研发能力决定了企业的核心竞争力。在调查中，实力较强的企业如西安大唐电信、西安开米股份有限公司等均成立了技术研发中心，同时通过与高校、科研院所合作，来提升企业的核心技术创新能力，并通过引入专家学者作为技术顾问，来保持企业在市场上的竞争优势及地位。

2）孵化-成长模式

西安市丰富的科技资源为高新技术企业的孵化提供了良好的基础，像海天天线等多家高新技术企业都是通过专业孵化器的孵化得以成长。海天天线依托GSM、CDMA及3G民用产业，从年销售额仅几十万元的小企业发展为在中国香港创业板上市的上市公司，实现质的飞跃。当然，在整个过程中要有前瞻性的预测，即技术要领先、要有明确的市场定位，此外，部分企业通过虚拟制造实现了产品的批量生产，从而通过规模经济拓宽市场份额，通过多样化的融资渠道，为企业的跳跃发展奠定基础。

3）合作创新模式

通过对企业的调研发现，有些企业是在人力、技术、资金等内外部资源优势的基础上，通过合作创新使企业发展壮大的。而合作创新的方式各异，西安市高新技术企业的合作创新模式主要是与高校、科研院所合作。通常这类企业本身具备一定的项目基础和研发实力，但资金、人员及设备投入不足，因而通过与这些单位的合作，争取资金及技术研发的支持，这样一来，不仅能带来新鲜的思路，也能分散企业的创新风险。比如，西安利君制药有限责任公司与北京大学、第四军医大学等科研院所建立长期的合作关系，并与中科院上海药物研究所等联合培养博士后研究人员，这都为企业获取国际领先技术、创建一流研发团队创造了良好的条件。

除此以外，也有企业同境外的组织机构或个人合作研发，但较少，通常此类技术研发活动是基于实现互补“双赢”。同时，通过对企业的调查发现，关于与高校进行合作创新方面，有些企业认为高校的选择也会基于对地域因素的考虑。有些管理人员认为，相比西部地区的高校而言，位于南方或是沿海地区的高校技术创新的市场倾向性较强，思想较为开放，合作的市场化程度更高。

2.2.2 技术创新能力与模式选择的关联性分析

技术创新是一个开放的系统活动，技术创新能力的大小与资源配置及整合的效果相关。提升高新技术企业技术创新能力是企业发展的关键，而技术创新能力的提升过程又是不断积累、演进的过程，当技术创新能力达到较高水平时，新的创新环境及市场竞争将迫使企业不得不提升技术创新能力以改进产品质量、提升工艺水平。同时，技术创新模式的选择也要考虑企业技术创新能力的持续、有效的加强。总而言之，技术创新模式的本质就在于整合企业内外部创新资源，提升企业的技术创新能力。

能力强调的是资源配置的效率及效果，模式则体现了资源整合、配置的方式。技术创新能力影响着技术创新模式的有效选择，而技术创新模式是否有效、恰当也将决定其对技术创新能力的影响程度。在此基础上，实现能力与模式的相互匹配，企业从事技术创新活动成功的概率就大；反之，若二者不相匹配，企业目前的技术创新能力就会成为技术创新的绊脚石，同样地，技术创新模式也会影响技术创新能力的提升。

借鉴于珍（2012）的企业技术创新能力评价指标体系，本章余下部分将航天动力作为主要案例分析对象，通过衡量该公司研发资金、人力投入与研发创新模式的匹配性，揭示该公司较高的研发效率的形成机理，这对其他高新技术企业的研发投入、创新模式决策具有借鉴意义。

2.3 案例研究

2.3.1 案例简介

陕西航天动力高科技股份有限公司（以下简称“航天动力公司”）于1999年在西安市成立，其主要发起人为西安航天科技工业公司，是在原航天部〇六七基地基础上组建的，隶属于中国航天科技集团公司的全民所有制企业，注册资本为1亿元人民币。〇六七基地于1965年始建于陕西省凤县，是我国唯一的大型液体火箭发动机研究、设计、生产、试验中心，于1993年整体搬迁至西安市。西安航天科技工业公司主要为国产“长征”系列运载火箭等设计和生产液体火箭发动机，以及从事相关航天技术民用产品的研究、设计、生产和销售。迄今为止，西安航天科技工业公司（包括原航天部〇六七基地）生产的液体火箭发动机参加了包括我国第一颗返回式卫星、第一颗地球同步轨道通信卫星、风云一号、风云二号、地球资源卫星以及“神舟号”试验飞船等在内的重大发射任务，常规火箭发动机参加飞行试验的成功率保持在100%。西安航天科技工业公司在航天液体发动机的研制方面一直保持世界领先水平。

航天动力公司是以流体技术（包括液体、气体）为核心技术，以从事系列民用产品的设计、开发、生产和销售为主营业务的技术密集型企业。公司通过吸收和组织各类优秀人才，建立科学的研发、生产和销售体制，研制开发出一系列具有国内、国际先进水平的产品，科技含量高、附加值高，经济效益、社会效益显著，已成功应用于石油、化工、机械、电子、交通、能源等诸多领域。公司的一体化智能型IC卡燃气表、特种泵、金刚石工程机等产品属国家级重点新产品或国家火炬计划项目；钣金冲焊型液力变矩器获得全球最大的液力传动厂家德国ZF公司在中国唯一颁发的“质量放行通知书”；光机电一体化设备获得了法国科技质量监督评价委员会颁发的“向欧盟市场推荐产品”证书。公司已有11项产品获得国家实用新型专利。

该公司拥有一支年轻化、知识化、市场化、多层次的科技人才队伍，其中省部级突出贡献专家1人，享受政府特殊津贴的专家5人，省部级青年学术技术带头人1人，研究员及高级工程师（含高级技师）27人，年轻工程技术人员及高级管理人员中硕士6人，本科以上工程技术人员、管理人员占员工总数的27%。

为了全面了解航天动力公司的研发情况，研究团队于2014年7月对该公司进行了实地走访调研，并在此基础上，对《陕西航天动力高科技股份有限公司年度报告》《陕西航天动力高科技股份有限公司年度内部控制评价报告》等一系列资料进行了详细研究，形成了下面的分析结论。①

2.3.2 航天动力公司技术创新能力分析

1）创新投入能力分析

（1）R&D人员投入强度

截至2014年，航天动力公司母公司在职员工人数为893人，主要子公司在职员工人数为1 802人，共2 695人。人员分布情况如下：生产人员1 800人，占比66.79%；销售人员57人，占比2.12%；财务人员38人，占比1.41%；行政人员323人，占比11.99%，其中中层以上管理人员54人；具有本科以上学历的员工人数占公司员工总数的20.52%；公司研发人员数共计477人，研发人员数占公司员工总数的比例，即R&D人员投入强度为17.70%（477÷2 695×100%）。

（2）核心R&D人员受教育程度

在477位研发人员中，学历在硕士及以上的人员共有120人，因而核心R&D人员受教育程度为25.16%（120÷477×100%）。此外该公司在人才获取方面的优势主要体现在：①公司规模较大，与高校、科研院所等均有合作，可获得人才支持，或是通过外聘的方式获得一批技术研发人才；②在人才储备与培养方面，航天动力公司每年都有新聘员工，包括研发技术人员，而本科为研发技术人员的学历最低标准；③公司发展

① 本数据调研时间较早，此处为展示创新能力分析方法，若读者有兴趣可找更新年份的数据做比较分析。本书后文同。

较为稳定的自身属性以及行业特点决定了公司的人才流失率并不高。

（3）员工培训力度

2014年，航天动力公司人力资源部重点开展了以管理人员培训、专业技术人员培训、操作人员培训为主，其他各类员工培训为辅的各项培训工作，使公司员工技术业务素质得到了提升。全年共组织公司级各类培训59项，培训1 018人次；其中公司内部举办各种培训班30期，培训员工851人次，共计学时9 582小时；参加六院、集团公司等外部培训167人次，共计学时5 987小时。

（4）新产品开发情况

航天动力公司在2014年度的主要新产品及开发项目有：①中小排量乘用车液力变矩器项目，实现国产液力传动系统国产化，推动技术进步。2014年度开展小批量样机定型设计及工艺试验验证等工作，通过闭锁离合器结构设计、高精度钣金件成组冲窝冲槽等关键技术的攻关与研究，已实现了部分型号产品的批量供货。②原油泵项目开发，填补了国内原油泵高压高效的空白，对于重大关键设备国产化意义重大。截至2014年，已突破了高效原油泵叶轮、壳体等过流部件、高可靠性转子支承系统、水平中开面密封和高压集装式机械密封设计和制造等关键技术，通过了项目验收，具有良好的经济和社会效益前景。③高性能液压泵项目，广泛用于石油、矿山、工程机械、塑料、船舶、航空、冶金、锻压等行业，服务于国民经济建设的主战场，既提升了经济效益，又提升了行业技术水平，产业前景广阔。2014年度开展了液压元件试验验证及液压传动系统匹配试验完善拓展等工作，完成部分型号的交付，拓展了液压传动产品市场。④CPU卡燃气表项目，以CPU卡加密技术控制燃气计量，具有安全性好、可靠性高等优势，研制样机通过重点用户的检测，取得市场准入资格，为扩大地区销售打下了坚实的基础。⑤丙烯酸及酯一体化总包项目，签订合同约3.2亿元人民币，该项目具有独特工艺，技术水平国内领先，为公司系统工程发展奠定了基础。

（5）研发经费投入强度

航天动力公司2014年销售收入为13亿元，而研发经费投入强度

（研发支出占营业收入的比例）为3.45%。据了解，公司自建成后，每年都与陕西省科技厅有合作创新项目，同时与兰州大学、西安交通大学等高校也保持密切的科研合作，包括液力传动技术等项目。另外，公司每年都申报很多创新基金，而研发经费的来源渠道主要是政府和企业内部自筹，通常政府支持1 000万～1 500万元，而企业内部自筹约4 000万元。

（6）设备投入程度

2014年，公司机器设备账面价值增加额约为5 500万元，占年销售收入的4.23%。同时公司在安装设备账面价值约为1 800万元，占年销售收入的1.38%。

2）创新生产能力分析

（1）工人技术水平

公司工人技术水平总体良好，很多都是具有多年经验的技术工人，高学历（学历最低标准为本科）反映了公司技术工人具有较高的素质。

（2）现代技术采用情况

作为一家高新技术企业，公司拥有目前国际上较为先进的仪器、设备。在流体技术的研究方面具备强大的技术力量，来自高校的研究人员组成了高水平的研发队伍。2014年，公司通过了高新技术企业认定，荣获“陕西省2014年第一批高新技术企业”称号。由此可见，公司的现代技术采用情况较好。

（3）产品周转率

公司大部分产品主要根据用户需求安排研发和生产，从用户提出需求到成品交付期间可能需要根据用户对产品技术状态的变更、使用需求的变更而重新进行研发和生产，并且需要购置专门的科研、生产和检测设备、物资等。如果根据用户对产品技术状态的变更、使用需求的变更而调整应用计划，那么产品交付时间、用户付款时间、产品结算周期都面临调整，公司可能面临因产品无法及时变现导致资金大量被占用及短期盈利能力下降的风险。产品周转率能够体现该风险的大小，航天动力公司2014年存货周转率为1.91，存货周转天数为188.73天。

3）创新产出能力分析

（1）专利申请数

面对同行业竞争对手的模仿、仿制、侵权等行为，保护公司知识产权最有力的方式就是申请专利，2014年当年航天动力公司申请取得专利授权30项，其中发明专利2项，实用新型专利26项，外观专利2项。通过这个数据不难看出，该公司在保护自主知识产权方面具有较强的意识。

（2）新产品市场表现

该公司以实物销售为主，其产品的市场表现如下：泵及泵系统、大型水泵、水轮发电机组、煤矿井下压裂泵组、森警用手抬消防泵等产品销售收入同比增长5.12%；智能燃气表、家用燃气表、工业流量计、撬装设备等产品市场销售情况良好，实现稳定增长，销售收入同比增长10.08%；液力变矩器，伴随市场对自动变速箱需求的进一步增长，公司汽车液力变矩器市场订单不断增加；但是，受国内工程机械行业市场需求萎缩、产能过剩两大因素影响，公司工程机械液力变矩器销售收入呈下行趋势，导致变矩器产品整体销售收入下降15.12%；化工生物装备中，反应装置和结晶装置两大核心产品所处行业持续低迷，市场需求逐年下降，产品供给由“整体短缺”转变为“结构性过剩”，装置开工负荷较低，导致化工生物装备整体销售收入下降6.88%。总体而言，该公司的新产品市场占有率稳中有升。

（3）拥有发明专利情况

中国知网专利数据库资料表明，截至2014年，航天动力公司累计共申请取得发明专利29项，实用新型专利76项，外观专利10项。

（4）技术输出能力

航天动力公司与西安交通大学、兰州大学、西安工业大学等建立了长期合作关系，依靠高校的技术和人才支持，合作取得了良好的成效。而公司所研发的技术主要用于公司自身产品的生产及销售。2014年，公司向前五名客户销售产品的销售额为16 209.86万元，占全部销售收入的12.47%，且在制造业、建筑安装业、节能项目等行业的销售收入约占全部销售收入的73%、12%、15%。可以看出，航天动力公司技术输出的对象集中于制造业，但输出对象的数量较多。

（5）新产品销售收入占比

根据搜狐证券2015年4月公布的对航天动力公司2014年度收入构成的分析报告，该公司液力变矩器、化工生物等领域的新产品销售收入占年度总收入的38.09%。

4）创新管理能力

（1）管理层的创新意识

航天动力公司自成立时起就注重技术、产品的研发，而管理层对市场的密切关注以及先进的创新管理理念都是企业进行技术创新的不竭动力。由于公司的主营业务集中在泵及泵系统、智能燃气表、液力变矩器等高新技术行业，因而为了能在市场占有一席之地，技术创新是唯一的选择。

（2）创新激励机制

航天动力公司针对研发人员采用的是基本工资、绩效工资及项目奖金的薪酬激励机制，研发人员可根据实际分工协作及承担的任务多寡，从中获取一定比例的奖金。而通过对公司研发人员的了解，发现他们对公司创新激励机制的满意度较高。该公司还广泛开展劳动竞赛、技术比武、合理化建议等岗位建功立业活动；建立健全薪酬分配体系，强化激励与考核，充分调动了技术、管理、技能骨干的积极性。

（3）技术创新预测评估能力

航天动力公司会随时关注市场领先技术的发展及客户的需求，充分了解影响公司技术创新活动的各个因素，在最大程度上降低创新的风险，而正是这样的方式保证了公司创新活动的成功进行，失败率极低。

（4）研发、生产、营销部门的协调能力

《陕西航天动力高科技股份有限公司2014年度内部控制评价报告》显示：公司各部门的协调能力非常强，企业研发及管理人员在这方面的意识也比较强，他们认为研发和销售是紧密联系的，必须一块上，先有研发，再努力推销，产品的销路才会好。同时营销部门敏锐的市场观察力易于发现市场的潜在需求，而只有营销部门与研发部门进行有效的沟通和协调，才能将市场信息及时反馈到研发部门，从而使公司在研发上始终处于行业领先地位。公司内控制度规范公司信息传递活动，保护公司信息安全，明确信息收集、内部信息报告流转及相关控制，构建公司内部局域网等现代化信息平台，使得各管理层级、各部门、各业务单位以及员工与管理层之间信息传递更迅速、顺畅，沟通更便捷、有效。

根据以上分析，航天动力公司技术创新能力评价指标体系可见表2-1。

表2-1　**航天动力公司技术创新能力评价指标体系**

目标层	准则层	因子层	指标性质
航天动力高科技股份有限公司技术创新能力评价指标	创新投入能力X_1	研发人员投入强度X_{11}	定量
		核心研发人员受教育程度X_{12}	定量
		员工培训力度X_{13}	定量
		新产品开发情况X_{14}	定性
		研发经费投入强度X_{15}	定量
		设备投入程度X_{16}	定量
	创新生产能力X_2	工人技术水平X_{21}	定性
		现代技术采用情况X_{22}	定性
		产品周转率X_{23}	定量
	创新产出能力X_3	专利申请数X_{31}	定量
		新产品市场表现X_{32}	定性
		拥有发明专利情况X_{33}	定量
		技术输出能力X_{34}	定性
		新产品销售收入占比X_{35}	定量
	创新管理能力X_4	管理层的创新意识X_{41}	定性
		创新激励机制X_{42}	定性
		技术创新预测评估能力X_{43}	定性
		研发、生产、营销部门的协调能力X_{44}	定性

2.3.3 基于模糊层次综合评价法的综合分析

这一部分通过对航天动力公司创新投入能力、创新生产能力、创新产出能力、创新管理能力四个维度的定性或定量考虑，采用模糊层次综合评价法（温东琰，2006；肖凤，2012；程文仕，2006）对该公司的技术创新能力进行综合评价，具体分析步骤如下：

1）确定评价对象及评语集

本部分的评价对象为航天动力公司，参照殷小洁（2006）的研究，本部分的评价等级为优秀、良好、中等、较差和很差，与五个百分制等级区间依次对应，即优秀=（90，100）、良好=（80，90）、中等=（70，80）、较差=（60，70）、很差=（0，60）。

2）确定指标体系权重

为了构建指标评价体系的判断矩阵，需要比较表2-1中准则层和因子层各方面指标的相对重要程度。本书采用Thomas L.Saaty提出的1-9级标度法，具体表示方法见表2-2。

表2-2 **1-9级标度法**

序号	重要性比较等级	a_{ij}[①]赋值
1	i因素比j因素极端重要	9
2	i因素比j因素强烈重要	7
3	i因素比j因素明显重要	5
4	i因素比j因素稍微重要	3
5	i因素与j因素同等重要	1
6	i因素比j因素稍不重要	1/3
7	i因素比j因素明显不重要	1/5
8	i因素比j因素强烈不重要	1/7
9	i因素比j因素极端不重要	1/9

于珍（2012）根据层次分析法的基本原理，通过问卷和访谈的形

① a_{ij}为判定矩阵中第i行第j列的元素。

式，征询了有关方面专家学者、企业管理者和技术研发人员的意见，最终确定了下列五个判断矩阵，见表2-3至表2-7。

表2-3　　　　**准则层因素权重表**

因素	X_1	X_2	X_3	X_4	W_i[①]
X_1	1	9[②]	7	5	0.6737
X_2	—	1	3	1/2[③]	0.1022
X_3	—	—	1	1/3	0.0568
X_4	—	—	—	1	0.1673

表2-4　　　　**创新投入能力因素权重表**

因素	X_{11}	X_{12}	X_{13}	X_{14}	X_{15}	X_{16}	W_i
X_{11}	1	7	5	5	3	3	0.4425
X_{12}	—	1	1	3	1	1/3	0.0938
X_{13}	—	—	1	3	1	1/3	0.0992
X_{14}	—	—	—	1	1/3	1/3	0.0477
X_{15}	—	—	—	—	1	1	0.1297
X_{16}	—	—	—	—	—	1	0.1871

表2-5　　　　**创新生产能力因素权重表**

因素	X_{21}	X_{22}	X_{23}	W_i
X_{21}	1	2	3	0.5396
X_{22}	—	1	2	0.2970
X_{23}	—	—	1	0.1634

表2-6　　　　**创新产出能力因素权重表**

因素	X_{31}	X_{32}	X_{33}	X_{34}	X_{35}	W_i
X_{31}	1	1	1/5	1/3	1/5	0.0694
X_{32}	—	1	1/3	1/3	1/5	0.0769
X_{33}	—	—	1	2	1	0.3251
X_{34}	—	—	—	1	2	0.2556
X_{35}	—	—	—	—	1	0.2730

① W_i代表i元素的权重。
② 9表示因素X_1比因素X_2极端重要。
③ 8、6、4、2、1/2、1/6、1/8表示相邻判断的中间值。

表2-7 **创新管理能力因素权重表**

因素	X_{41}	X_{42}	X_{43}	X_{44}	W_i
X_{41}	1	5	5	4	0.5953
X_{42}	—	1	3	2	0.1970
X_{43}	—	—	1	1	0.0957
X_{44}	—	—	—	1	0.1120

3）技术创新能力评价

前文已对航天动力公司2014年技术创新能力的4个准则层、18个因子层因素进行了分析，但由于分析中既包括了定量描述，也包括了定性描述，特别是某些定性描述需要通过主观方法加以评价，而通过统计学等方法难以确定这些指标的具体数值。为了能够较好地反映高新技术企业的技术创新能力状况，本书邀请了10位曾参与陕西省、西安市研发投入和效率研究课题的专家，对较为模糊的信息通过打分的方式进行量化处理和综合评价，专家打分结果见表2-8。

表2-8 **航天动力公司技术创新能力评价**

准则层	因子层	优秀	良好	中等	较差	很差	权重
创新投入能力X_1（0.6737）	研发人员投入强度X_{11}	0	0.4	0.6	0	0	0.4425
	核心研发人员受教育程度X_{12}	0.1	0.5	0.4	0	0	0.0938
	员工培训力度X_{13}	0	0.8	0.2	0	0	0.0992
	新产品开发情况X_{14}	0	0.3	0.7	0	0	0.0477
	研发经费投入强度X_{15}	0	0.1	0.9	0	0	0.1297
	设备投入程度X_{16}	0	0.4	0.6	0	0	0.1871
创新生产能力X_2（0.1022）	工人技术水平X_{21}	0	0.5	0.5	0	0	0.5396
	现代技术采用情况X_{22}	0.4	0.6	0	0	0	0.2970
	产品周转率X_{23}	0	0	0.8	0.2	0	0.1634

续表

准则层	因子层	优秀	良好	中等	较差	很差	权重
创新产出能力X_3（0.0568）	专利申请数X_{31}	0.7	0.3	0	0	0	0.0694
	新产品市场表现X_{32}	0	0.2	0.7	0.1	0	0.0769
	拥有发明专利情况X_{33}	0.7	0.3	0	0	0	0.3251
	技术输出能力X_{34}	0	0.6	0.4	0	0	0.2556
	新产品销售收入占比X_{35}	0.2	0.6	0.2	0	0	0.2730
创新管理能力X_4（0.1673）	管理层的创新意识X_{41}	0.6	0.4	0	0	0	0.5953
	创新激励机制X_{42}	0.2	0.7	0.1	0	0	0.1970
	技术创新预测评估能力X_{43}	0.3	0.7	0	0	0	0.0957
	研发、生产、营销部门的协调能力X_{44}	0	0.2	0.8	0	0	0.1120

4）因子层指标综合评判分析

根据模糊层次综合评价法（温东琰，2006；肖凤，2012；程文仕，2006），本节中的技术创新能力评价模型为V=W·R，其中W为权重向量①，R为专家评分矩阵②，技术创新能力的评价向量V中的每一个元素即为加权量化后的表现评价。下面对航天动力公司四个维度的技术创新能力运用该方法进行分析。

（1）创新投入能力

$$V_1=W_1\cdot R_1$$

$$=(0.4425,\ 0.0938,\ 0.0992,\ 0.0477,\ 0.1297,\ 0.1871)\begin{vmatrix} 0 & 0.4 & 0.6 & 0 & 0 \\ 0.1 & 0.5 & 0.4 & 0 & 0 \\ 0 & 0.8 & 0.2 & 0 & 0 \\ 0 & 0.3 & 0.7 & 0 & 0 \\ 0 & 0.1 & 0.9 & 0 & 0 \\ 0 & 0.4 & 0.6 & 0 & 0 \end{vmatrix}$$

$$=(0.00938,\ 0.40538,\ 0.58524,\ 0,\ 0)$$

① 如创新生产能力的权重向量为W=（0.5396，0.2970，0.1634）。

② 如创新生产能力的专家评分矩阵为：$\begin{vmatrix} 0 & 0.5 & 0.5 & 0 & 0 \\ 0.4 & 0.6 & 0 & 0 & 0 \\ 0 & 0 & 0.8 & 0.2 & 0 \end{vmatrix}$

评价向量V_1中的元素依次为创新投入能力优秀、良好、中等、较差、很差的评价得分，可以看出，创新投入能力属于中等的评价得分最高，为0.58524，创新投入能力属于良好的得分次之，为0.40538，据此可以判断，航天动力公司的创新投入能力属于中等偏良好水平。另外，根据表2-2中的1-9级标度法，创新投入能力可以量化为：

$$V_1=(0.00938,\ 0.40538,\ 0.58524,\ 0,\ 0)\times(95,\ 85,\ 75,\ 65,\ 55)^T$$
$$=79.24$$

（2）创新生产能力

$$V_2=W_2\cdot R_2$$
$$=(0.5396,\ 0.2970,\ 0.1634)\begin{vmatrix}0 & 0.5 & 0.5 & 0 & 0\\ 0.4 & 0.6 & 0 & 0 & 0\\ 0 & 0 & 0.8 & 0.2 & 0\end{vmatrix}$$
$$=(0.1188,\ 0.448,\ 0.40052,\ 0.03268,\ 0)$$

评价向量V_2中的元素依次为创新生产能力优秀、良好、中等、较差、很差的评价得分，可以看出，创新生产能力属于良好的评价得分最高，为0.448，创新生产能力属于中等的得分次之，为0.40052，据此可以判断，航天动力公司的创新生产能力属于良好偏中等水平。另外，根据表2-2中的1-9级标度法，创新生产能力可以量化为：

$$V_2=(0.1188,\ 0.448,\ 0.40052,\ 0.03268,\ 0)\times(95,\ 85,\ 75,\ 65,\ 55)^T$$
$$=81.53$$

（3）创新产出能力

$$V_3=W_3\cdot R_3$$
$$=(0.0694,\ 0.0769,\ 0.3251,\ 0.2556,\ 0.2730)\begin{vmatrix}0.7 & 0.3 & 0 & 0 & 0\\ 0 & 0.2 & 0.7 & 0.1 & 0\\ 0.7 & 0.3 & 0 & 0 & 0\\ 0 & 0.6 & 0.4 & 0 & 0\\ 0.2 & 0.6 & 0.2 & 0 & 0\end{vmatrix}$$
$$=(0.33075,\ 0.45089,\ 0.21067,\ 0.00769,\ 0)$$

评价向量V_3中的元素依次为创新产出能力优秀、良好、中等、较差、很差的评价得分，可以看出，创新产出能力属于良好的评价得分最高，为0.45089，创新产出能力属于优秀的得分次之，为0.33075，据此可以判断，航天动力公司的创新产出能力属于良好偏优秀水平。另外，根据表2-2中的1-9级标度法，创新产出能力可以量化为：

V_3= (0.33075，0.45089，0.21067，0.00769，0) × (95，85，75，65，55)^T

=86.05

（4）创新管理能力

$V_4=W_4 \cdot R_4$

$$= (0.5953，0.1970，0.0957，0.1120) \begin{vmatrix} 0.6 & 0.4 & 0 & 0 & 0 \\ 0.2 & 0.7 & 0.1 & 0 & 0 \\ 0.3 & 0.7 & 0 & 0 & 0 \\ 0 & 0.2 & 0.8 & 0 & 0 \end{vmatrix}$$

= (0.42529，0.46541，0.1093，0，0)

评价向量V_4中的元素依次为创新管理能力优秀、良好、中等、较差、很差的评价得分，可以看出，创新管理能力属于良好的评价得分最高，为0.46541，创新管理能力属于优秀的得分次之，为0.42529，据此可以判断，航天动力公司的创新管理能力属于良好偏优秀水平。另外，根据表2-2中的1-9级标度法，创新管理能力可以量化为：

V_4= (0.42529，0.46541，0.1093，0，0) × (95，85，75，65，55)^T

=88.16

（5）准则层因素综合评价分析

基于以上对航天动力公司四个维度因子层因素的分析，可以得到航天动力公司技术创新能力的模糊评价矩阵R。

$$R=\begin{vmatrix} V_1 \\ V_2 \\ V_3 \\ V_4 \end{vmatrix} = \begin{vmatrix} 0.00938 & 0.40538 & 0.58524 & 0 & 0 \\ 0.1188 & 0.448 & 0.40052 & 0.03268 & 0 \\ 0.33075 & 0.45089 & 0.21067 & 0.00769 & 0 \\ 0.42529 & 0.46541 & 0.1093 & 0 & 0 \end{vmatrix}$$

根据准则层因素权重表（见表2-3）可知，准则层因素权重向量为W= (0.6737，0.1022，0.0568，0.1673)，因而航天动力公司技术创新能力的综合评价向量为：

$S=W \cdot R$

$$= (0.6737, 0.1022, 0.0568, 0.1673) \begin{vmatrix} 0.00938 & 0.40538 & 0.58524 & 0 & 0 \\ 0.1188 & 0.448 & 0.40052 & 0.03268 & 0 \\ 0.33075 & 0.45089 & 0.21067 & 0.00769 & 0 \\ 0.42529 & 0.46541 & 0.1093 & 0 & 0 \end{vmatrix}$$

= (0.1084，0.42236，0.46546，0.00378，0)

综合评价向量S中的元素依次为技术创新能力优秀、良好、中等、较差、很差的评价得分，可以看出，技术创新能力属于中等的评价得分最高，为0.46546，技术创新能力属于良好的得分次之，为0.42236，据此可以判断，航天动力公司的技术创新能力属于中等偏良好水平。另外，根据表2-2中的1-9级标度法，技术创新能力可以量化为：

$$S=(0.1084, 0.42236, 0.46546, 0.00378, 0)\times(95, 85, 75, 65, 55)^{T}$$
$$=81.35$$

综上所述，航天动力公司的技术创新能力属于良好水平，其仅在创新投入能力方面的评价得分低于80分，处于中等水平，其余方面都表现良好。而创新投入能力仅为中等的原因是研发人员投入强度、研发经费投入强度等的专家评价都为中等。通过对航天动力公司技术创新能力的评价分析并结合公司的发展轨迹可以看出，由于公司的技术研发受到资金和研发人才的制约，因而公司使用的是合作创新与自主创新相结合、着眼于提升自主创新能力的技术创新模式，该模式促进了公司的发展壮大，有利于公司进一步扩大市场份额，在行业内保持优势地位。

2.4 基于技术创新能力的创新模式选择评价与启示

通过航天动力公司的案例分析可以看出，创新模式调节技术创新能力与研发效率之间的关系，从而使航天动力公司的研发效率在陕西省内名列前茅。生延超（2009）认为，自主创新模式需要大力提倡，合作创新模式也需要有针对性地发展，两者的协同发展可以正向促进经济发展；陈勇星等（2010）则考虑了企业技术创新模式选择与自身能力的匹配性，认为只有技术创新能力与技术创新模式具有协调性的匹配关系，才能实现企业技术创新模式的最佳定位，并且伴随着技术创新能力的逐渐提高，企业技术创新模式会按照渐进的方向沿着从模仿创新到合作创新再到自主创新的轨迹进行演化。李春玲（2014）从企业内、外部因素角度出发，选取了的创新意识、产权性质、企业发展战略与创新机制、企业组织形式、创新资源投入能力、创新产出能力、政策环境、产业环境、社会服务环境等九个要素作为具体评价指标，构建了企业自主创新模式选择模型。游达明和孙理（2017）提出在选择创新驱动发展模式时应遵循如下原则：以企业的总体发展战略为前提和基础；应明确企业的创新能力和创新优势；考虑企业的地理位置；企业应有发展的动态思维。胡君和郭平（2019）根据熊彼得的理论，认为创新模式可以分为“突破式创新”与“渐进式创新”，且自主创新是实现突破式创新的必要条件，在不存在可模仿技术的条件下，只有大量的研发投入与技术试错，才能促使突破性技术的出现；同时根据技术赶超理论，认为技术赶超过程中技术创新模式的转换并不是自动发生的，较低创新能力的企业难以满足自主创新所需要的大量研发投入以及承担高不确定性的研发风险，从而使得许多后发企业出现技术模仿的低水平陷阱。陈伟、杨增煜和杨栩（2020）基于冰山理论视角，认为显性和隐性影响因素能够为科技型中小企业技术创新模式选择提供依据：具体来说，首先，科技型中小企业技术创新模式的选择应与其技术创新实力相对应，而不是仅仅依靠国家政策或者竞争对手力量薄弱来进行，需要有自身的技术创新实力评估结果；其次，科技型中小企业技术创新模式的选择随着对显性和隐性影响因素的分析结果的变化而变化；最后，科技型中小企业技术创新模式的选择对显性和隐性影响因素具有重要的反作用。

以往文献研究结论表明，技术创新能力和技术创新模式的协调将提高企业的研发效率和经济产出，本章的案例分析部分对航天动力公司的技术创新能力进行了量化的、全方位的评价，其技术创新能力与创新模式之间的匹配性对于提高公司的研发效率具有借鉴意义。本章此后将结合对西安海天天线科技股份有限公司、陕西宝光真空电器股份有限公司两个案例的辅助分析，进一步讨论自主创新、合作创新、孵化-成长创新三种不同创新模式与技术创新能力的匹配性问题，并给出两者的匹配要求量表。

2.4.1 海天天线技术创新能力与创新模式匹配性分析

西安市于1993年成立了西安高新区创业服务中心，由于选择先进技术项目，孵化面积较大，服务功能齐全，吸引了大批优秀管理开发人才，科技人员占从业人员的80%以上，企业成活率较高，发展迅速，已于1997年被科技部认定为国家级科技创业服务中心和中国首批国际企业孵化器（傅博娜，2005），因此，孵化-成长创新模式成为高新技术中小型企业的可选途径，高新区有海天天线、西电捷通、康拓医疗等

700多家科技企业经过专业孵化器的孵化而成长发展起来（科技日报，2010），而其中海天天线是典型代表。

海天天线企业创立者肖良勇在1999年接手注册资金仅有100万元且负债累累的海天通讯设备厂，凭借创业服务中心的专业企业孵化器支持，在小灵通基站PHS天线领域赚取了发展资金，最终成功渡过高风险的初创期。刘湘琴等（2009）指出，科技型中小企业在创办初期将面临融资、技术和市场三方面风险，导致创业失败率高、经营风险大。刘勇利（2014）认为科技企业孵化器可以在政策、法律、融资和市场定位等方面为创业者提供支持，降低了创业企业的成本和风险。有关文献也进一步讨论了孵化器对降低企业初创风险的作用机理和效果，认为存在研发人力和资金缺口、技术优势不明确、市场定位不清晰、市场份额较低等特征的企业需要借助企业孵化器渡过初创期（李新科，2002；曹婕，2010；陈贝力，2014）。由此可见，技术创新能力较弱（主要体现在技术投入、生产和管理能力上）的初创型高新技术企业适于选择孵化-成长创新模式。

2.4.2 宝光股份技术创新能力与创新模式匹配性分析

目前在科研院所方面，西安市拥有纳入科技统计的科研机构65所，国家级重点实验室23个，国家级工程技术研究中心2个；在高等院校方面，拥有各类高等院校84所，其中普通高等院校63所；在科研人才方面，共有两院院士66人，各类专业技术人员近50万人。雄厚的科教资源和科研实力为产学研合作创新模式在西安高新技术企业中的采用提供了支持。全小梅（2010）通过对西安中小型科技与机械工业企业的产学研联合创新情况进行问卷调查，获得249份有效问卷，发现样本中71.1%的单位参与过产学研合作创新。可见，合作创新是高科技企业的可选模式。本部分将要分析的陕西宝光真空电器股份有限公司，其合作创新模式和自身技术创新能力的结合取得了巨大成功，对其他高新技术企业具有借鉴意义。

陕西宝光真空电器股份有限公司是宝光集团的主要子公司，宝光集团是机械工业部、电子工业部和电力部定点生产真空开关管和真空开关设备的大型骨干企业。“宝光”牌真空灭弧室曾荣获第五届亚太博览会金奖，莫斯科国际名优产品金奖，国家科技进步奖一等奖1项、二等奖1项，国家机械工业科技奖二等奖1项，获得省优、部优产品称号70多项。公司多个产品被列入国家火炬计划、国家级重点新产品计划，多次参加国家863科技项目计划、国家科技支撑项目计划。

自20世纪50年代末起，真空断路器和SF6断路器逐渐占据高压断路器市场的主流产品地位，基本占领了整个高压断路器领域。但1997年联合国在日本京都会议上提出了《京都议定书》，限制会产生SF6气体的主流高压断路器的使用，发展72.5kV及以上的高压甚至超高压真空断路器成为减少SF6气体的必要变革，行业面临创新的挑战。西安交通大学和陕西宝光集团的产学研合作始于此，西安交通大学派出硕士研究生、博士研究生到厂里做项目，将试验品拿到西安交通大学做实验，研究成果双方共享，新产品、新技术层出不穷。在双方的共同努力下取得了三赢的局面：宝光集团的主力产品真空灭弧室产量达到世界第一位，质量与国外先进水平产品相当；西安交通大学在国际真空开关领域取得一席之地，与欧美、日本等发达国家或地区同台竞技；中国成为真空开关生产大国，真空开关在中等电压等级占有率达到98%，中国真空灭弧室的产量占世界总产量的50%以上，上升到世界第一位。

陕西宝光通过和西安交通大学的合作创新，在行业的巨大变革中稳定发展。该集团核心技术的发展壮大来源于产学研合作创新模式。合作创新模式并不仅仅包括产学研合作，研究发现供应商合作创新、企业间合作创新等均可以促进企业研发效率与经济产出的提高（熊麟，2013；范珂宏，2014）。钱莹等（2009）认为西安在地域、科教等方面的优势可推动合作创新模式的采用，但还需通过提高合作模式的互动层次和水平、建立合作创新的保障机制等方式提高合作创新效率。刘湘琴等（2009）认为企业在成长阶段存在的风险主要是市场风险，将面临产品推广、同业竞争、市场变革等一系列挑战。陈勇星等（2012）认为合作创新模式可以分散市场风险，依托各方合作者实现模仿或原始创新，可以尽快取得技术成果，从而超越同类竞争者，成为市场的挑战者或补缺者。由此可见，技术创新能力中等（主要体现在技术投入、生产和产出能力上）的成长型高新技术企业适于选择合作创新模式。

2.4.3 企业技术创新模式对技术创新能力的要求

现有研究针对不同行业、不同地区的企业进行了技术创新能力与创新模式的匹配性分析，考察了不同类型的技术创新模式的能力匹配（王黎娜，2005；陶爱萍，2012；高昆，2008）。有关企业技术创新模式与技术创新能力的匹配性研究的文献汇总见表2-9。

表2-9 企业技术创新模式与技术创新能力的匹配性研究文献汇总

研究角度	主要文献	研究结论
孵化-成长创新模式与技术创新能力的匹配性研究	冯洁（2004），刘湘琴等（2009），汪建海（2011），王振华（2013），汪艳霞和钟书华（2015），王帮俊、朱荣和冯朝磊（2018）	高新技术企业在初创期面临融资、技术和市场三方面风险
	李新科（2002），曹婕（2010），陈宏坤（2013），陈贝力（2014），任晓敏和陈岱云（2015）	具有研发人力和资金缺口、技术优势不明确、市场定位不清晰、市场份额较低等特征的企业需要借助企业孵化器规避风险
合作创新模式与技术创新能力的匹配性研究	赵丽（2006），梅姝娥（2008），刘湘琴等（2009），陈勇星等（2010）	企业成长阶段存在的风险主要是市场风险，面临产品推广、同业竞争、市场变革等一系列挑战
	杨晓妍（2008），梅姝娥（2008），刘湘琴等（2009），陈勇星等（2010），于珍（2012），其格其、高霞和曹洁琼（2016），李丹和杨建君（2018）	合作创新提供技术和资源，分担创新成本和风险，帮助企业应对市场变化
自主创新模式与技术创新能力的匹配性研究	袁春生（2006），丁友洁（2014），李明惠（2018）	成熟期高新技术企业技术创新能力良好，进入第二创业阶段，涉及企业资金、技术、人才等各种资源的流转
	梅姝娥（2008），刘湘琴等（2009），陈勇星等（2010），侯建和陈恒（2016），李明惠（2018）	自身具备优质资源和能力，拥有较好的创新理念，可以承受较高的技术开发成本和风险的高新技术企业和具有一定特点的地区内高新技术企业适合采用自主创新模式

基于已有文献的研究结论，结合本章节在前文中对航天动力、海天天线、宝光股份三家公司的案例分析，本书在此提出采用模糊层次综合评价法量化的技术创新能力与技术创新模式的匹配要求量表，为自主创新、合作创新、孵化-成长创新三种不同创新模式与技术创新能力的匹配性问题提供参考标准（见表2-10）。

表2-10　　**企业技术创新模式对技术创新能力的匹配要求**

能力指标 \ 技术创新模式	自主创新模式	合作创新模式	孵化-成长创新模式
模糊层次综合评价法下的技术创新能力要求			
创新投入能力	研发人力与资金投入很大；研发人才与科研管理人才综合素质要求高；研发基础设施充足	研发人力与资金投入较大；研发人才与科研管理人才综合素质要求较高；研发基础设施相对缺乏	研发人力与资金投入很小；研发人才与科研管理人才综合素质不高；研发基础设施缺乏
	良好及以上（≥75）	中等（≥70且<75）	中等以下（<70）
创新生产能力	工人技术水平总体良好，企业拥有先进的仪器、设备，产品周转率较高。技术创新全过程需要具备很强的设计能力、工艺装备能力、小试中试能力、批量生产能力以及相应的生产配套能力	工人技术处于中等水平，企业拥有较先进的仪器、设备，产品周转率较高。在提高技术创新能力和研发新成果转化为批量生产新产品的过程中，设计能力、试制能力、生产能力和配套能力有一部分强项，而其他能力需要合作方提供	工人技术处于中等偏下水平，企业拥有较先进的仪器、设备，产品周转率一般。符合模仿需要的设计能力、试制能力、生产能力和配套能力比较强，生产成本控制能力很强
	良好及以上（≥80）	中等（≥70且<80）	中等以下（<70）
创新产出能力	专利申请和拥有情况表现突出，新产品市场表现良好，在整个科研过程中，具有独立从事基础研究、应用研究和发展研究的能力。科研探索能力和技术创新能力都很强	专利申请和拥有情况表现较突出，新产品市场表现中等偏良好，有从事部分应用研究和发展研究的能力，有一定的技术吸收能力和改造能力，在某些领域或专业上有一定的研发能力，在合作基础上能够发挥一定的技术创造能力	专利申请和拥有情况表现较突出，新产品市场表现不明确，在发展研究方面，有一定的技术选择能力和改进能力，技术模仿能力、吸收能力和跟踪能力比较强，也有一定的创新能力
	良好及以上（≥80）	中等（≥70且<80）	中等以下（<70）

续表

能力指标＼技术创新模式	自主创新模式	合作创新模式	孵化-成长创新模式
创新管理能力	创新文化建设深入人心，科研氛围良好，有独创精神和领先意识，创新机制和战略规划完备，知识管理能力和研发组织管理能力强大，技术创新的运营能力和过程管理能力也很强	了解自己在创新上的优势和劣势，合作研发的意愿很强，在创新战略和机制上有独到之处，专业管理能力和组织管理能力也有一定的长处，通过合作能够互补资源并发挥优势	技术跟踪和模仿的意识强烈，技术模仿、引进和吸收的机制比较完善，有相应的研发组织结构和组织管理能力支持
	良好及以上（≥85）	中等（≥80且<85）	中等以下（<80）
综合技术创新能力	良好及以上（≥80）	中等（≥70且<80）	中等以下（<70）
其他能力的匹配性要求			
企业规模	大	较大	小
企业经济实力	强	较强	弱
企业成长阶段	成熟期	成长期	初创期
企业产品寿命周期	投入期	成长期	稳定期
企业现有技术水平	与先进技术差距不大	与先进技术有一定差距	与先进技术差距大
企业创新技术类型	先导技术型	成长技术型	成熟技术型
企业类型	领先型	部分赶超型	赶超型

2.5 基于自主创新模式案例分析结论的自主研发模式相关政策建议

通过以上分析，本书定义了三种企业研发资源配置模式——自主创新模式、合作创新模式和孵化-成长创新模式，同时基于模糊层次综合评价法给出了具体模式的适用条件量表。自主研发活动是企业自主创新的重要实践途径，因此本节将在前述内容的基础上，结合航天动力、海天天线和宝光股份三个案例，提出关于自主研发创新模式的政策建议，为关于开展自主研发活动的企业的政策提供启示。

在表2-10中，采取自主研发模式的高新技术企业一般拥有良好的创新能力，是先导技术型企业，对产品技术创新和经济高质量发展都发挥较为重大的作用。同时，采取自主创新模式的高新技术企业也面临产品、市场等风险，在研发投入–产出过程中不确定性较高、风险较大。以航天动力公司为例，其在航天液体发动机等技术上一直保持国际领先水平，且年产值已达到了10亿元以上，在2014年，航天动力公司筹集资金项目共计6项，其中只有“工业泵生产线技术改造项目”“水力设备产业化项目一期工程项目”通过竣工验收，且报告期内达到预期收益，其余4项工程均因产品、市场、技术等风险无法达到预期效果。本书基于案例特征和自主研发模式政策支持的已有研究（孙绮阳，2013；梅月华，2012；王琳，2010），提出关于支持自主研发模式的以研究开发和技术转化环节为重心的政策建议。

采用自主研发模式的企业，由于其技术的创新性和市场的不确定性，在研发投入后产生较高的风险，这类企业的研发周期较长，客户需求不明确，目标收益存在较大的波动性，同时此类企业往往是技术先导型企业，对提高企业创新水平、产品技术水平、促进区域经济高质量发展具有战略性意义。显然，在前述内容基础上，将重点放在高新技术企业的生产、销售两个环节的结果型优惠政策的实施效果较差。

西安市有关科技型企业的优惠政策主要是结果型优惠，忽视了对研究开发和技术转化环节的政策支持。如对获得省级以上认定的研发中心、工程实验室等创新平台给予最高80万元的支持、经认定的高新技术企业自获利年度起2年内免征所得税等政策，基本上都是对已经取得科研成果和取得科技创新收入的企业进行的扶持，企业如果在取得收入以前进行了大量的科技投资，则享受不到优惠政策的鼓励。虽然这些政策也对促进高技术产业规模的扩大起到了积极的作用，但在这样的政策激励作用下，企业会把重点放在引进技术和生产高新技术产品上，而对建立科技创新体系和研究开发新产品投入不足，同时也会造成生产线的重复引进，和最终产品生产能力强大而中间产品、配套产品及一些重要原材料开发能力不足等问题。优惠政策的制定应把重点落在产品研究开发、技术转化环节上，促进科技创新机制的形成和完善，使自主创新模式下的科技型企业的研发活动风险得到补偿，激励其加大力度进行自主研发。本书参照研发活动投入与产出效率更为优秀的省份的相关政策，结合已有研究（孙绮阳，2013；梅月华，2012；王琳，2010），对案例公司所处的西安市提出具体的针对自主研发型科技企业的政策制定建议（见表2-11）。

表2-11 西安市自主创新型科技企业的政策制定建议

政策视角	政策内容	政策建议	政策制定
企业所得税	企业所得税税基优化	创新设施固定资产折旧调整	在已有加速折旧方法（双倍余额递减法和年数总和法）的基础上，积极开发并推广新的加速折旧方法；折旧年限不再简单规定，而是结合固定资产技术的实际使用年限和更新周期综合考虑；避免折旧与其他税收优惠政策的冲突，如在享受所得税优惠政策期间，可以采取直线法折旧；扩大投资抵免范围，实施再投资退税优惠，如按投资额的一定比例抵免企业应纳所得税，未抵扣完部分可允许3年内结转
		扩大研发费用加计扣除的范围	除《国家重点支持的高新技术领域》和《当前优先发展的高技术产业化重点领域指南》指定的研发费用加计扣除范围外，应当放宽政策的适用群体；企业联合其他企业、高校、公共科研机构建立工程技术研究中心、工程中心、技术中心等发生的建设费用，企业资助高校、科研机构开展研究的费用，企业委托高校、科研机构研究开发产生的委托研究开发费用，企业购买高校、科研机构的专利或与其他企业交叉许可专利产生的费用，企业参与国际技术标准组织等公共性、专业性的非营利组织发生的费用，企业参与区域产业研发基础设施共建、共享等平台建设发生的费用等，均可以计入企业研究开发费用，给予加计扣除所得税的优惠
		允许提取产业化准备金	在中间试验、工艺实现、产品化等产业化阶段给予税收优惠，原则上将更多企业成果转化的项目或行为作为税收优惠的重点，进而加强科技税收政策的全过程一体化效应。比如，允许高新技术企业从应纳税所得额中提取3%～5%作为产业化风险准备金，在所得税前据实扣除。当然，为了监督战略性新兴企业专款专用，超过5年逾期不用的部分应补缴税款，未使用完的部分应补缴税款，超支的部分在以后纳税年度结转（税前扣除），挪作他用的应补缴税款并加收滞纳金和惩罚金

续表

政策视角	政策内容	政策建议	政策制定
企业所得税	企业所得税税基优化	加大创新人才引进与培育等的所得税扣除力度	根据《中华人民共和国企业所得税法实施条例》第四十条的规定：企业为引进人才支付的安家费、住房补贴等职工福利费支出，不超过工资薪金总额14%的部分，准予扣除；根据财税〔2018〕51号：企业发生的职工教育经费支出，不超过工资薪金总额8%的部分，准予在计算企业所得税应纳税所得额时扣除；超过部分，准予在以后纳税年度结转扣除。为了提高企业引进和培养创新型人才的动力，并能够有效推行全面薪酬计划，应实施差别性的税前扣除标准，对高新技术企业可以提高创新人才福利费用税前扣除比例
	企业所得税税率优化	细化技术转让的税率优惠政策	现有技术转让的所得税税率优惠没有规定技术转让的地域范围，容易造成知识产权流失，另外也没有根据转让技术的性质采取不同的税收激励和约束政策。为此提出两点建议：一是境内居民企业向外资企业转让战略性新兴产业重要技术的所得不能享受所得税优惠；二是以优惠价格向境内企业转让技术标准下的专利使用权或重要技术的，尤其是一些关键共性技术，可以加大企业所得税减免力度
		鼓励企业加入产业集群和联盟的税率优惠政策	对于属于国家重点扶持的从事战略性新兴产品开发和生产的企业参加产业技术创新战略联盟或集群，经科技管理部门认定，自加入集群和联盟取得经营收入的年度起，对企业所得税实行优惠税率；其他加入集群和联盟的未享受税收优惠政策的高新技术企业，根据其地位和贡献大小，给予不同程度的优惠税率
		制定差别性的优惠税率	在认定为高新技术企业的前提下，可根据企业的生命周期、模糊层次综合评分等划分等级，针对不同等级设立差别性的优惠税率。鉴于高新技术企业在经济增长中的重要地位，同时综合考虑企业的表现得分，将企业所得税的优惠税率确定在（10%，15%），评估分值越高，其优惠税率越低，越接近10%；反之，优惠税率越接近15%。差别性的优惠税率可以鼓励高新技术企业的成长，同时可以保证政府的税收收入

续表

政策视角	政策内容	政策建议	政策制定
税收优惠方式	纳税方式优化	综合使用不同形式的税收优惠方式	对于处于成长期的高新技术企业，可以采用盈亏互补、延期纳税与优惠税率相结合的税收优惠方式。由于这一类型企业站在科技创新最前沿，其创新风险极大，这导致其创新收益可能为正，亦可能为负，此时盈亏互补优惠政策有利于战略性新兴企业某一年度的亏损通过其他年份的盈余予以抵补，从而减少其所得税的缴纳金额。盈亏互补极有利于处于成长阶段的高新技术企业，它们面临创新风险、市场风险等多种风险，收入很不稳定，通过这种税收优惠政策可以平滑企业各年的利润。延期纳税是通过分期缴纳或延期缴纳的方式降低成长期战略性新兴企业的税负，缓解企业的资金紧张情况，到企业成熟期销售收入稳定后再缴纳相应税款，此种方式的另一个好处是可以保证政府的税收收入
其他相关企业	其他相关企业的所得税政策优化	风险投资企业所得税政策优惠	风险投资是推动高新技术企业自主创新的重要资金来源。2008年起实施的企业所得税法，增加了对创业投资企业的优惠政策，即创业投资企业采取股权投资方式投资于未上市的中小高新技术企业2年以上（含2年），可按其对中小高新技术企业投资额的70%在股权持有满2年的当年抵扣该创业投资企业的应纳税所得额。符合抵扣条件并在当年不足抵扣的，可在以后纳税年度逐年延续抵扣。 为了促进风险资金更多地流入高新技术企业，需要完善税收优惠政策，使其在风险投资运营的全过程发挥作用。在风投资金介入初期，可以免征风险投资企业所得税；在风险投资成长期，对创业投资企业或个人投资者所获得的资本利得收益给予一定程度的税收优惠；在退出期，应在证券交易和个人所得方面给予一定优惠，并对所获得利润用作风险再投资进行税收抵免或退税

续表

政策视角	政策内容	政策建议	政策制定
其他相关企业	其他相关企业的所得税政策优化	外资企业技术转让所得税政策优惠	为促进战略性新兴企业技术引进活动，建议采取以下优惠政策。第一，在同样适用于国内企业和国外企业分支机构的税制中适当添加针对国外企业的刺激性条款，如允许国外企业分支机构采用加速折旧的方法计提折旧，同时在费用扣除方面给予国外企业分支机构以更多的费用扣除和更加宽松的扣除范围。第二，对于境内的国外企业分支机构所承担的研发费用，允许其在计算企业所得税时全部加以扣除。国外企业为了提高现有企业的技术水平、发展新的技术或从事新的发明创造，常常要在总部花费大量的资金从事研究和开发项目，而总部通常会按比例将费用的一部分分摊到它在国外的分支机构。因此，可以在计算应税所得时将其所分担的研究与开发费用进行全部抵扣

综上所述，自主研发型科技企业具有创新风险高、研发周期长、战略作用强三个主要特点，主流的结果型优惠政策忽略了对该类型企业研发过程的支持，导致企业产品在产生市场效益之前面临较大压力，因此本书提出了相关政策建议，针对自主研发型科技企业的特点，把优惠政策的重心放在研究开发和技术转化上（基于税基的优惠政策）。同时针对风险投资企业和外资企业也提出了相关政策建议，旨在刺激其更好地与高新技术企业合作，更好地为高新技术企业服务。

2.6 本章小结

根据上述案例分析可以看出，企业在进行创新模式决策的过程中有必要充分认识和评估自身创新能力水平，从而选取与自身创新能力最为匹配的具体模式。自主研发活动作为自主创新模式下企业所采取的创新实践，虽然具有较为突出的优势和价值，但是对于保证企业研发创新效率而言，创新模式与创新能力的匹配性更为重要，因此企业在开展自主研发活动前必须确认自身创新能力能够满足自主研发活动的要求，以期提高研发创新活动的效率，从而为企业获取竞争优势提供帮助和支持。

与此同时，对于采用自主研发模式的企业而言，颁布各项相关优惠政策来帮助其实现规避风险、降低潜在损失、缓解研发成本压力等目标也极有必要。而在制定优惠政策的过程中，不应仅仅关注是否产生研发成果，还应对企业的研发过程给予一定优惠和扶持，进一步缓解企业对研发失败风险的担忧；同时还需充分考虑不同企业类型的具体情况，在现有政策的基础上有针对性地进行优惠政策的设计和优化。

3 自主研发的微观影响

在知识经济、智能经济时代，企业之间的竞争更多地表现为技术创新的竞争，市场竞争的日趋激烈让各国意识到科技创新的重要性。我国于2006年做出了建设创新型国家的重大战略决策，同时指出加快建立以企业为主体、市场为导向、产学研相结合的技术创新体系，使企业真正成为研究开发投入、技术创新活动、创新成果应用的主体。在席卷全球的金融海啸中，那些规模较小、产品科技含量低、缺乏自主知识研发和核心竞争力的企业深受影响，陷入困境，甚至破产倒闭，这也使得企业更加深刻地认识到科技进步的重要性。

虽然企业自主研发活动对于企业应对激烈竞争、实现长远发展的价值有目共睹，但是自主研发具体从哪些方面影响企业发展仍需明确，本章从不同角度建立了实证研究设计，以期明确自主研发对企业发展的具体价值，对不同类型企业的差异化影响，进一步认识自主研发活动在微观层面的积极作用。

3.1 研发投入与企业绩效

创新是企业的生命，要提高企业创新能力，加大企业研发投入是重要的途径之一。加大研发投入，是企业积极开展自主研发活动的重要前提。但企业加大研发投入是否意味着能够提升其创新能力，进而有效提高企业业绩呢？现有研究的结论莫衷一是。Cockburn 和 Griliches（1988）以研发投入作为企业创新能力的替代变量，经过实证研究发现，研发投入能够有效地提升企业绩效。Chauvin 和 Hirschey（1993）、解维敏和唐清泉（2011）等也认为增加企业研发投入能够使企业获得更多从事科技创新活动的资源，进而提高企业科技创新能力，并实现业绩增长。然而，也有学者认为，研发投入并非意味着直接提升了企业的创新能力，进而对企业绩效产生影响，二者之间仍存在“黑箱”（解维敏和唐清泉，2011）。影响企业绩效的因素除了包括资本投入等外，还应包括契约安排和治理结构，因为后者对资本投入在企业内部的合理分配扮演着重要的角色。Hu 和 Jefferson（2004）以北京地区大中型企业为样本，分析了 R&D 经费投入与企业绩效之间的关系，研究结果发现，研发投入的确会影响企业绩效，然而随着时间的推移，这种影响会逐渐弱化。这一研究表明，研发投入对企业绩效的影响会受到外部环境、内部治理因素等诸多方面的影响。本书接下来将从中国特有的制度环境出发，考虑国有控股企业与非国有控股企业之间存在的较为明显的效率差异，分析研发投入与企业绩效之间的关系，以及对企业经营行为具有最终决策权的终极控制人属性是否会对二者的关系产生影响。

3.1.1 文献回顾

1）终极控制人的文献回顾

传统关于股权结构的文献主要关注上市公司自身的所有权结构特征所引起的治理结构问题（贾明、张喆和万迪昉，2008），忽视了对上市公司具有实际掌控权的终极控制人所引起的治理机制安排以及这种安排下企业行为差异的影响。La Porta 等（1999）较早地对终极控制人问题展开研究，他们从繁杂的控制链中对公司股权进行追根溯源，进而寻找对上市公司具有影响的终极控制人。终极控制人因其性质差异、控制能力强弱以及控制动机不同对公司行为产生影响（Fan和Wong，2002），进而对企业绩效产生影响。

2）研发投入与企业绩效关系的文献回顾

研发投入即“研究与开发投入”，是企业进行技术创新，提高市场竞争能力的基础。现有文献就研发投入与企业绩效之间的关系展开了丰富的研究，却并未得出一致的结论。

一些研究认为，研发投入能够提升企业绩效，科技投入的支出有助于企业提高生产效率，其中研发投入的影响最为重要（Griliches，1986）。解维敏和唐清泉（2011）就指出，创新能为企业带来经济租金，通过新技术的研发以及革新，为市场提供更多选择与服务，创造更为广阔的市场和盈利机会，能够提升企业的竞争能力。由此可见，加大研发投入对于企业进行技术创新具有颇为重要的作用。以此观点为依据，许多学者对此进行了检验。Chauvin和Hirschey（1993）以美国企业为样本的研究发现，企业研发经费投入的确能够正向影响企业绩效。Roberts（1995）发现随着研发支出的增加，企业年销售收入随之增长，因此研发投入能够有效提升企业绩效。周国红和陆立军（2002）研究了浙江省1 162家科技型中小企业研发投入与企业绩效的关系，研究结果表明研发经费投入与人均利润总额、拥有专利程度以及技术创新新颖程度均显著正相关。张庆利和吴梦宸（2011）认为，研发投入是保证研发活动顺利完成的必要条件，研发投入的增加能够促进企业技术效率的提高，提升企业的竞争实力，进而有助于提高企业绩效。

尽管许多研究证实研发投入与企业绩效显著正相关，但是也有研究认为企业研发投入并不能直接提升企业绩效，二者的关系会受到企业所处的制度环境以及企业内部治理机制等诸多因素的影响。Jensen和Meckling（1979）认为，除了资本投入会引起经营绩效的差异外，企业契约安排与权利约束也会影响企业资本的经营效率，进而影响经营绩效。冯文娜（2010）研究了山东省高新技术企业的研发投入与企业绩效之间的关系，发现高新技术企业研发投入与创新投入显著正相关，进而有效提升了企业绩效。陈海声和卢丹（2011）以披露研发投入的上市公司为样本，发现控股股东性质不同的上市公司，其研发投入与企业绩效的关系存在差异。

现有研究主要关注企业外部制度环境（包括地方政府的政策环境）对研发投入与企业绩效之间关系的影响，而忽略了对企业具有实际控制权的终极控制人对企业研发行为的影响。下面，本书以终极控制权为视角，分析研发投入与企业绩效之间的关系。

3.1.2 研究假设

研发活动是企业发展的源泉，是提升企业市场竞争能力的有效途径。通过加大研发投入，企业获得更多的资源从事研发活动，为市场提供更为便利的商品和服务，为企业带来更广阔的市场和资源，为股东创造了更多的盈利机会。同时，在寻求创新能力提升产生经济租金的过程中，资源通过企业行为进行了合理的分配与流动，优化了市场资源的有效配置，使得优质资源流入科技投入力度较大的企业，提升了这类企业的竞争能力，因此有利于提升企业的经营绩效。

然而，由于不同企业所面临的经营环境、内部治理特征均存在较大差异，因此国有控股上市公司和非国有控股上市公司管理层在经营过程中面临的激励机制和经营动机也有所不同，影响了企业的经营效率。国有控股上市公司，其终极控制人往往是各级国资委（局），管理层面临来自终极控制人的约束和压力较小，管理层更为看重的是如何在任期内实现平稳过渡，因此经营效率相对低下，研发投入的效率相应较低。非国有控股上市公司的控制人往往为企业创始人或机构投资主体，他们关注企业的资本投入和产出，除了会加强资本投入量，也会通过各种方式对资本投入效率予以监督，提高研发投入的产出效率。研发投入的产出效率亦会成为评价非国有控股上市公司管理层经营效率的重要依据，因此管理层会通过其合理的经营行为，优化研发投入的产出效率。由此，对于非国有控股上市公司，研发投入和企业绩效之间的相互关系会更为紧密。因此，本书提出如下研究假设：

假设3-1：企业研发投入与企业绩效显著正相关。

假设3-2：非国有企业的研发投入更能促进企业绩效提升。

3.1.3 研究设计

1）样本选择与数据来源

本书主要选取2007—2009年沪深两市A股上市公司中披露研发支出的公司为研究样本，总计233家上市公司。[①]

证监会2005年颁布修订的《公开发行证券的公司信息披露内容与格式准则第2号——年度报告的内容与格式》规定，上市公司应当披露公司实际控制人情况，并以方框图及文字的形式披露公司与实际控制人之间的产权和控制关系。因此终极控制权数据主要通过翻阅上市公司年度报告，并阅读“上市公司与实际控制人关系方框图”获取，从而追溯至终极控制人，进而对终极控制权予以判断。

本书中研发支出与其他有关数据均来自国泰安数据库。

2）变量选择与说明

（1）因变量

托宾Q值（TOBINQ）：借鉴相关研究，采用净资产市场价值除以总资产账面价值与无形资产账面价值之差。由于我国股权的特殊性，上市公司股票被划分为流通股与非流通股，二者持有成本与价值具有较大差异。尽管从2005年开始的股权分置改革着手解决这一历史遗留问题，并于2008年年末初步完成，但是由于限售期限等原因，我国上市公司股票尚未实现全流通。因此，在计算市场价值时，针对不同类别的股票采用了不同的计价方式，其市场价值通过式（3-1）进行计算：

$$\text{市场价值}=\text{流通股股数}\times\text{期末股票价格}+\text{非流通股股数}\times\text{每股净资产} \quad (3\text{-}1)$$

（2）自变量

终极控制权（UltOwn）：虚拟变量，若2009年年末上市公司终极控制人为各级国资委（局）或其他政府机构，即国有控股上市公司，赋值0；否则，赋值1。

研发投入（LnRD）：对上市公司2007—2009年累计3年的研发投入

① 这项研究是一个持续性项目，本节内容的研究开展时间较早，故选取的样本时间为2007—2009年，但研究结论未受到影响。

取自然对数。

（3）控制变量

公司规模（LnSize）：对上市公司2009年年末总资产账面价值取自然对数。

交叉上市（CroLis）：虚拟变量，若上市公司2009年年末在H股或者B股也发行股票，赋值1；否则，赋值0。

资产负债率（Leverage）：上市公司2009年负债总额除以资产总额。

董事会独立性（IndPer）：上市公司2009年董事会中独立董事所占比例。

STC公司（STC）：虚拟变量，若该上市公司2007—2009年间ST的状态好转，赋值1；否则，赋值0。

3）模型构建

根据研究问题与变量的选取，本书构建如下模型对研究假设进行验证：

$$TOBINQ=\alpha+\beta_1LnRD+\beta_2LnSize+\beta_3CroLis+\beta_4Leverage+\beta_5IndPer+\beta_6STC+\varepsilon \tag{3-2}$$

$$TOBINQ=\alpha+\gamma_1LnRD+\gamma_2UltOwn+\gamma_3LnRD\times UltOwn+\gamma_4LnSize+\beta_5CroLis+\beta_6Leverage+\beta_7IndPer+\beta_8STC+\varepsilon \tag{3-3}$$

3.1.4 实证结果

1）描述性统计分析

表3-1列示了主要变量的描述性统计结果。从表3-1可以看出，表征企业经营绩效的托宾Q值（TOBINQ）的最小值为0.930，最大值为14.471，均值为3.256，表明我国上市公司2007—2009年间企业具有较好的经营业绩。样本公司中约有37.3%的上市公司的终极控制权（UltOwn）为非国有。样本公司研发投入（LnRD）最小值为8.854，最大值为22.793，表明上市公司研发投入具有较大的差异。公司规模（LnSize）的均值约为21.608，在这些公司中有6.4%同时在B股或者H股发行了股票（CroLis）。样本公司资产负债率（Leverage）均值为49.3%，表明所选样本公司负债水平保持在较为合理的范围内。上市公司董事会平均聘任独立董事的比例（IndPer）为36.9%，超过了证监会关于独立董事聘任最低比例的要求。样本公司中有5.6%的上市公司被

实行特别处理的状态好转。

表3-1 **主要变量描述性统计结果**

变量	Minimum	Maximum	Mean	Std.Deviation
TOBINQ	0.930	14.471	3.256	2.049
UltOwn	0.000	1.000	0.373	0.485
LnRD	8.854	22.793	16.643	1.882
LnSize	18.691	25.581	21.608	1.215
CroLis	0.000	1.000	0.064	0.246
Leverage	0.002	1.425	0.493	0.205
IndPer	0.091	0.571	0.369	0.057
STC	0.000	1.000	0.056	0.230

2）相关性分析

表3-2列示了主要变量之间的简单相关关系系数。由表3-2可知，研发投入（LnRD）与公司绩效（TOBINQ）之间存在正相关关系，各自变量之间的相关系数均未超过0.5，表示所构建的回归模型基本不会出现多重共线性问题，而后续回归结果显示的方差膨胀因子均小于2，证实了上述观点。

表3-2 **相关系数表**

变量	TOBINQ	LnRD	UltOwn	LnSize	CroLis	Leverage	IndPer	STC
TOBINQ	1.000	0.27**	0.126*	-0.517***	-0.095	-0.410***	-0.076	0.135*
LnRD	0.27**	1.000	-0.079	0.362***	0.060	0.075	0.156**	-0.026
UltOwn	0.126*	-0.079	1.000	-0.263***	-0.058	-0.212***	0.116*	-0.149**
LnSize	-0.517***	0.362***	-0.263***	1.000	0.217***	0.398***	0.035	-0.065
CroLis	-0.095	0.060	-0.058	0.217***	1.000	0.065	-0.020	0.012
Leverage	-0.410***	0.075	-0.212***	0.398***	0.065	1.000	-0.040	0.213***
IndPer	-0.076	0.156**	0.116*	0.035	-0.020	-0.040	1.000	-0.042
STC	0.135*	-0.026	-0.149**	-0.065	0.012	0.213***	-0.042	1.000

注：***、**、*分别表示在1%、5%、10%的水平上显著。本书后同。

3）独立样本t检验

为了检验不同性质终极控制人的研发投入是否存在差异，本书根据终极控制权的性质，区分了国有控股上市公司和非国有控股上市公司，对两组样本的研发投入进行了独立样本t检验，表3-3列出了独立样本t检验的结果。由表3-3可知，国有控股上市公司和非国有控股上市公司的研发投入不存在显著差异，表明终极控制权的差异并不会显著影响研发投入的数量，为进一步分析不同性质公司的研发投入效率提供了支持。

表3-3 **国有控股上市公司与非国有控股上市公司的研发投入差异分析**

变量	等方差检验		均值差异t检验		
	F	Sig.	t	Sig.（2-tailed）	均值差异
LnRD	3.312	0.070	-1.202	0.231	-0.307

4）多元回归分析

为了检验研发投入对企业经营绩效的影响，本书根据式（3-2），控制了企业规模、资产负债率等变量的影响后，采用多元线性回归对二者关系进行了经验分析，表3-4列示了回归结果。由表3-4可知，回归模型调整的R^2为0.359，F值为22.617，在1%的显著性水平上显著，表明所构建的回归模型具有较强的解释力。

表3-4 **研发投入与企业绩效关系的多元线性回归结果**

变量	回归系数	t值	显著性
(Constant)	19.218	8.940	0.000
LnRD	0.193	3.101	0.002
LnSize	-0.771	-7.174	0.000
CroLis	0.067	0.149	0.882
Leverage	-2.804	-4.703	0.000
IndPer	-3.288	-1.726	0.086
STC	1.470	3.020	0.003
Adj.R^2	0.359		
F	22.617		0.000

回归结果表明，企业研发投入与企业绩效的回归系数为0.193，在1%的显著性水平上显著，表明随着企业研发投入的增加，企业绩效随之得到有效提升，二者呈显著的正相关关系。从控制变量来看，企业规模与企业绩效显著负相关，其原因在于托宾Q值是以总资产账面价值为基础计算的，因此总资产账面价值越大，托宾Q值相应会越小。资产负债率与企业绩效显著负相关，表明企业过度负债不利于企业绩效的提升。

如前文所述，研发投入对企业绩效的影响还可能受到外部制度环境和内部治理因素的影响。由于不同性质的终极控制人对企业控制的动机具有差异，因此会对企业投入资本的经营效率产生影响。为了进一步研究这一问题，本书通过引入终极控制权与研发投入的交叉项，以检验终极控制权对研发投入与企业绩效关系的影响，回归结果见表3-5。

表3-5 **终极控制权差异下研发投入与企业绩效关系的多元线性回归结果**

变量	回归系数	t值	显著性
(Constant)	18.359	8.134	0.000
LnRD	0.221	3.469	0.001
UltOwn	0.014	0.059	0.953
UltOwn×LnRD	0.255	1.893	0.060
LnSize	-0.758	-6.901	0.000
CroLis	-0.056	-0.124	0.901
Leverage	-2.774	-4.653	0.000
IndPer	-3.005	-1.567	0.119
STC	1.447	2.950	0.004
Adj.R^2	0.363		
F	17.531		0.000

由表3-5可以看出，研发投入与企业绩效关系的回归系数为0.221，在1%的显著性水平上显著，表明研发投入与企业绩效呈显著正相关关系，与前述研究一致。终极控制权与企业绩效关系的回归系数为0.014，但是在统计上并不显著。终极控制权与研发投入的交叉项关系的回归系数为0.255，并在10%的显著性水平上显著，表明在非国有控股上市公司研发投入的效率更高，更能促进企业绩效的提升，研究假设3-2得到证实。从控制变量来看，公司规模、资产负债率水平与企业绩效均显著负相关。其他变量与前述研究基本保持一致。

3.1.5 结论与启示

作为企业创新能力提升的基础和源泉，研发投入是企业经营发展的源动力，而研发投入的效率也是企业经营过程中应当充分考虑的问题。本书以2007—2009年披露研发投入的沪深两市A股上市公司为研究样本，就企业研发投入对企业绩效的影响以及终极控制权差异对二者关系的调节影响进行了检验。实证结果表明，研发投入有助于企业绩效的提升，而终极控制权会影响企业研发投入的效率，调节了研发投入与企业绩效之间的关系。

研究结论的政策启示：在日益重视企业创新能力的环境下，加大企业的研发投入对于企业的长期发展具有重要意义。非国有企业在中国市场经济发展过程中扮演着越来越重要的角色，相比于国有企业，非国有企业利用着有限的经济资源，却拥有较高的经营效率，因此政府适当加大对非国有企业的研发投入，有助于资本市场资源的优化配置。

3.2 自主研发与企业价值创造

科技创新平台的建设，需要有资金和人力投入作为保障。改革开放以后，我国对研发投入的力度不断增强，国家不断出台相关政策，鼓励和支持企业加大研发投入。然而，政府对科技创新的鼓励措施是否真正起到了促进作用？企业的研发投入是否能带来知识产权产出的增加与产品及股票市场的认同？企业内部因素是否会影响企业研发投入的产出效率？本书将着重对上述问题予以关注。

已有研究通常从宏观角度出发，以国家（地区）层面和产业层面的研究居多，这类研究存在两点缺陷：一方面，以地区或产业为侧重的研究，忽略了企业作为科技创新主体的地位，而地区或产业的创新其实在很大程度上取决于企业的创新；另一方面，直接关注研发投入对地区或产业经济的带动作用，而忽略从企业研发投入，到企业绩效提升，进而带动地区和产业经济发展的传导机制。因此，想要真正打开研发投入影响经济发展的“黑箱”，对微观层面及以企业为主体的研究是必不可少的。而已有的为数不多的微观层面的研究在关注研发投入对企业业绩的影响时，均未能考察知识产权产出在其中发挥的传导（中介）作用。有鉴于此，本书以沪深两市A股上市公司为研究对象，考察了研发投入对企业知识产权产出以及企业业绩的影响，同时进一步探讨了企业内部因素对企业研发投入产出效率的影响机理。

3.2.1 文献回顾与假设提出

1）企业研发投入对知识产权产出的影响分析

已有研究表明，企业的研发投入能够提升其知识产权产出数量。Pavitt（1982）的实证研究表明，研发投入和知识产权产出之间存在显著的正向相关性。朱月仙和方曙（2006）运用我国宏观经济数据，发现应用研究、试验发展经费投入及专利申请量之间存在着高度的正线性相关关系。还有部分学者运用我国不同省份数据，对两者间的关系进行了检验，得出了较为一致的结论，即企业研发投入与专利、新产品产出等具有显著的正相关关系（曹志来，2008；程华和朱文晶，2009；冯文娜，2010）。可见，研发投入对知识产权产出具有一定的促进作用。

然而，也有研究表明，由于企业的研发活动存在着不确定风险，企业的研发投入对知识产权产出的促进和提升作用可能并不显著。由此可见，学术界对于企业研发投入与知识产权产出间的关系并未得出一致的结论。对于中国上市公司而言，在当前对研发创新日益重视的环境中，企业研发投入对知识产权产出的正向促进作用可能会更加显著。据此，本书在将企业研发投入进一步区分为人力资源投入与资金财力投入的基础上，提出如下假设：

假设H1a：企业科技研发人员投入会显著提升企业知识产权产出水平。

假设H1b：企业科技研发资金投入会显著提升企业知识产权产出水平。

2）企业研发投入对价值创造的影响分析

研发投入对企业价值创造的影响，一方面表现在产品市场上，企业通过R&D投入，不断开发新技术、研发新产品或改进现有产品，不仅可以增加企业的市场销售收入，同时能够通过提高生产效率来降低产品的生产成本，从而在整体上提高企业的销售毛利率，增强企业的盈利能力；另一方面则表现在股票市场上，一般认为研发投入能够提高企业的持续竞争力和经营业绩，因此，研发投入的披露通常能向市场传递企业具有良好发展前景的信息，从而提高股票市场价值。

就产品市场而言，Mansfield（1965）、Minasian（1969）以及Leonard（1971）先后研究了研发活动与企业生产率之间的关系，并得到了较为一致的结论，即研发投入可以提高企业的生产率和产出绩效。此后，Branch（1974）、Griliches（1986）、Mairesse和Sassenou（1991）以及Hall和Mairesse（1992）的研究再次支持了这一观点，表明产品市场认同企业的研发投入，由此带来了绩效的提升。

就股票市场而言，Bosworth和Rogers（2001）利用1994—1996年澳大利亚企业的数据，发现R&D投入和专利创新活动与市场价值显著正相关。Hand和Manry（2004）利用韩国的数据检验R&D投入的价值相关性，发现R&D投入水平对企业股价产生显著正向影响。这说明股票市场对企业的研发投入亦有一定水平的认同度。

针对我国市场而言，王玉春和郭媛嫣（2008）发现上市公司R&D财力投入与盈利能力呈正相关关系，而R&D人力投入与盈利能力并未呈现显著的正相关关系，并且上市公司R&D财力投入产出效果具有滞后性和累积效果。谢小芳等（2009）研究发现，企业的研发投入在产品市场上得到了消费者的认可，但是企业披露研发投入的信息却没有得到股票市场上投资者的认同。

考虑到企业从投入研发资金、人力资源到各项专利、新产品的产出之间存在一定的周期，研发投入与知识产权产出之间存在一定的滞后效应（梁莱歆和张焕凤，2005；谢小芳等，2009），本书采用一年作为滞后期，考察企业研发投入对产品市场及股票市场认同度的影响，并提出如下假设：

假设H2a：企业的研发投入将提高企业产品市场上滞后一年的盈利能力。

假设H2b：企业的研发投入将增加企业滞后一年的股票市场价值。

3）企业内部特征对研发投入价值的影响分析

研发投入对企业价值创造的作用会受到企业各项内部因素的影响，如第一大股东的所有权性质等（陈羽、李小平和白澎，2007）。大量研究表明，上市公司第一大股东的所有权性质将会显著影响公司业绩与市场价值。针对研发投入产出的效果而言，国有企业由于面临更为严重的双重委托代理问题，内部代理成本更高，且由于体制与文化等因素的制约，管理层的决策亦会受到一定程度的约束，因此，他们增加研发投入，提高知识产权产出的积极性较小，研发投入效果也较差；相比之下，非国有控股公司面临着更严峻的外部市场竞争，只有不断增强核心竞争力，增强创新能力，才能在市场中取得优势，企业在竞争压力下势必会不断提高研发投入水平，并更加重视研发效率。陈海声和卢丹（2011）的研究也表明，不同所有权性质（是否国有控股）的企业R&D投入对企业绩效有着不同的影响。据此，本书仍然采用一年作为滞后期，提出以下两个假设：

假设H3a：与国有企业相比，非国有企业的研发投入对企业盈利能力的提升作用更强。

假设H3b：与国有企业相比，非国有企业的研发投入对企业市场价值的提升作用更强。

企业是否获得高新技术企业认证，对于企业的研发投入效率亦会产生影响。高新技术企业的认证有着严格的标准，对企业生产产品、研发人员、研发投入资金等都有一定的要求，因此获得认证的企业与同行业其他企业相比，通常具有更强的技术优势，在市场上也更具竞争力。一些学者以高新技术企业为样本，探讨研发费用或知识产权产出对企业业绩和市场价值的影响，发现高新技术企业的研发投入往往与企业盈利能力的关系更密切（梁莱歆和张焕凤，2005；陶用之等，2006；冯文娜，2010)。基于此，本书提出如下两个假设：

假设H3c：与非高新技术企业相比，高新技术企业的研发投入更能提高企业的盈利能力。

假设H3d：与非高新技术企业相比，高新技术企业的研发投入更能提高企业的市场价值。

4）企业外部因素对研发投入的影响分析

我国“十二五”规划纲要明确要求增强科技创新能力，坚持自主创新，加快建设国家创新体系，着力提高企业创新能力，促进科技成果向现实生产力转化。“十三五”规划纲要再次提出把发展基点放在创新上，以科技创新为核心，以人才发展为支撑，推动科技创新与大众创业、万众创新有机结合，塑造更多依靠创新驱动、更多发挥先发优势的引领型发展。为此，各级政府不断出台政策，以政府补助与税收优惠作为鼓励，不断促进企业进行科技研发投入。然而，这些政策究竟是否发挥了充分的作用，仍有待验证。国外学者的研究，如Dagenais等（1997）用加拿大的税收数据，分析了企业税收优惠政策与企业研发投入水平之间的关系，发现政府1加元税收减免将带动企业R&D支出增加0.98加元。Guellec和Pottelsberghe（2003）的研究同样发现政府R&D税收优惠能够促进社会R&D活动。针对我国的现状，夏杰长和尚铁力（2007）的研究发现，我国税收优惠政策对于创新活动具有有效的促进作用。根据上述分析，提出假设H4a：

假设H4a：政府税收优惠和财政资助能够促进企业提高研发投入。

由于目前我国知识产权保护水平不高，侵权事件屡屡发生，在一定程度上降低了企业增加自主知识产权的积极性，国外学者研究表明加强知识产权保护对技术创新有促进作用（Kanwar和Evenson，2003；Leger，2007；Alfranca和Huffman，2003)。就我国不同地区上市公司而言，尽管所处的国家大环境是一样的，但其所处地区知识产权保护水平相差甚大，极不平衡（樊纲等，2003)，我们认为各地区企业的研发投入强度很可能受到知识产权保护环境的影响。根据上述分析，提出假设H4b：

假设H4b：企业研发投入受企业所处地区知识产权保护水平影响。

3.2.2 研究设计

1）数据来源与样本选择

本书以2007—2009年间披露各项研发投入的A股上市公司为样本，并剔除了其中金融行业企业以及其他数据不全的企业[①]，最终的样本量为526个。我国上市公司研发数据披露形式不统一，学者对于企业研发费用数据的处理有着不同的方法，有的以直接披露的数据为基础，比如资产负债表中开发支出账户明细、管理费用中的研发费用、支付的其他与经营活动有关的现金项目明细，以及年报中明确说明的研发费用开支等；有的则利用间接反映研发费用的科目如长期待摊费用等进行计算得出数据。为保证样本数据口径的一致性，本书参考谢小芳等（2009）的方法，从现金流量表附注中“支付的其他与经营活动有关的现金”明细项目提取研发费用数据。由于从R&D投入到新产品产出再到投放市场具有时滞效应，本书选用的盈利能力和股票市场价值为企业滞后一年的数据，即采用2007—2010年的数据。样本数据的主要来源是巨潮资讯网以及国泰安（CSMAR）数据库。

2）研究变量与模型设计

本书选用公司当年专利授权数据代表知识产权产出水平，销售毛利率代表企业的盈利能力，市净率代表企业的股票市场价值，并作为模型的因变量。主要的自变量包括：（1）企业研发投入强度，包括研发人员投入（企业研发技术人员数占职工总人数的比例）、研发资金投入（年度研发费用占营业收入的比重）；（2）企业第一大股东性质；（3）企业是否获得高新技术企业认证；（4）企业获得政府扶持情况，包括企业是否享受税收优惠以及企业是否收到政府补助；（5）知识产权保护水平，本书衡量知识产权保护水平的指标来自樊纲等（2007）

① 仅选用2007年之后的数据，是为了避免2007年后由于企业会计准则的变更带来的数据口径的不一致。

所编制的知识产权保护水平指数，该指数越大，说明当地的知识产权保护水平越高。

企业的销售毛利率和股票市场价值除受研发投入强度影响外，还受到公司自身条件的影响，比如公司规模、无形资产比率、偿债能力等，本书将这些因素作为控制变量。此外，我们还控制了年度与行业对结果可能产生的影响。

为研究研发投入对知识产权产出是否具有促进作用，我们建立了模型（3-4）来检验假设H1a和假设H1b：

$$Patent_{i,t}=\alpha_0+\alpha_1 Technician_{i,t}+\alpha_2 R\&D_{i,t}+\alpha_3 Intan_{i,t}+\alpha_4 Size_{i,t}+\varepsilon_{i,t} \tag{3-4}$$

为研究研发投入对企业盈利能力和股票市场价值的影响，我们分别构造模型（3-5）和模型（3-6）检验假设H2a和假设H2b：

$$GOM_{i,t+1}=\beta_0+\beta_1 R\&D_{i,t}+\beta_2 Technician_{i,t}+\beta_3 Leverage_{i,t}+\beta_4 Intan_{i,t}+\beta_5 Size_{i,t}+ \text{Year fixed effect}+\text{Industry fixed effect}+\varepsilon_{i,t} \tag{3-5}$$

$$PB_{i,t+1}=\chi_0+\chi_1 R\&D_{i,t}+\chi_2 Technician_{i,t}+\chi_3 Leverage_{i,t}+\chi_4 Intan_{i,t}+\chi_5 Size_{i,t}+ \text{Year fixed effect}+\text{Industry fixed effect}+\varepsilon_{i,t} \tag{3-6}$$

Year fixed effect和Industry fixed effect分别为年份固定效应和行业固定效应。为检验企业特征对研发投入价值的影响，我们在模型（3-5）和模型（3-6）的基础上引入虚拟变量$Stateowner_{i,t}$和$Gaoxin_{i,t}$，并分别与研发投入$R\&D_{i,t}$和$Technician_{i,t}$分别相乘构建交叉项，建立模型（3-7）至模型（3-10），通过对调节效应的检验来获取国有控股以及高新技术企业认证这两个特征对研发投入的效果是否产生影响的相关证据，即检验本书的假设H3a至假设H3d。

$$GOM_{i,t+1}=\eta_0+\eta_1 R\&D_{i,t}+\eta_2 Technician_{i,t}+\eta_3 Stateowner_{i,t}+\eta_4 R\&D_{i,t}\times Stateowner_{i,t}+ \eta_5 Technician_{i,t}\times Stateowner_{i,t}+\eta_6 Leverage_{i,t}+\eta_7 Intan_{i,t}+\eta_8 Size_{i,t}+ \text{Year fixed effect}+\text{Industry fixed effect}+\varepsilon_{i,t} \tag{3-7}$$

$$GOM_{i,t+1}=\mu_0+\mu_1 R\&D_{i,t}+\mu_2 Technician_{i,t}+\mu_3 Gaoxin_{i,t}+\mu_4 R\&D_{i,t}\times Gaoxin_{i,t}+ \mu_5 Technician_{i,t}\times Gaoxin_{i,t}+\mu_6 Leverage_{i,t}+\mu_7 Intan_{i,t}+\mu_8 Size_{i,t}+ \text{Year fixed effect}+\text{Industry fixed effect}+\varepsilon_{i,t} \tag{3-8}$$

$$PB_{i,t+1}=\sigma_0+\sigma_1 R\&D_{i,t}+\sigma_2 Technician_{i,t}+\sigma_3 Stateowner_{i,t}+\sigma_4 R\&D_{i,t}\times Stateowner_{i,t}+ \sigma_5 Technician_{i,t}\times Stateowner_{i,t}+\sigma_6 Leverage_{i,t}+\sigma_7 Intan_{i,t}+\sigma_8 Size_{i,t}+ \text{Year fixed effect}+\text{Industry fixed effect}+\sigma_{i,t} \tag{3-9}$$

$$PB_{i,t+1}=\omega_0+\omega_1R\&D_{i,t}+\omega_2Technician_{i,t}+\omega_3Gaoxin_{i,t}+\omega_4R\&D_{i,t}\times Gaoxin_{i,t}+\omega_5Technician_{i,t}\times Gaoxin_{i,t}+\omega_6Leverage_{i,t}+\omega_7Intan_{i,t}+\omega_8Size_{i,t}+\text{Year fixed effect}+\text{Industry fixed effect}+\varepsilon_{i,t} \quad (3\text{-}10)$$

最后，为分析外部影响因素，包括政府税收优惠、政府补助、知识产权保护水平对企业研发投入的影响，我们构造模型（3-11）检验假设H4a和假设H4b。

$$R\&D_{i,t}=\delta_0+\delta_1Tax_{i,t}+\delta_2Govgrant_{i,t}+\delta_3IPprotection_{i,t}+\delta_4Intan_{i,t}+\delta_5Size_{i,t}+\delta_6Leverage_{i,t}+\text{Year fixed effect}+\text{Industry fixed effect} \quad (3\text{-}11)$$

模型中的各变量具体定义见表3-6。

表3-6 **变量定义表**

变量	变量含义	变量取值方法及说明
$GOM_{i,t}$	销售毛利率	（销售收入-销售成本）÷销售成本
$PB_{i,t}$	市净率	股票市价÷净资产
$Patent_{i,t}$	知识产权产出	新增授权专利数
$R\&D_{i,t}$	研发资金投入	年度研发费用÷营业收入
$Technician_{i,t}$	研发人员投入	研发技术人员数÷职工总人数
$Stateowner_{i,t}$	第一大股东是否为国有股	哑变量，国有企业取1，否则取0
$Gaoxin_{i,t}$	是否为高新技术企业	哑变量，高新技术企业取1，否则取0
$Tax_{i,t}$	是否享受税收优惠	哑变量，享受税收优惠取1，否则取0
$Govgrant_{i,t}$	受到政府补助的水平	政府补助÷企业资产
$IPprotection_{i,t}$	知识产权保护水平	企业所处省份知识产权保护水平指数
$Intan_{i,t}$	无形资产比例	无形资产÷总资产
$Leverage_{i,t}$	资产负债率	负债总额÷资产总额
$Size_{i,t}$	企业规模	总资产的自然对数

3.2.3 实证结果与分析

1）描述性统计分析

（1）研发投入的总体现状

科技研发资金投入（R&D）强度现状见表3–7。从表3–7可以看出，我国企业研发投入水平总体状况不佳，3年间有超过90%的样本企业研发强度低于2%，这远远低于发达国家水平。国际通常标准认为，企业研发投入占销售收入比例达到2%时企业才能维持生存，比例超过5%时企业才具备竞争力，而在上述样本中仅有5家超过了5%，仅占总样本的0.95%。可见，我国上市公司研发投入强度亟待增强。而从时间的纵向来看，披露研发投入的企业数目逐年增多，2007年披露研发投入的企业为120家，2009年这一数字增长到了209家；同时高比例研发投入的公司也逐年上升：2007年没有一家上市公司的研发投入占销售收入的比例在4%以上，而2008年这一数字为3家，2009年为8家。这说明我国上市公司正逐步加大在科技研发方面的资金投入。

表3–7　科技研发资金投入（R&D）强度现状

$R\&D_{i,t}$(%)	2007年	2008年	2009年	总计	占总样本比例（%）
$R\&D_{i,t} \leq 1$	96	155	146	397	75.48
$1 < R\&D_{i,t} \leq 2$	16	24	38	78	14.83
$2 < R\&D_{i,t} \leq 3$	5	6	10	21	3.99
$3 < R\&D_{i,t} \leq 4$	3	9	7	19	3.61
$4 < R\&D_{i,t} \leq 5$	0	1	5	6	1.14
$R\&D_{i,t} > 5$	0	2	3	5	0.95
合计	120	197	209	526	100

（2）模型主要变量的统计特征

表3–8列示了模型中主要变量的描述性统计结果。从表3–8可以看

出，披露研发费用的上市公司中约有50%的企业获得了高新技术企业认证，且有一定比例的企业获得了税收优惠、政府补贴等各项政策扶持。从企业研发强度来看，研发人员比例平均仅为14.75%，说明企业研发力量储备不足，研发人才有待培养，同时，这些上市公司中仅有112家在2009年新增了专利授权，占总样本的21.3%，可见，上市企业研发投入效率并不高，知识产权产出过少。

表3-8 **模型主要变量的统计特征**

变量	样本量	均值	标准差	最小值	最大值
$GOM_{i,t}$	526	0.2113	0.1407	-0.1122	0.7714
$PB_{i,t}$	526	5.1984	13.6232	-2.8145	297.6471
$Patent_{i,t}$	112	37.4643	88.2190	1.0000	619.0000
$R\&D_{i,t}$	526	0.0083	0.0122	0.0000	0.1529
$Technician_{i,t}$	526	0.1475	0.1233	0.0057	0.8425
$Stateowner_{i,t}$	526	0.6027	0.4898	0.0000	1.0000
$Gaoxin_{i,t}$	526	0.5076	0.5004	0.0000	1.0000
$Tax_{i,t}$	526	0.6939	0.4613	0.0000	1.0000
$Govgrant_{i,t}$	526	0.0044	0.0093	0.0000	0.1426
$IPprotection_{i,t}$	526	10.7967	10.8971	0.8700	40.4700
$Size_{i,t}$	526	21.8079	1.1068	19.0232	26.4656
$Intan_{i,t}$	526	0.0503	0.0617	0.0000	0.7209
$Leverage_{i,t}$	526	0.5022	0.1782	0.0471	0.9884

2）回归分析

（1）企业研发投入与知识产权产出之间的关系研究

表3-9显示了模型（3-4）的回归结果，从中可以看出，研发人力

和资金投入回归系数均为正，与预期结果相符，并且研发资金投入在5%的置信水平上显著，支持了假设H1b；然而，研发人员投入的统计结果不显著，假设H1a没有得到支持。一个可能的解释是：我国企业研发投入资金有效，研发人员的增多，可能带来人均研发费用的减少，研发人员的研发效率因此受到负面影响。由此可见，企业研发资金投入对企业知识产权产出具有一定的促进作用，但研发人员的人均研发费用则有待提高，以保证研发人员投入能够显著提升企业的各项知识产权产出。此外，企业无形资产比例和规模与知识产权产出呈显著正相关关系，说明企业规模越大，已拥有的专利权、商誉等无形资产越多，研发实力越强，企业知识产权产出水平越高。

表3-9　　研发投入与知识产权产出关系回归结果

因变量：$Patent_{i,t}$	模型符号预测	模型（3-4）	t值
$Constant_{i,t}$	?	-811.5855***	-5.91
$Technician_{i,t}$	+	50.0287	0.86
$R\&D_{i,t}$	+	1 666.4962**	2.33
$Intan_{i,t}$	+	282.2257*	1.68
$Size_{i,t}$	?	36.4869***	6.02
N		112	
Adj.R^2		0.2845	
F		10.64***	

（2）企业研发投入与价值创造的关系研究

运用模型（3-5）、模型（3-6）与模型（3-7），检验企业的研发投入是否能够带来企业盈利能力的提升，且这种提升是否会受到企业特征（第一大股东性质、企业是否获得高新技术企业认证）的调节作用，回归结果见表3-10。

表3-10　　企业研发投入与盈利能力关系回归结果

因变量：$GOM_{i,t+1}$	模型符号预测	(1)		(2)		(3)	
		模型（3-5）	t值	模型（3-6）	t值	模型（3-7）	t值
$Constant_{i,t}$	?	0.5498***	4.14	0.5000***	3.74	0.5364***	4.02
$R\&D_{i,t}$	+	2.0503***	2.87	3.7472***	3.65	2.1547*	1.90
$Technician_{i,t}$	+	0.1237**	2.23	0.1948***	2.65	0.1049	1.34
$Stateowner_{i,t}$	-			0.0397*	1.93		
$R\&D_{i,t}\times Stateowner_{i,t}$	-			-3.1113**	-2.23		
$Technician_{i,t}\times Stateowner_{i,t}$	-			-0.1415	-1.43		
$Gaoxin_{i,t}$	+					0.0246	1.23
$R\&D_{i,t}\times Gaoxin_{i,t}$	+					-0.5356	-0.37
$Technician_{i,t}\times Gaoxin_{i,t}$	+					0.0131	0.13
$Leverage_{i,t}$	-	-0.1614***	-4.65	-0.1645***	-4.70	-0.1550***	-4.45
$Intan_{i,t}$	+	0.3780***	3.58	0.3753***	3.54	0.3952***	3.71
$Size_{i,t}$	?	-0.0054	-0.94	-0.0043	-0.74	-0.0054	-0.93
Year		已控制		已控制		已控制	
Industry		已控制		已控制		已控制	
N		526		526		526	
Adj.R^2		0.1376		0.1481		0.1384	
F		5.93***		5.56***		5.22***	

模型（3-5）的回归结果表明，当没有考虑企业各项特征时，研发投入与企业的销售毛利率正相关，这与预期一致，其中研发资金投入与企业的销售毛利率在1%的置信水平上显著正相关，研发人员投入则在5%的置信水平上与企业的销售毛利率显著正相关，这有力地支持了本书提出的假设H2a，即企业的研发投入将提高企业产品市场上滞后一年的盈利能力。

从模型（3-6）的统计结果可以发现：$R\&D_{i,t} \times Stateowner_{i,t}$的回归系数为负，且在5%的置信水平上显著，说明相比于非国有控股企业，国有控股企业的研发资金投入对企业盈利能力的影响将削弱很多，非国有控股企业的研发资金投入更容易获得产品市场的认可；$Technician_{i,t} \times Stateowner_{i,t}$的系数同样为负，但统计结果并不显著，假设H3a仅得到了部分验证。企业所有权性质对研发投入与企业盈利能力之间的关系具有一定程度的调节作用。然而，模型（3-7）的分析结果显示：$R\&D_{i,t} \times Gaoxin_{i,t}$以及$Technician_{i,t} \times Gaoxin_{i,t}$两项均未达到统计显著，由此可见企业是否获得高新技术企业认证，其研发投入效果相差不大，假设H3c未通过检验。

从表3-10还可以发现，资产负债率与企业销售毛利率呈显著负向关系，说明资产负债率低的企业盈利状况较好；而无形资产比例则与销售毛利率显著正相关，说明企业拥有的专利与非专利技术、商誉等无形资产越多，其市场竞争力越强，越能创造更高的盈利水平。

企业研发投入与市场价值关系回归结果见表3-11。在表3-11中，三组回归结果均显示：研发人员投入对企业市场价值没有显著影响，但研发资金投入对企业市场价值的正向影响非常显著（显著性水平达到了1%），部分支持了本书的假设H2b。就模型（3-9）的回归结果而言，国有控股企业的研发资金投入虽然能提高企业未来一年的股票市场价值，但这种促进作用远小于非国有控股企业，并且效果的削弱是显著的，表现为$R\&D_{i,t} \times Stateowner_{i,t}$的系数为负，且在1%的置信水平上显著。可见在股票市场上，投资者较认可非国有控股企业的研发投资行为，这在一定程度上支持了假设H3b。模型（3-10）的回归结果与我们的预期相反：相比于高新技术企业，非高新技术企业的研发投入在股票市场上的认可度更高，高新技术企业研发投入对股票市场价值的正向影响反而不如非高新技术企业，拒绝了假设H3d。这可能是由于投资者普遍认为高新技术企业的性质决定了其必须不断地进行研发工作，其研发投入只是在保持其原有的竞争优势，因此研发投入的边际效用较低；而非高新技术企业，由于其原有的研发活动较少，企业一旦投入大量科研经费，将很有可能极大地提升其市场竞争力，研发投入的边际效用较高，因此，其研发行为更容易受到股票投资者的关注。

表3-11　　企业研发投入与市场价值关系回归结果

因变量：$PB_{i,t+1}$	模型符号预测	(1)		(2)		(3)	
		模型(3-8)	t值	模型(3-9)	t值	模型(3-10)	t值
$Constant_{i,t}$	?	30.9692**	2.30	28.2547**	2.08	33.2523**	2.48
$R\&D_{i,t}$	+	233.5036***	3.22	432.8369***	4.15	577.3356***	5.08
$Technician_{i,t}$	+	1.1527	0.20	-3.6685	-0.49	-3.8370	-0.49
$Stateowner_{i,t}$	-			-0.0086	-0.00		
$R\&D_{i,t}\times Stateowner_{i,t}$	-			-389.7783***	-2.75		
$Technician_{i,t}\times Stateowner_{i,t}$	-			10.7533	1.07		
$Gaoxin_{i,t}$	+					0.4971	0.25
$R\&D_{i,t}\times Gaoxin_{i,t}$	+					-545.2882***	-3.74
$Technician_{i,t}\times Gaoxin_{i,t}$	+					11.5911	1.14
$Leverage_{i,t}$	-	14.7614***	4.19	15.7552***	4.44	14.7295***	4.21
$Intan_{i,t}$	+	20.9458*	1.95	22.6231**	2.10	20.2254*	1.89
$Size_{i,t}$	?	-1.8941***	-3.22	-1.8614***	-3.14	-1.9542***	-3.36
Year		已控制		已控制		已控制	
Industry		已控制		已控制		已控制	
N		526		526		526	
Adj.R^2		0.0517		0.0631		0.0757	
F		2.68***		2.77***		3.15***	

（3）企业外部因素对研发投入的影响分析

表3-12分析了政府激励政策（税收优惠及政府补助）和企业所处地区知识产权保护水平对企业研发资金投入的影响。从模型（3-11）的回归结果中可以看到，$Tax_{i,t}$及$Govgrant_{i,t}$的回归系数为正，与预期结果一致，且至少在10%的置信水平上显著，说明政府的税收优惠和资

助政策具有激励效应，能够显著提高企业研发资金投入，这支持了假设H4a。此外，从知识产权保护水平的回归系数来看，企业所处地区知识产权保护越好，企业越有动力投入资金进行研发，这支持了假设H4b。由此可见，企业的研发资金投入水平与政府政策的引导以及法律环境密切相关。

表3-12 政府政策、法律环境对企业研发投入的影响回归结果

因变量：$R\&D_{i,t}$	模型符号预测	模型（3-11）	t值
$Constant_{i,t}$	?	0.0222^{**}	2.22
$Tax_{i,t}$	+	0.0014^{*}	1.79
$Govgrant_{i,t}$	+	0.2104^{***}	5.46
$IPprotection_{i,t}$	+	0.0001^{***}	2.94
$Intan_{i,t}$	+	−0.0051	−0.78
$Size_{i,t}$	?	0.0001	0.22
$Leverage_{i,t}$	−	−0.0035	−1.61
Year		已控制	
Industry		已控制	
N		526	
Adj.R^2		0.1261	
F		5.21^{***}	

（4）稳健性检验

为保证结果更加稳健可信，本书采用上市公司年度报表中资产负债表下开发支出项目附注说明中公司当年研究与开发费用合计数作为衡量企业研发资金投入的变量，其他变量保持不变，回归结果并未出现实质性差异，可见前文的结果具有一定的可靠性。

3.2.4 结论与启示

本书以2007—2009年A股市场中披露研发投入数据的公司为样本，进行了如下四部分的研究：①企业研发投入对知识产权产出的影响；

②研发投入对企业在产品市场上的认可度的影响；③研发投入对企业在股票市场上的认可度的影响；④企业内部特征和外部环境对企业研发投入效率的影响。通过实证研究，得出如下三点结论：

第一，企业研发投入对知识产权产出具有一定的促进作用。这主要表现为企业科技研发资金投入与企业知识产权产出之间存在显著的正向相关性。但与此同时，企业科技研发的人力资源投入对知识产权产出的提升效应并不显著，这可能是由我国企业研发人员人均研发费用较少、科研条件受限所造成的。此外，研究结果表明，企业研发实力具有积累效应，企业无形资产比例越高，规模越大，企业研发实力越强，越容易有新的知识产权产出，并促进企业未来的知识产权产出水平。随着市场竞争日趋激烈，企业要想获得竞争优势，就要不断进行技术创新，拥有核心自主知识产权，而研发投入就是企业核心竞争力的来源，因此，企业应及早并持续地进行研发投入，争取市场的主动权。

第二，不管是在产品市场还是在股票市场，企业增加研发资金投入都能显著提高企业的盈利能力，增加企业的市场价值。同时，企业特征也会影响企业的研发投入产出效率：相比于国有控股企业来说，非国有控股企业的研发投入在产品市场上为企业带来了更高的盈利水平，同时在股票市场上也为企业带来了更高的市场价值。而高新技术企业的研发投入在产品市场上的认可程度与非高新技术企业的差异并不显著，但由于研发投入对非高新技术企业来说产生的边际效用更大，因此非高新技术企业的研发资金投入反而更能得到股票市场上投资者的青睐，提升了企业的市场价值。

第三，企业科技研发活动会受到政府政策导向的影响。税收优惠及财政补助均能够改善企业资金状况，提高企业研发投入的积极性。此外，企业研发行为会受当地知识产权保护水平的影响，在法律环境较差、知识产权保护水平较低的地区，企业研发成果的安全性无法得到保障，企业进行科技创新的动力也会受到打击。因此，为鼓励企业进行研发创新活动，有关政策制定部门一方面要给予企业必要的政策扶持，另一方面要加强知识产权保护，为企业营造良好的法律保护环境。

3.3 进一步分析：知识产权产出的中介作用

现有文献在研究研发投入对企业价值创造的影响时，仅研究其线性关系，把企业研发投入到企业价值创造之间的过程视为一个“黑箱”，未能考察其中间的影响因素。本书认为，知识产权产出在研发投入对企业价值的影响中能够起到重要的中介作用。企业只有将研发投入充分运用于开发新技术、生产新产品、降低现有产品成本、更好地满足客户需求之上，才能全面提高生产经营效率，进而提高企业绩效或企业价值。提升企业的自主研发能力，形成核心竞争力，有利于奠定企业在产品市场竞争中的领先地位，进而提高企业的盈利能力。由此可见，研发投入对企业价值创造的贡献主要是通过研发期间产出新产品、新技术等知识产权实现的。

已有文献（温忠麟和侯张，2005）关于中介作用的检验一般分三步进行，具体到本书则应建立以下三个回归模型：

$$GOM_{i,\ t+1}=\beta_1 R\&D_{i,\ t}+\varepsilon_1 \tag{3-12}$$

$$Patent_{i,\ t}=\beta_2 R\&D_{i,\ t}+\varepsilon_2 \tag{3-13}$$

$$GOM_{i,\ t+1}=\beta_3 R\&D_{i,\ t}+\beta_4 Patent_{i,\ t}+\varepsilon_3 \tag{3-14}$$

其中：GOM代表企业的销售毛利率，R&D代表企业的研发投入，Patent代表企业的各项知识产权产出。

检验过程如下：首先，采用相同样本对以上三个模型分别进行回归。其次，依次检验回归系数的显著性以判断知识产权产出的中介作用。如果知识产权产出的中介作用存在，则三个模型的回归结果应当出现如下情况：模型（3-12）中的回归系数β_1显著异于0；模型（3-13）中的回归系数β_2显著异于0；模型（3-14）中的回归系数β_4显著异于0，但β_3不显著（完全中介），或者虽然系数显著但小于β_2（部分中介）。

本书以2006—2009年沪深两市的陕西省上市公司为样本，同时由于从研发投入到产品产出、申请专利再到投放市场需要一定时间，因此本书选用的营业收入数值为企业滞后一年的数据，即在获取有关产品市场的反应信息时，采用2007—2010年的年报数据。据此，本书共得到数据样本112个，从而对以上三个模型进行回归，回归结果发现回归系数β_1、β_2显著不为0，但系数β_4的显著性检验未得到通过。因此，知识产权产出的中介作用未得到检验。究其原因，可能是因为单纯以专利授权数据来衡量企业知识产权产出是不够全面的。一方面，我国不少企业存在着知识产权闲置的问题，很多企业虽然获得了生产专利，但企业自身对专利的运用却并不充分，因此并不能够很好地转化为企业在产品市场上的收益与在股票市场上的认可；另一方面，有些企业研发投入所开发出的新产品、新技术虽然并未达到申请专利的条件，或出于企业其他因素的考虑并未申请专利，但却能显著提高企业的价值产出[①]。因此，单纯以专利授权数据来衡量知识产权产出，并检验其在研发投入对企业绩效影响的中介作用，可能会对检验结果产生一定的影响。

3.4 本章小结

实证研究结论表明，企业通过加大研发投入能够有效促进知识产权产出，从而提高企业的专利数量，这一积极作用对企业实现创新驱动发展、打造核心竞争优势具有积极作用。同时，企业通过加大研发投入能够显著提高企业绩效、改善盈利能力、提升市场价值等，从而实现企业价值创造，但是这一作用机制中知识产权产出的中介作用并不明显。基于此，从微观层面来说，企业积极开展自主研发活动对企业长远发展具有突出意义，采取有效措施加快调动企业自主研发积极性、增强企业自主研发意愿势在必行。

与此同时，可以看出股权结构、知识产权保护水平、税收政策支持情况等因素都能够显著影响企业的研发投入决策，因此在制定企业自主研发决策激励机制的过程中，应充分考虑这些因素的影响，以期制定行之有效的政策来推动企业加大自主研发力度，促进企业创新驱动发展的逐步实现。

① 如可口可乐公司，其产品配方并未申请专利而是以采取技术保密的方式，但仍能为企业带来巨大的收益。

4 自主研发与经济高质量发展

4.1 自主研发对经济高质量发展的作用

坚持创新驱动发展，是推进科学发展的重要指导理念。对于市场主体来说，想要充分发挥创新要素的驱动作用，仅仅充分肯定创新要素对自身发展的重要性、积极树立创新观念是远远不够的，实现创新驱动发展离不开积极从事研发活动、有力支持研发投入等切实的创新实践。而在研发活动中，自主研发方式无疑是创新活动的重要实践路径，且自主研发也在多个方面具有其独特的作用和优势。

4.1.1 自主研发是创新驱动模式下打造核心优势的重要途径

创新是有效实现科学发展的重要驱动要素。小到一个企业，大到一个地区乃至一个国家，想要在激烈的竞争中立于不败之地，必须长久保持能够推动自身发展的核心优势，因此重视创新的作用和意义、积极参与创新活动势在必行。

从微观上看，经济全球化和科技进步的加快使得企业面临的经济环境变化多端，市场竞争日趋激烈。在复杂多变的环境中，企业要提高市场竞争力，实现长足稳定的发展，必须不断加强自身竞争优势，因此创新是企业在发展过程中不可规避的重要课题，此时企业的创新能力就显得尤为重要。在激烈的市场竞争中，创新是打造企业核心优势、培育新的经济增长点的重要途径，企业要想长远发展，保持突出的竞争优势，就必须要树立创新理念。而在企业提高自主创新能力的过程中，不进行研发活动则创新将无从谈起，可以说企业创新能力的培养，离不开适当水平的研发投入，也离不开或成功或失败的、专注严谨的自主研发活动，因此积极进行自主研发是企业培养自身优势的有效路径和手段。大力推进自主研发活动，是企业贯彻创新发展理念的重要举措和最终落脚点。

从宏观上看，技术创新是提升经济高质量发展的重要途径。经济增长理论认为，技术创新是一个国家经济发展的重要动力（Solow，1957）。从西方发达国家发展的经验可以看出，经济增长总是从最初要素驱动型增长向创新驱动型增长发展的。创新驱动型增长就是通过科技创新提升社会生产效率，在生产要素一定的情况下实现产出最大化。创新驱动型经济发展模式更符合经济发展集约化要求，是一种更持久的发展模式。从区域层面来说，作为一个地区的市场主体，企业应成为地区技术进步的主要推动者。企业通过科技创新，在实现自身发展模式转型升级的同时也会带动其他企业进行技术升级，并会影响产业链上下游企业，从而推动一系列企业的技术创新，最终推动生产效率的提升。进一步来看，当经济发展受到创新要素驱动时，创新带来的优化升级和优势打造是经济发展中的关键增长点，此时自主研发活动则显得尤为重要，同时更需要凝聚所有主体积极进行研发投入、有效开展自主研发活动的智慧合力来促进整体创新能力的培育和提高。由此可见，自主研发活动在经济高质量发展过程中十分必要，且最终会成为市场主体产业结构升级的发展常态，从而以研发合力促发展建设。

以上分析表明，在创新驱动模式下，自主研发活动是经济发展过程中运用创新要素打造核心优势的重要手段。通过自主研发，企业不仅能够有效促进自身发展，还可以带动全产业链，调动其研发的积极性，加强对其竞争优势的创造和改进，从而有效适应激烈的竞争环境，获取理想的市场份额，并形成研发合力，最终拉动经济的高质量发展。

4.1.2 自主研发是市场主体规避和化解经营风险与壁垒的有力支撑

自主研发活动对于促进企业创新能力提升和推动创新驱动模式下的经济高质量发展具有重要意义，除体现在能够通过创新有效培育新的竞争优势外，还体现在自主研发活动可以及时满足市场主体的发展需求，并能够有效降低市场主体可能受到的来自知识产权方的技术限制和壁垒，从而对其经营发展带来阻碍的风险。

从市场主体技术需求方面来说，虽然随着全球化特征的不断深化，技术传递和引进的可获取范围越来越广泛，但是当现有技术水平难以匹配企业运营需求时，技术引进便利性的提高仍不能有效解决这一情况对市场主体经营发展所带来的约束和局限，导致市场主体的发展必须适应既有的技术水平，难以在经营过程中及时实现突破和发展。基于此，自主研发对于及时满足市场主体发展战略的技术需求，从而保障市场主体经营效率具有积极作用。

同时，世界经济全球化带来了越来越激烈的市场竞争，由于技术支持是市场主体实施经营战略的基础环节，这促使市场主体为了适应日益严峻的竞争环境对自身所拥有的技术水平更为重视，尤其是对核心技术的掌握，对于市场主体而言更是至关重要。不仅如此，市场实际情况充分表明，对部分核心技术的获取和运用甚至可能深刻影响经济社会的稳定、健康发展。考虑到技术水平在市场竞争中的作用不断增强，导致拥有技术优势，尤其是控制核心尖端技术的知识产权方掌握了更大的话语权，因此市场主体在发展过程中可能会面临的来自知识产权方的主观或客观的技术限制和壁垒成为了导致市场主体发展停滞的重要潜在风险。自主研发是指从设计、制图、生产各项工作的核心部分都具有自主知识产权的研发活动，通过有力推进自主研发活动，能够保障市场主体对核心技术优势知识产权的充分掌握，以期真正具备相关方面的核心竞争力，并实现市场主体经营战略实施过程中在技术方面的稳定保障，从而沉着应对激烈复杂的市场竞争环境，且有效规避技术引进可能存在的限制与壁垒所带来的潜在风险。

总的来说，自主研发能够更充分地适应和满足市场主体经营战略实施过程中对于相关技术支持的需求，并能够有效化解和规避技术引进模式下由于市场状况多变导致知识产权方可能会制造限制和壁垒而引发的潜在经营风险，因此自主研发是市场主体规避和化解经营风险与壁垒的有力支撑。

综合以上分析，自主研发活动是实现创新驱动发展的重要实践途径。从微观来说，企业提升创新能力所打造的核心竞争优势离不开研发活动的成果积累；而从宏观来说，经济高质量发展更需要打造市场研发活动良好氛围，促进市场所有主体创新能力提升以产生智慧合力，共同带动整体经济发展优势的形成，协调推进经济增长。相比较之下，自主研发活动对于市场主体来说更能够保证其自身在掌握核心竞争优势的同时具有更大的自主权，有效规避技术引进过程中所存在的由于主客观原因导致技术限制和壁垒带来的潜在经营风险。

4.2 自主研发与经济高质量发展关系的实证研究

4.2.1 科技创新程度与区域经济发展研究

科技创新与区域经济间的关系是众多学者研究的重要内容之一，现有研究普遍认为科技创新是区域经济增长的关键所在。政治经济学认为，企业追求超额利润，而超额利润中的一部分来自科技创新与技术壁垒。科技创新能够显著提高企业劳动生产率，从而降低成本，最终降低产品价格。由于技术壁垒的存在，创新技术只被一部分积极进行研发活动的企业所占有，企业通过创新技术的产品化应用，降低了生产成本和产品销售价格，从而提高其产品市场占有率，最终获得超额利润。熊彼特认为，企业通过创新获得超额利润的行为具有示范效应，其他企业会争相进行技术研发以获得超额利润，这样会在一个区域内形成创新的浪潮，从而促进区域内创新技术及经济水平的迅速提高。此外，企业通过科技创新带动区域经济增长的同时，其创新技术具有正向溢出效应，能够带动其所在产业链上下游企业共同创新，提高生产效率。区域内产业链上的企业创新更容易形成科技创新集群，促进区域经济增长。

基于此，本书提出如下假设：区域内企业创新程度的提高有利于促进区域经济增长。

1）模型设定

现有研究应用柯布-道格拉斯函数对经济增长进行实证研究。根据 Lucas（1998）的研究，人力资本被定义为有效劳动力数量，是决定经济增长的重要生产因素；物质资本投入同样也是经济发展的必要因素。根据传统的两要素生产函数，地区经济增长的柯布-道格拉斯函数可定义为：

$$Y_{it} = A_{it}K_{it}^{\alpha}L_{it}^{\beta} \tag{4-1}$$

其中：Y_{it}、K_{it}、L_{it}分别代表第i个省第t年的产出、物质资本投入和劳动力数量水平。α、β分别代表物质资本、劳动力数量的产出弹性系数。A_{it}代表全要素生产率（TFP），它扣除了物质和人力资本对经济增长贡献之外的其他因素。在中国现实条件下，TFP来源于两个方面：一是企业技术的进步；二是市场化改革带来的资源配置效率的提高。本书重点研究企业技术进步对区域经济的影响，并以樊纲、王小鲁和朱恒鹏编写的《中国市场化指数——各地区市场化相对进程报告》中各省市的市场化程度指数表示各区域市场化改革的程度。这里我们将全要素生产率定义为：

$$A_{it} = Ae^{(\rho \ln Tech_{it} + \delta MI_{it} + \lambda_i + \varepsilon_{it})} \tag{4-2}$$

其中：MI_{it}代表第i个省市第t年的市场化程度。$\ln Tech_{it}$代表各省市规模以上企业当年专利总数的自然对数。λ_i代表各省市的固定效应，用于表示每个省市所特有的不随时间变化的影响生产率的因素。ε_{it}是随机扰动项。

将式（4-2）代入式（4-1）中，并对两边取对数，我们得到如下的计量回归模型：

$$\ln Y_{it} = \ln A + \alpha \ln K_{it} + \beta \ln L_{it} + \rho \ln Tech_{it} + \delta MI_{it} + \lambda_i + \varepsilon_{it} \quad (4-3)$$

2）数据来源

在式（4-3）中，解释变量 $\ln Tech_{it}$ 为2011—2013年我国各省市规模以上工业企业专利总数的自然对数，数据来源于《中国统计年鉴》。MI_{it} 为各省市市场化程度指数，该指数来源于樊纲、王小鲁和朱恒鹏编写的《中国市场化指数——各地区市场化相对进程报告》。K_{it} 为2011—2013年我国各省市物质资本存量，该指标以国家统计局统计的全社会固定资产投资数据表示。L_{it} 表示2011—2013年各省市劳动力数量，数据来源于《中国统计年鉴》。因变量 Y_{it} 为2011—2013年各省市GDP指标，数据来源于《中国统计年鉴》。

3）变量描述性统计

表4-1在将我国各省市归于东、中、西部地区的基础上，对各地区变量的特征进行了描述性统计。从结果可以看出，东部地区GDP水平远高于中、西部地区，西部地区GDP水平与其他地区差距较大。从GDP增长率角度来看，西部地区的GDP平均增长率为13%，高于中、东部地区。从企业专利数的角度来看，西部地区专利数平均水平低于东、中部地区，并且西部地区省市间差异较大。从市场化指数的角度来看，东部地区的市场化水平最高，中部地区次之，西部地区的市场化水平最低。劳动力人数与全社会固定资产投资水平也是如此。

更进一步，通过将陕西省各指标与全国平均水平进行比较可以发现，陕西省GDP水平低于全国平均水平，GDP增长率高于全国平均水平；陕西省规模以上工业企业专利总数低于全国平均水平；市场化指数、劳动力人数及全社会固定资产投资水平均低于全国平均水平。

与西部地区各省市相比，陕西省各变量平均水平均高于西部地区各省市的平均水平。然而，陕西省市场化指数低于西部地区平均水平，这说明陕西省市场化程度较低，这并不利于专利技术的市场化推广。

表4-1 **变量描述性统计表**

地区	统计量类别	GDP（亿元）	GDP增长率	企业专利数（个）	市场化指数	劳动力人数（万人）	全社会固定资产投资（亿元）
东部	样本数（省市-年）	39	26	39	39	39	39
	均值	26 661.61	9%	27 891	8.96	503.21	39 455.50
	标准差	17 091.52	2%	30 078	1.76	249.76	21 418.71
	最小值	2 522.66	5%	386	6.07	73.90	5 100.87
	最大值	62 164	14%	96 646	11.80	1 007.87	85 798.89
西部	样本数（省市-年）	36	24	36	36	36	36
	均值	9 448.41	13%	3 503	5.60	216.56	19 208.85
	标准差	6 586.90	3%	3 924	1.62	133.13	12 420.41
	最小值	605.83	6%	9	0.38	17.01	1 104.08
	最大值	26 260.80	20%	15 713	8.14	528.90	48 983.81
中部	样本数（省市-年）	18	12	18	18	18	18
	均值	19 336.52	10%	12 394	7.31	450.58	31 843.68
	标准差	6 449.57	2%	8 421	0.57	157.19	10 797.02
	最小值	11 237.55	4%	2 363	6.11	271.90	17 918.70
	最大值	32 155.90	13%	32 909	8.04	699.00	57 895.22
陕西省	样本数（省市-年）	3	2	3	3	3	3
	均值	14 337.06	13%	5 706	5.56	328.90	29 472.01
	标准差	1 769.34	3%	1 447	0.17	4.54	6 724.07
	最小值	12 512.30	11%	4 393	5.36	323.70	23 202.33
	最大值	16 045.20	16%	7 258	5.66	332.10	36 573.14
总样本	样本数（省市-年）	93	62	93	93	93	93
	均值	18 580.67	11%	15 451	7.34	382.06	30 144.83
	标准差	14 327.55	3%	22 714	2.15	234.38	18 810.35
	最小值	605.83	4%	9	0.38	17.01	1 104.08
	最大值	62 164	20%	96 646	11.80	1 007.87	85 798.89

图4-1是各省市GDP与规模以上工业企业专利总数的拟合曲线，从图中可以发现，专利总数与各省市的GDP水平存在明显的正向关系，这初步验证了本章的假设。

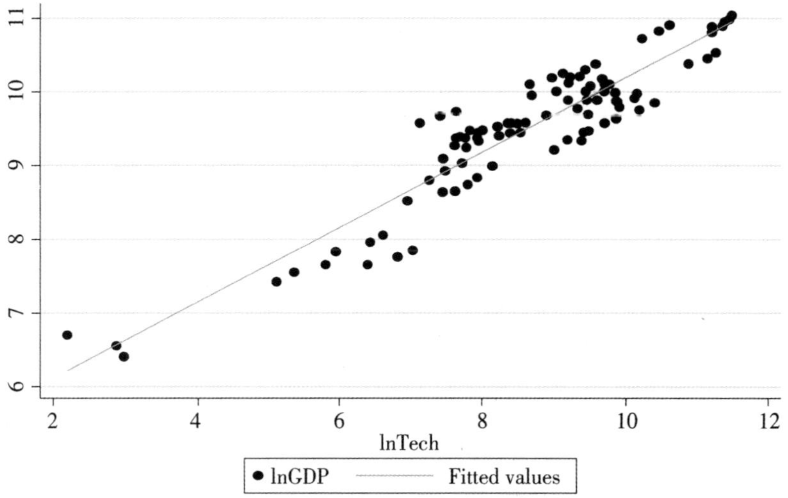

图4-1 GDP与规模以上工业企业专利总数拟合曲线

4）回归结果分析

表4-2列示了式（4-3）的回归结果。回归结果所使用的是2011—2013年我国31个省市的数据。同时，考虑到企业专利技术应用转化为实际生产力的时滞效应，回归结果中同时列示了企业专利自然对数一期滞后的回归结果。由于数据为我国31个省市3年的面板数据，经过Hausman检验，本书使用固定效应的回归方法对回归系数进行估计。

表4-2 中国省际企业专利水平与经济增长

项目	无滞后	专利数一期滞后
lnTech	0.102***	0.072*
	(3.56)	(1.86)
MI	0.026**	0.023
	(2.29)	(1.04)
lnK	0.332***	0.332***
	(8.58)	(6.23)

续表

项目	无滞后	专利数一期滞后
lnL	0.430***	0.558***
	（3.65）	（2.83）
常数项	3.012***	2.546**
	（4.31）	（2.20）
R^2	0.878	0.885
Adj.R^2	0.807	0.740
观察值	93	62

注：***、**、*分别表示在1%、5%、10%的水平上显著，() 内数据为t统计值。

表4-2第二列为当期各省市规模以上工业企业专利总数与当期各省市GDP的固定效应回归结果，第三列为各省市规模以上工业企业专利总数滞后一期与GDP的固定效应回归结果。由第二列估计系数可知，物质资本、劳动力水平的产出弹性系数分别为0.332与0.430，说明物质资本与劳动力投入每增长1%，地区GDP分别增长0.332%和0.430%；滞后一期时，该估计系数基本保持不变。企业专利系数在当期为0.102，滞后一期时为0.072。这说明在当期企业专利总数每增长1%，地区GDP水平增长0.102%；滞后一期时企业专利总数每增长1%，地区GDP水平增长0.072%。实证结果表明，区域内企业专利数的增加有利于促进区域经济的增长。

4.2.2 企业科技创新与区域经济发展模式研究

为了更进一步探究企业专利技术对区域经济增长的影响路径，本书从企业创新与区域经济增长模式的角度对二者的关系进行了分析。

经济增长只可能有两个来源，即生产效率的提高和生产要素的积累。所谓的经济增长模式，即指经济增长过程中生产效率和生产要素的贡献度大小。据此，经济增长有两种基本模式，即粗放型增长与集约型增长。粗放型经济增长方式又称为外延型经济增长方式，其增长途径主要依靠大量的资源消耗、大量的人力物力投入，以牺牲环境为代价换取暂时的经济增长，并且很难体现出科技进步与科技创新对经济增长的作用。高投入、低产出、高消耗、低效率、高附加成本以及低经济效益使得这种发展模式越来越不适合当今人类社会发展的要求。时代发展要求尽快实现经济增长方式的转变，由粗放型增长向集约型增长转变。集约型经济增长主要依靠科技创新与科技进步所带来的强大推力，而科技投入是实现科技创新与进步的重要物质基础保障，通过科技创新与科技进步，将最新的科技成果应用于生产实践中，摆脱过去经济增长单纯依靠资源消耗的局面，通过提高劳动生产效率、减少资源与能源的消耗、降低管理费用等手段实现集约型的经济增长。

然而，在一定条件下，技术创新并不能促进区域经济增长模式集约化的转变，这是因为技术创新在向生产力转变的过程中存在一些不确定性因素。具体而言，这些因素包括：(1) 技术创新存在机会成本，如果技术创新资本投入的收益低于将其投入生产所获得的产出回报，那么技术创新在短期内并不能促进经济增长，因而其对经济增长贡献度降低、经济增长集约化水平下降。(2) 我国技术创新的知识基础薄弱，基础研究支出的比重较低，这会制约应用型创新研究成果的形成与转化。

为了检验企业技术创新对区域经济发展模式的影响，本部分首先测算各省市2011—2013年的全要素生产率水平。全要素生产率水平是一个区域物质投入与资本投入转化为经济产值的能力。李克强总理在2015年《政府工作报告》中首次提出，“要增加研发投入，提高全要素生产率”。该指标由诺贝尔经济学奖获得者罗伯特·M·索洛（Robert Merton Solow）提出，并把它归结为是由技术进步而产生的。全要素生产率是包括人力、物力、财力在内的资源开发利用效率，其来源包括效率改善、技术进步、规模效应。一般而言，全要素生产率水平反映了一个地区的经济发展模式集约化程度（王小鲁等，2009）。

1）模型设计

本部分内容首先计算了各省市全要素生产率数值，因为全要素生产率的大小反映了各省市科技创新能力在实际生产中的转化水平，是科技创新对经济增长贡献的直接反映。利用式（4-1）的柯布-道格拉斯函数，及上一部分中对资本投入与劳动力投入产出弹性系数α和β的测算，将测算结果代入式（4-2），可测算出各省市2011—2013年的全要素生产率。

2）各省市全要素生产率水平测算

通过计算，我国31个省市2011—2013年度的全要素生产率水平见表4-3。从表中可以看出，我国东部地区各省市3年TFP平均值为548.7，中部地区为424.0，西部地区为219.3。东部地区的TFP水平高于中部地区，中部地区的TFP水平高于西部地区，这说明东部地区全要素生产效率要高于中、西部地区，其生产要素的使用效率最高。从TFP增长率的角度看，东、中部地区2年平均TFP增长率均为5%，西部地区为7%，这说明西部地区全要素生产率的增长速度最高。从全国的角度看，全国TFP平均水平为397.3，TFP增长率为6%，西部地区的TFP水平远低于全国平均水平。

表4-3 **各省市TFP水平**

省（自治区、直辖市）	区域	TFP			均值	TFP增长率		均值
		2011年	2012年	2013年		2012年	2013年	
安徽省	东部	362.4	396.3	411.5	390.1	9%	4%	7%
北京市		371.8	401.2	423.5	398.9	8%	6%	7%
福建省		402.4	437.7	462.4	434.2	9%	6%	7%
广东省		919.2	960.4	1009.3	963.0	4%	5%	5%
河北省		507.0	525.6	536.5	523.0	4%	2%	3%
黑龙江省		324.8	344.6	345.9	338.4	6%	0%	3%
吉林省		306.4	334.5	344.3	328.4	9%	3%	6%
江苏省		897.0	942.0	988.7	942.6	5%	5%	5%
辽宁省		458.3	487.2	506.4	484.0	6%	4%	5%
山东省		817.9	870.8	920.1	869.6	6%	6%	6%
上海市		446.3	464.6	484.2	465.0	4%	4%	4%
天津市		311.5	338.5	361.0	337.0	9%	7%	8%
浙江省		643.4	655.8	676.7	658.6	2%	3%	3%

续表

省（自治区、直辖市）	区域	TFP			均值	TFP增长率		均值
		2011年	2012年	2013年		2012年	2013年	
区域均值		520.7	550.7	574.7	548.7	6%	4%	5%
河南省	中部	544.4	569.5	587.1	567.0	5%	3%	4%
湖北省		436.9	461.3	481.6	459.9	6%	4%	5%
湖南省		461.5	492.2	524.1	492.6	7%	6%	7%
江西省		311.9	342.4	363.9	339.4	10%	6%	8%
内蒙古自治区		367.8	390.6	400.6	386.4	6%	3%	4%
山西省		293.0	304.1	299.7	298.9	4%	-1%	1%
区域均值		402.6	426.7	442.8	424.0	6%	4%	5%
甘肃省	西部	171.3	184.9	192.5	182.9	8%	4%	6%
广西壮族自治区		304.9	329.4	352.2	328.8	8%	7%	7%
贵州省		173.5	205.6	219.5	199.5	19%	7%	13%
海南省		107.9	112.6	115.1	111.9	4%	2%	3%
宁夏回族自治区		93.4	97.5	101.5	97.5	4%	4%	4%
青海省		81.3	84.9	86.9	84.4	4%	2%	3%
陕西省		311.7	341.7	357.6	337.0	10%	5%	7%
四川省		433.2	489.1	516.0	479.4	13%	6%	9%
西藏自治区		44.5	48.3	53.7	48.8	9%	11%	10%
新疆维吾尔自治区		210.2	212.4	218.0	213.6	1%	3%	2%
云南省		234.7	263.3	299.0	265.7	12%	14%	13%
重庆市		255.4	284.9	305.6	282.0	12%	7%	9%
区域均值		201.8	221.2	234.8	219.3	9%	6%	7%
全国均值		375.0	399.5	417.4	397.3	7%	5%	6%

在我国31个省市中，广东省TFP平均水平最高，为963.0；西藏自治区的TFP平均水平最低，仅为48.8。在我国31个省市中，陕西省TFP平均水平为337.0，排名第18位；TFP增长率为7%，排名第13位。在西

部地区中，四川省TFP平均水平为479.4，排名第一位；陕西省排名第二位。陕西省的TFP平均水平低于全国平均水平，高于西部地区平均水平。

以上数据说明，陕西省经济发展模式的集约化水平在西部地区中较为领先，但与东、中部地区相比，仍存在较大的差距。

3）企业创新与区域经济发展模式

现有文献一致认为，创新是经济增长与全要素生产率提高的主要驱动力。罗默（1990）、Grossman和Helpman（1994）等均认为内生的技术进步促进了经济可持续增长。钱纳里等（1995）指出，经济增长的过程伴随着工业化的推进和产业结构的升级。工业化进程在地区间的差异也将导致TFP水平的差异。此外，人力资本对TFP同样具有较大影响，Benhabib和Spiegel（1994）证实了这一观点。

根据上述分析，本部分构建了以下模型，对企业创新与经济发展模式的关系进行研究：

$$\ln TFP_{it} = \alpha_0 + \alpha_1 \ln Tech_{it} + \alpha_2 Edu_{it} + \alpha_3 JG_{it} + \varepsilon_{iit} \tag{4-4}$$

式（4-4）中，TFP由前文测算所得；Tech为各省市规模以上工业企业专利总数；Edu代表就业人员中大学本科学历占比；JG代表各省市产业结构，以二、三产业占比进行衡量。各变量的数据均来自《中国统计年鉴》。

4）回归结果分析

关于企业创新专利对区域经济发展模式作用的回归结果见表4-4。

表4-4 **企业创新专利与区域经济发展模式回归结果**

项目	系数/t值
ln Tech	0.172*** (9.21)
Edu	0.014*** (4.00)
JG	0.015* (1.86)
常数项	2.908*** (4.00)
观察值	93
R^2	0.73

注：***、**、*分别表示在1%、5%、10%的水平上显著，()内数据为t统计值。

通过表4-4中的数据可以发现，区域内规模以上工业企业的专利数对区域全要素生产率（TFP）具有正向的显著影响。从系数来看，企业专利的回归系数为0.172，说明企业专利数每增加1%，区域TFP水平将提高0.172%。此外，劳动力受教育水平的提高、产业结构的升级都能对区域全要素生产率产生正向影响。以上结果表明，企业通过创新获得专利技术，进而通过专利技术的市场化应用可以提高区域内的生产效率，有利于区域经济集约化发展模式的形成。

4.3 本章小结

自主研发活动是企业等市场主体落实创新发展理念的重要实践，能够有效培养企业核心竞争优势、增强企业在经营战略相关核心技术方面的自主权，促使企业从容应对复杂多变的市场竞争环境所带来的种种考验，从而推动企业长远健康发展，从微观层面为经济发展打下了扎实的基础。同时，实证研究结果证明了企业所获得的专利成果数量增加能够推动地区GDP的上升，并能够有效提高生产效率即全要素生产率，说明企业创新研发行为能够促进经济发展。而企业专利的获得通常离不开自主研发活动的开展，因此企业自主研发积极性的提升，有利于企业专利成果不断涌现，从而对经济发展带来良好的促进作用。总结来说，自主研发活动的增加，对经济发展具有显著的积极影响。

5 税收优惠政策的形成与发展

税收优惠政策是指税法对某些纳税人和征税对象给予鼓励和照顾的一种特殊规定。比如，免除其应缴的全部或部分税款，或者按照其缴纳税款的一定比例给予返还等，从而减轻其税收负担。在企业内部，科技研发活动是一项投资大、周期长、风险高的活动，影响因素非常多，不确定性很大，稍有不慎就会导致研究开发工作失败，企业投入很可能血本无归。由于研发活动本身所具有的高不确定性和高风险的特点，会对企业研发投入及创新产生制约作用，因此需要政府通过颁布与推广一系列的科技政策和财税政策来促进企业加大科技创新方面的投入，并使企业在创新中获得相应的利益。

5.1 研发费用税收优惠政策演进

我国关于研究与开发费用相关的税收优惠政策最早出现于1996年，由财政部颁布的《财政部　国家税务总局关于促进企业技术进步有关财务税收问题的通知》（财工字〔1996〕41号）中对“三新”投资每年增长率超过10%的企业，可以按照实际发生的费用额度抵扣50%的应纳税所得额；1999年又进一步明确了相关税收政策的范围，《国家税务总局关于印发〈企业技术开发费税前扣除管理办法〉的通知》（国税发〔1999〕49号）专门针对内资企业，《国家税务总局关于外商投资企业技术开发费抵扣应纳税所得额有关问题的通知》（国税发〔1999〕173号）专门针对外资企业，而当时对民营企业尚无享受研发费用加计扣除的税收优惠政策；这一限制性条件直到2003年才有所放宽，包括民营企业在内的各种所有制企业均可以申请享受研发费用加计扣除优惠政策。

2006年，国家再度放宽政策的适用范围，取消了这些税收优惠政策中对于企业性质以及经营状况的相关限制性条件。当年2月，我国发布了《国务院关于印发实施〈国家中长期科学和技术发展规划纲要（2006—2010年）〉若干配套政策的通知》（国发〔2006〕6号），该文件从包括科技投入、税收激励、政府采购、金融支持、引进技术消化吸收再创新、创造和保护知识产权在内的10个方面提出了总共60条政策，还提出了对于企业研究开发费用所得税税前加计扣除的建议，期望通过降低企业的研发成本及风险来激励企业加大研发投入、促进企业进行自主创新活动，提升其自主创新能力。同年发布的《财政部　国家税务总局关于企业技术创新有关企业所得税优惠政策的通知》（财税〔2006〕88号）在原先基础上进一步扩大了享受研发费用税收优惠的企业范围，规定财务核算健全、实行查账征收的内外资企业、科研机构、大专院校都可以享受研发费用税收优惠政策。之后出台的《财政部关于企业加强研发费用财务管理的若干意见》（财企〔2007〕194号）对于研发费用的范围给出了更加明确的划分。

与此同时，2007年颁布的《中华人民共和国企业所得税法》以法律的形式对企业开发“三新”所发生的研究开发费用能够实行税前加计扣除的优惠政策加以确认。至此，研究开发费用税前加计扣除优惠政策的税收规定经历多次调整，最终达到了规范统一。然而，关于研发费用加计扣除优惠政策的最具权威性的实施文件——《企业研究开发费用税前扣除管理办法（试行）》的出台比较晚，于2008年12月由国家税务总局发布，这项政策性文件对于企业研发费用加计扣除优惠政策进行了进一步完善，不仅明确界定了企业研发活动范围、研发费用归集标准，还通过列举的方式，对从事《国家重点支持的高新技术领域》和国家发改委等部门发布的《当前优先发展的高技术产业化重点领域指南（2007年度）》规定项目的研发活动，划分出8类可以在计算应纳税所得额时按照规定实行加计扣除的研究开发费用，这一规定的出台使得相关政策的执行更具实用性。

在这一政策出台后，研发费用加计扣除优惠政策正式进入了大力推行阶段，许多省市的税务部门根据这项文件并结合本省市的具体情况，相继出台了地区性的企业研发费用税前扣除管理办法。2013年国家再次扩大了研发费用加计扣除的优惠政策适用范围，将许多原本存在争议的研发费用列入可加计扣除范围，《财政部　国家税务总局关于研究开发费用税前加计扣除有关政策问题的通知》（财税〔2013〕70号）在国税发〔2008〕116号文件的基础上扩大了研发费用加计扣除的范围，将5项新的研发费用划入可以加计扣除的优惠政策范围。

2015年11月2日，财政部、国家税务总局和科技部制定下发了《关于完善研究开发费用税前加计扣除政策的通知》（财税〔2015〕119号），对研究开发费用税前加计扣除政策进行了完善，增加了“实行查账征收”的规定，修补完善了原有政策，对可以加计扣除的行业管理思路从“正列举”转化为“负面清单”，大大扩大了研发费用加计扣除的行业，包括文化产业等在内的诸多现代服务业、制造业，只要不在7大禁止类行业（烟草制造业、住宿餐饮业、批发零售业、房地产业、租赁和商务服务业、娱乐业、财政部和国家税务总局规定的其他行业）的范围内，都可以申请享受该优惠政策，并且对比新旧政策，财税〔2015〕119号文件整体扩大了“研发活动”的范围，具体变化点包括：在界定“科学与技术”时去掉了“不包括人文、社会科学”的表述，避免了实际管理中政府部门“一刀切”的现象，事实上扩大了行业范围。对“研发活动内涵、外延”的界定，从“正列举”改为“反列举”，由此带来两个效果：一是大大扩大了研发活动的范围；二是为实际管理带来了明确的执行标准。在新政策第二条“特别事项的处理”中，专门提及“创意设计”活动，并规定符合规定的研发费用可以税前加计扣除，体现了国家对于创意设计（多媒体软件、动漫游戏软件开发，数字动漫、游戏设计制作；房屋建筑工程设计（绿色建筑评价标准为三星）、风景园林工程专项设计；工业设计、多媒体设计、动漫及衍生产品设计、模型设计等）的大力支持。新政策对可加计扣除的费用进行了归纳分类，由“8+5”调整为7类，明确分为：人员人工费用；直接投入费用；折旧费用；无形资产摊销；新产品设计费、新工艺规程制定费、新药研制的临床试验费、勘探开发技术的现场试验费；其他相关费用；增加了兜底条款——“财政部和国家税务总局规定的其他费用”，为研发活动的复杂性和实际管理预留了空间，更加符合实际。在具体可以加计扣除的研发费用口径方面，新政策在原有两个文件的基础之上，增加了五个方面：（1）外聘人员劳务费；（2）专家咨询费；（3）试制产品检验费；（4）高新科技研发保险费；（5）研发直接相关的差旅费、会议费等。其中，“外聘人员劳务费”归入“人员人工费用”，“试制产品检验费”归入“直接投入费用”，其他三项均归入“其他相关费用”。新政策由之前要求“专账管理”改为“对享受加计扣除的研发费用按研发项目设置辅助账”，这无疑是一个重要的变化，大大减轻了企业的会计核算负担，但是对于没有建立研发费用辅助账的企业而言，这是一大挑战。

2015年12月29日，国家税务总局发布了《关于企业研究开发费用税前加计扣除政策有关问题的公告》（国家税务总局公告2015年第97号）进一步从“研究开发人员范围、研发费用归集范围、委托研发加计扣除范围、不适用加计扣除政策行业的判定”这四个方面明确了政策执行口径，提出企业应建立研发支出辅助账，明确企业享受加计扣除优惠的申报及备案管理要求，并提出应加强研发费用加计扣除优惠政策的后续管理要求。为进一步激励中小企业加大研发投入，支持科技创新，2017年4月19日国务院常务会议决定，自2017年1月1日至2019年12月31日，将科技型中小企业研发费用税前加计扣除比例由50%提高至75%。2017年5月2日，财政部、国家税务总局和科技部制定下发了《关于提高科技型中小企业研究开发费用税前加计扣除比例的通知》（财税〔2017〕34号），对提高科技型中小企业研究开发费用税前加计扣除比例问题进行了明确。2017年5月3日，科技部、财政部、国家税务总局联合发布了《关于印发〈科技型中小企业评价办法〉的通知》（国科发政〔2017〕115号），明确了科技型中小企业的条件和管理办法。在此之后，为了确保此前一系列政策的顺利实施，科技部、财政部、国家税务总局又联合出台了《关于进一步做好企业研发费用加计扣除政策落实工作的通知》(国科发政〔2017〕211号)，就具体实施研发费用加计扣除政策时会遇到的问题给出了对应的解决办法，真正做到“简政放权、放管结合、优化服务”的要求，强化政策服务，降低纳税人风险，增强企业获得感。2018年，我国对研发费用加计扣除的比例进行调整(《关于提高研究开发费用税前加计扣除比例的通知》(财税〔2018〕99号))，由实际发生额的50%提升至75%，无形资产的摊销比例也从之前的150%提高到175%。

表5-1列示了我国研发费用优惠政策的演变情况。

表5-1 **我国研发费用优惠政策变化汇总表**

政策文号	施行时间	政策更新内容
财工字〔1996〕41号	1996年	“三新”投资每年增长率超过10%的企业，可以按照实际发生的费用额度抵扣50%的应纳税所得额
国税发〔1999〕49号；国税发〔1999〕173号	1999年	内外资企业可以按照实际发生的费用额度抵扣50%的应纳税所得额
财税〔2006〕88号	2006年	进一步扩大了享受研发费用税收优惠的企业范围，规定财务核算健全、实行查账征收的内外资企业、科研机构、大专院校都可以享受研发费用税收优惠政策
财企〔2007〕194号	2007年	对于研发费用的范围给出更加明确的划分，包括8项具体费用：研发活动直接消耗的材料、燃料和动力费；企业在职研发人员的工资、奖金、津贴、补贴、社会保险费、住房公积金等人工费用以及外聘研发人员的劳务费用；用于研发活动的仪器、设备、房屋等固定资产的折旧费或租赁费以及相关固定资产的运行维护、维修等费用；用于研发活动的软件、专利权、非专利技术等无形资产的摊销费用；用于中间试验和产品试制的模具、工艺装备开发及制造费，设备调整及检验费，样品、样机及一般测试手段购置费，试制产品的检验费等；研发成果的论证、评审、验收、评估以及知识产权的申请费、注册费、代理费等费用；通过外包、合作研发等方式，委托其他单位、个人或者与之合作进行研发而支付的费用；与研发活动直接相关的其他费用

续表

政策文号	施行时间	政策更新内容
国税发〔2008〕116号	2008年	明确界定了企业研发活动范围、研发费用归集标准，还通过列举的方式，对从事《国家重点支持的高新技术领域》和国家发改委等部门发布的《当前优先发展的高技术产业化重点领域指南（2007年度）》规定项目的研发活动，划分出8类可以在计算应纳税所得额时按照规定实行加计扣除的研究开发费用
财税〔2013〕70号	2013年	扩大了研发费用加计扣除的范围，将5项新的研发费用划入可以加计扣除的优惠政策范围：企业依照国务院有关主管部门或者省级人民政府规定的范围和标准为在职直接从事研发活动人员缴纳的基本养老保险费、基本医疗保险费、失业保险费、工伤保险费、生育保险费和住房公积金；专门用于研发活动的仪器、设备的运行维护、调整、检验、维修等费用；不构成固定资产的样品、样机及一般测试手段购置费；新药研制的临床试验费；研发成果的鉴定费用
财税〔2015〕119号	2015年	增加了“实行查账征收”的规定；扩大了研发费用加计扣除的行业，包括文化产业等在内的诸多现代服务业、制造业，只要不在7大禁止类行业的范围内，都可以申请享受该优惠政策；整体扩大了“研发活动”的范围；设置3年的追溯期，企业未来认为其研发活动所产生的研发费用符合加计扣除税收政策而未享受的，可向前追溯3年，但同时按照规定，企业需要履行备案手续；为了减少审核程序，新政策明确，企业以后申请研发费用加计扣除，不需要先进行“项目鉴定”，而是改由税务机关把“有异议”的项目“转请地市级（含）以上科技行政主管部门出具鉴定意见”；关于委外研发，明确委托方可以按照实际发生额的80%计算并进行加计扣除，虽然形式上可能降低了加计扣除的比例，但是这一规定大大降低了委外研发的加计扣除难度，使得企业更加容易享受优惠政策

续表

政策文号	施行时间	政策更新内容
国家税务总局公告2015年第97号	2015年	明确提出以下要求： 1.研发项目立项时应建立研发支出辅助账。 2.明确企业享受加计扣除优惠的申报及备案管理，年度纳税申报时填报研发项目可加计扣除研发费用归集表，实行备案管理。 3.加强研发费用加计扣除优惠政策的后续管理，每年汇算清缴期结束开始核查，核查面不得低于享受该优惠政策企业数的20%
财税〔2017〕34号	2017年	科技型中小企业开展研发活动中实际发生的研发费用，未形成无形资产计入当期损益的，在按规定据实扣除的基础上，在2017年1月1日至2019年12月31日期间，再按照实际发生额的75%在税前加计扣除；形成无形资产的，在上述期间按照无形资产成本的175%在税前摊销
国科发政〔2017〕211号	2017年	建立协同工作机制；事中异议项目鉴定；事后核查异议项目鉴定；也就是说，税务部门对企业享受研发费用加计扣除时对研发项目有异议的，应转送科技部门实施鉴定。对研发项目的事后核查有异议的，应转送科技部门实施鉴定
财税〔2018〕99号	2018年	研发费用加计扣除的比例由实际发生额的50%提升至75%，无形资产的摊销比例由150%提高到175%

5.2 我国研发费用税收优惠政策的发展阶段

在上一部分中我们了解到我国研发费用加计扣除的税收优惠政策处于不断地发展变化之中，下面我们就将相关政策的发展按阶段进行划分。总体来说，可以划分为以下四个阶段。

5.2.1 政策确立阶段

从1996年政策颁布伊始到2003年政策受惠面扩大，这一阶段我国关于研发费用的税收优惠政策处于摸索阶段，带有“试水”的意味，政策的约束性条件还比较多，对于内资、外资企业还分别推出了不同的政策，具有差异化管理的特征。

5.2.2 政策发展阶段

在2004年至2007年的这一阶段中，国家相继出台了一系列法规和政策，确立了研发费用加计扣除优惠政策的法律基调，进一步扩大了政策的适用范围，大大提高了该项税收优惠政策的普适性。

5.2.3 政策完善阶段

从2008年国税发〔2008〕116号文件出台至2015年，我国明确确定了研发费用加计扣除优惠政策的地位及其框架，出台了较为详细的可加计扣除的研发费用范围，政策走上了不断完善的阶段。

5.2.4 政策细化落实阶段

从2015年财税〔2015〕119号文件出台并且代替之前的国税发〔2008〕116号文件以来，我国研发费用加计扣除优惠政策已经开始转向了更加细化的阶段。2018年以来也陆续出台了几项政策，着眼点都在政策落实环节的具体问题上，尤其是针对科技型中小企业的加计扣除相关问题，给企业预先提供了解决办法。例如，2018年4月25日李克强总理主持召开的国务院常务会议决定，自2018年1月1日起，取消企业委托境外研发费用不得加计扣除限制；《关于提高研究开发费用税前加计扣除比例的通知》（财税〔2018〕99号）进一步提高了研发费用加计扣除的比例，更精准地、更高程度地为企业自主创新减税，激励企业加大研发投入。这也标志着我国研发费用加计扣除优惠政策进入了更具操作性的全面细化落实阶段。

我国研发费用税收优惠政策发展阶段示意图如图5-1所示。

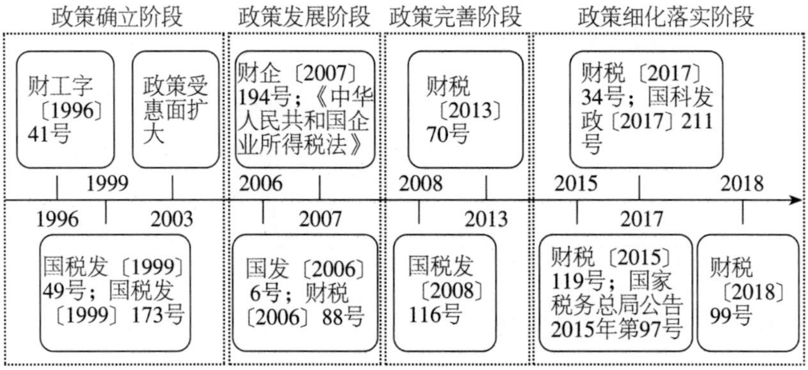

图5-1 我国研发费用税收优惠政策发展阶段示意图

5.3 研发费用加计扣除政策落实流程

根据我国当前所执行的财税〔2015〕119号文件和国家税务总局公告2015年第97号文件的相关规定，本书梳理了现有规定下研发费用加计扣除政策落实的流程，具体阐述如下。

5.3.1 企业落实过程

1）项目立项阶段

（1）向国家科技部门申报省部级以上科研项目

按照省部级有关部门的申报要求通知，提出立项申请，提交相关资料。成立研发部门，组织初审。省部级科技部门根据上报的资料组织审查。若审核通过，会将符合条件的列入项目计划，并给企业下达立项批文和拨付资金。若审核不通过，企业终止该项目研发或自行成立科研项目。

（2）自行成立科研项目

技术研发部门提交立项可行性研究报告。企业自行组成研发项目立项评估委员会，必要时可邀请外部专家参加，对立项可行性研究报告进行评估。若审核通过，财务部门配合落实经费，形成企业年度工作计划，开始研发活动。若审核不通过，企业可选择将立项可行性研究报告修改至通过为止或终止该项目研发。

2）纳税申报阶段

（1）审核通过的省部级以上科研项目

在省部级以上科研项目中，由政府拨付研发资金，财务部门进行专项资金项目管理从而专款专用的项目研发支出不享受研发费用加计扣除政策，而企业自费进行研发投入并完成相关研发活动的支出，由于具备政府立项批文，所申报的研发费用在备案过程中必然通过审查，因此顺利申请省部级以上科研项目的企业研发活动在研发费用加计扣除政策中具有税收优惠保证。

（2）企业自筹研发经费项目

对于企业自筹研发经费的项目，财务部门参照《关于企业研究开发费用税前加计扣除政策有关问题的公告》（国家税务总局公告2015年第97号）对研发经费进行财务管理，建研发支出辅助账，做到正确归集费用。研发部门每年年初向财务部门提供企业当年科研项目年度清单及相关项目备案资料。财务部门会同会计师事务所（若聘请）对企业上一个会计年度的研发费用进行审计，并出具专项审计报告。在年度终了进行所得税年度申报和汇算清缴时，财务部门按照税法规定计算研发费用的加计扣除额，办理纳税申报相关事宜，按要求向税务机关履行备案手续，取得备案表，妥善保管并留存备查。

从以上申报流程可以看出，自筹研发经费的企业研发项目是否能够充分享受加计扣除优惠政策难以确定，存在落实风险。

5.3.2 税务部门落实过程

1）备案材料审核

税务部门受理企业备案申请后若对企业研发项目无异议，在税务部门回执栏签字盖章，返还给企业作为已备案的凭证留存备查，并允许企业享受加计扣除税收优惠。若税务部门对企业备案的研发项目存在异议，则将企业的相关备案材料提交科技部门进行鉴定，对鉴定通过的项目进行上述流程并允许企业享受该税收优惠，对鉴定不通过的企业予以补缴相关所得税税款的处理。

2）纳税申报后续管理

按照财税〔2015〕119号文件的规定，税务部门应加强研发费用加计扣除优惠政策的后续管理，定期开展核查，年度核查面不得低于20%。因此企业备案后有可能经过数年才接受税务机关研发费用加计扣除的后续核查评估，这就可能面临高额的滞纳金和罚款等纳税风险。这样一来，企业就会权衡享受这一税收优惠政策的成本问题。

5.3.3 科技部门落实过程

1）异议项目鉴定

受理税务部门送交的存在异议的企业研发项目备案材料，按相关规定进行鉴定，并在规定时间内出具相关鉴定报告。

2）相关政策解读

对于技术层面的政策问题进行解读，解答政策执行相关主体的技术疑惑，帮助企业和税务部门规范执行具体流程。

综上所述，本书绘制了研发费用加计扣除政策落实流程图，如图5-2所示。

5.3.4 政府部门落实过程职能划分

根据研究调查，在上文对加计扣除政策落实环节进行阐释的基础上，本书对各政府部门对应职能简要说明如下：

1）财政部门在研发费用加计扣除政策中的职能分析

（1）政策制定及解读

财政部门作为国家财政政策的制定机构，应当针对国民经济的现实状况和需要，制定切实可行的支持科技发展的相关政策、制度、办法，并通过宣传、指导等方式支持企业积极享受相关政策。

（2）政府服务职能

财政部门可通过采取方向性的税收优惠政策等方法，实现资源配置的优化；也可利用财政税收政策引导企业投资方向，以及税收补贴等方式调节资源在国民经济各部门之间的配置，形成合理的产业结构。

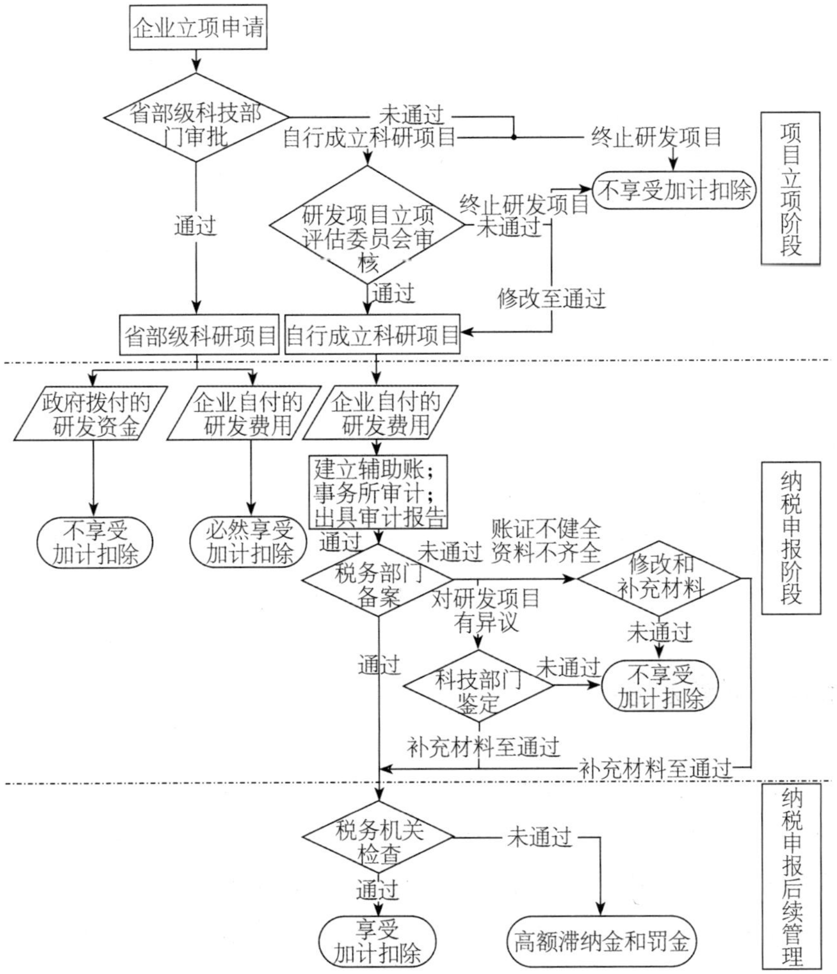

图5-2 研发费用加计扣除政策落实流程图

2）税务部门在研发费用加计扣除政策中的职能分析

（1）政策制定及解读

根据研发费用加计扣除政策相关内容负责具体起草税收法律法规草案及实施细则，并提出税收政策建议，与财政部共同上报和下发，制定贯彻落实的措施。负责对税收法律法规执行过程中的征管和一般性税政问题进行解释，事后向财政部备案。

（2）政策落实工作（参照税总函〔2016〕685号）

税务部门承担组织国家财政收入和通过税收杠杆调控经济的职能。

（3）征管服务

服务型税务促使税务部门具有税务行政和执法的管理职责。

3）科技部门在研发费用加计扣除政策中的职能分析

（1）政策制定及解读

根据研发费用加计扣除政策相关内容牵头拟定科技发展规划和具体方针、政策，起草有关法律法规草案，制定部门规章，并组织实施和监督检查。

（2）政府服务职能

科技部门负责推动企业自主创新能力建设，受理企业关于加计扣除优惠政策享受要求等方面的咨询和鉴定事项。

4）各部门之间协同合作

财政、税务和科技部门应建立信息共享机制，及时共享相关信息，加强协调配合，保障研发费用加计扣除优惠政策落实到位。

5.4 本章小结

研发费用加计扣除政策作为我国自主研发税收优惠激励政策的重要组成部分，通过将研发过程中准许加计扣除的项目用于抵减应纳税所得额以实现降低企业所缴纳税收、减少企业成本的目标。这一政策最早出台于1996年，经过数十年的不断发展和完善，目前已形成由财政、税务、科技等多部门明确职能分工、协调合作、共同落实的完整实施流程，研发费用加计扣除政策的有效落实执行，能够充分发挥税收优惠对企业自主研发的激励作用，是相关政府部门运用税收手段调动企业自主研发积极性的有力证明。

6 经济高质量发展现状、问题分析与政策建议

本章首先围绕创新研发投入和新旧动能转换两个方面对我国各省市（我国港澳台地区除外，下同）经济高质量发展现状进行了探讨，具体运用我国各省市经济高质量发展相关数据，并以陕西省经济高质量发展相关数据作为典型案例进行深入对比分析。基于以陕西省经济高质量发展为代表的现状分析结论，本书总结了相应存在的问题，并着力提炼了更具一般性和针对性的政策建议，力求为我国各省市推进自主研发、加快新旧动能转换，从而拉动经济高质量发展提供有价值的参考意见。

6.1 经济高质量发展现状

6.1.1 创新研发投入现状分析

本书收集并整理了相关研究报告、统计年鉴等权威资料发布的我国

各省市创新研发投入相关数据，并以陕西省为案例进行了深入对比和横向、纵向分析，从而深入认识经济高质量发展现状。

1）陕西省与全国其他省市创新研发投入对比分析

研发费用加计扣除政策，作为响应我国“大众创业、万众创新”号召的重要税收优惠政策之一，采用加计扣除的方式为进行创新研发活动的企业提供了一定额度的所得税补贴，这一政策的实施降低了企业的创新风险和创新活动成本，有效激发了企业的研发热情和创新动力，是影响我国创新能力的重要因素。因此在我国企业越来越多地参与研发活动的同时，我国相关部门应做好研发费用加计扣除税收优惠，进一步鼓励企业继续并扩大创新研发活动。根据我国每年发布的《中国科技统计年鉴》中2014—2017年我国各省市进行了R&D活动的企业数据，以及中华人民共和国科学技术部2014年以来每年披露的《中国区域创新能力监测报告》的相关数据，本书汇总形成了表6-1和表6-3，并结合陕西省科技厅所发布的数据，将2013—2016年陕西省研发投入水平与全国平均水平进行了对比分析，如图6-1和图6-2所示，其中研发投入强度指标着眼于企业角度数据，即由企业R&D经费支出与企业主营业务收入的比值计算获得；进一步地，本书将我国各省市数据水平进行了进一步排序，依据各省市创新表现的相对位次编制了表6-2和表6-4。

通过分析表格数据可以得出，我国各省市进行R&D活动企业的比例普遍逐年提高，并且我国各省市研发投入规模总体来说不断增大，说明在研发费用加计扣除政策等有利条件及市场竞争创新驱动力的影响下，我国各省市的企业均开始越来越多地参与到了创新研发活动中来，因此研发费用加计扣除政策的有效落实具有显著意义。此外，由以上表格可知，我国多数省市、自治区的研发投入强度不断提升，体现出大部分地区企业自主研发创新程度不断增强的积极态势，需要积极落实好一系列税收等方面的优惠政策以保持企业参与自主研发活动的意愿，并促进研发投入规模不断扩大；但同时仍能看到，部分省市、自治区例如山西、吉林、上海、海南、西藏、甘肃、新疆等近年的研发投入强度出现了下降趋势，也阻碍了其在我国各省市研发水平排名上的提升，说明我

表6-1 **我国各省市进行R&D活动规模以上工业企业比例统计**[①]

地区 \ 年份	2013年			2014年			2015年			2016年		
	①	②	③	①	②	③	①	②	③	①	②	③
全国	—	—	0.13	—	—	0.14	—	—	0.16	—	—	0.19
陕西省	4 751	574	0.12	5 081	768	0.15	5 413	868	0.16	5 362	1 071	0.18
北京市	3 641	1 059	0.29	3 686	1 140	0.31	3 584	1 141	0.32	3 340	1 155	0.35
天津市	5 499	1 732	0.31	5 489	2 046	0.37	5 525	2 084	0.38	5 198	2 051	0.39
河北省	13 968	853	0.06	14 799	1 086	0.07	15 305	1 388	0.09	14 764	1 701	0.12
山西省	3 979	327	0.08	3 906	312	0.08	3 850	295	0.08	3 554	348	0.10
内蒙古自治区	4 404	258	0.06	4 413	268	0.06	4 404	320	0.07	4 295	415	0.10
辽宁省	17 297	1 100	0.06	15 705	1 215	0.08	12 299	927	0.08	8 019	1 077	0.13
吉林省	5 376	252	0.05	5 311	273	0.05	5 682	274	0.05	6 003	361	0.06
黑龙江省	4 398	331	0.08	4 305	320	0.07	4 162	336	0.08	3 958	382	0.10

① 其中，①为企业数量（单位：家）；②为有R&D活动的企业（单位：家）；③为企业占比。由于2018年《中国科技统计年鉴》中缺少各省市企业总体数量数据，无法计算比例，因此该表格所分析的数据截至2016年。

续表

年份 地区	2013年			2014年			2015年			2016年		
	①	②	③	①	②	③	①	②	③	①	②	③
上海市	9 796	1 661	0.17	9 469	1 839	0.19	8 994	1 866	0.21	8 351	1 982	0.24
江苏省	48 771	12 283	0.25	48 708	14 150	0.29	48 488	16 369	0.34	47 899	19 186	0.40
浙江省	39 552	10 824	0.27	40 841	12 113	0.30	41 167	13 634	0.33	40 127	14 493	0.36
安徽省	16 184	2 369	0.15	17 757	2 946	0.17	19 072	3 258	0.17	19 833	3 839	0.19
福建省	16 120	2 286	0.14	16 744	2 491	0.15	17 240	3 038	0.18	17 262	3 486	0.20
江西省	8 126	954	0.12	9 010	1 032	0.11	9 954	1 282	0.13	10 938	2 214	0.20
山东省	40 467	3 747	0.09	40 756	4 611	0.11	41 485	5 766	0.14	39 563	7 090	0.18
河南省	20 573	1 705	0.08	21 752	2 126	0.10	22 893	2 454	0.11	23 680	2 666	0.11
湖北省	14 650	1 714	0.12	15 957	1 960	0.12	16 413	2 421	0.15	16 297	2 979	0.18
湖南省	13 599	1 914	0.14	13 723	2 203	0.16	13 992	2 731	0.20	14 384	3 144	0.22
广东省	41 181	5 691	0.14	41 133	6 563	0.16	42 113	8 113	0.19	42 682	10 928	0.26

续表

地区＼年份	2013年			2014年			2015年			2016年		
	①	②	③	①	②	③	①	②	③	①	②	③
广西壮族自治区	5 488	456	0.08	5 440	453	0.08	5 511	456	0.08	5 454	508	0.09
海南省	388	63	0.16	382	70	0.18	380	70	0.18	337	73	0.22
重庆市	5 559	668	0.12	6 159	974	0.16	6 612	1 225	0.19	6 783	1 346	0.20
四川省	13 001	819	0.06	13 268	1 248	0.09	13 524	1 304	0.10	13 818	1 840	0.13
贵州省	3 590	179	0.05	3 895	234	0.06	4 482	285	0.06	5 123	650	0.13
云南省	3 537	394	0.11	3 783	500	0.13	3 873	744	0.19	4 190	879	0.21
西藏自治区	76	9	0.12	97	10	0.10	104	10	0.10	108	10	0.09
甘肃省	1 981	291	0.15	2 084	353	0.17	2 141	457	0.21	2 097	453	0.22
青海省	521	40	0.08	568	45	0.08	575	35	0.06	593	57	0.10
宁夏回族自治区	1 044	127	0.12	1 170	148	0.13	1 245	154	0.12	1 174	224	0.19
新疆维吾尔自治区	2 224	152	0.07	2 477	179	0.07	2 707	265	0.10	2 893	283	0.10

数据来源：《中国科技统计年鉴》（2014—2017），国家统计局社会科技和文化产业统计司与科技部创新发展司。

表6-2 我国各省市进行R&D活动企业比例名次表

地区 \ 年份	2013年	2014年	2015年	2016年
陕西省	13	12	14	17
北京市	2	2	4	4
天津市	1	1	1	2
河北省	28	27	23	22
山西省	22	23	26	24
内蒙古自治区	29	29	28	26
辽宁省	26	25	27	19
吉林省	31	31	31	31
黑龙江省	24	26	25	27
上海市	5	5	6	6
江苏省	4	4	2	1
浙江省	3	3	3	3
安徽省	8	8	13	14
福建省	9	13	12	12
江西省	16	17	17	11
山东省	19	18	16	18
河南省	21	20	19	23
湖北省	17	16	15	16
湖南省	10	9	7	7
广东省	11	10	8	5
广西壮族自治区	20	22	24	29
海南省	6	6	11	8
重庆市	14	11	10	13

续表

地区＼年份	2013年	2014年	2015年	2016年
四川省	27	21	21	20
贵州省	30	30	29	21
云南省	18	14	9	10
西藏自治区	15	19	22	30
甘肃省	7	7	5	9
青海省	23	24	30	28
宁夏回族自治区	12	15	18	15
新疆维吾尔自治区	25	28	20	25

表6-3　　　　**我国各省市研发投入强度统计表**①

地区＼年份	2013年（%）	2014年（%）	2015年（%）	2016年（%）	2017年（%）
全国	0.80	0.84	0.90	0.94	1.06
陕西省	0.77	0.82	0.88	0.88	0.85
北京市	1.14	1.18	1.29	1.29	1.30
天津市	1.12	1.15	1.26	1.35	1.49
河北省	0.50	0.55	0.63	0.65	0.84
山西省	0.67	0.70	0.67	0.68	0.63
内蒙古自治区	0.50	0.54	0.63	0.63	0.77
辽宁省	0.65	0.66	0.73	0.73	1.17
吉林省	0.31	0.34	0.39	0.39	0.37
黑龙江	0.69	0.71	0.75	0.78	0.95
上海市	1.18	1.27	1.39	1.43	1.42

① 本书已收集到《中国区域创新能力监测报告》（2019）中的相关数据，但由于最新的报告中研发投入强度的数据仅截至2017年，因此表6-3分析了2013—2017年各省市的研发投入强度。

续表

地区 \ 年份	2013年（%）	2014年（%）	2015年（%）	2016年（%）	2017年（%）
江苏省	0.93	0.97	1.02	1.06	1.23
浙江省	1.12	1.19	1.35	1.43	1.57
安徽省	0.73	0.77	0.83	0.88	1.01
福建省	0.84	0.85	0.88	0.91	0.98
江西省	0.41	0.41	0.45	0.50	0.66
山东省	0.80	0.82	0.89	0.94	1.11
河南省	0.49	0.50	0.50	0.52	0.59
湖北省	0.82	0.88	0.94	0.97	1.09
湖南省	0.85	0.92	1.00	1.00	1.19
广东省	1.16	1.19	1.28	1.30	1.39
广西壮族自治区	0.48	0.45	0.38	0.37	0.39
海南省	0.60	0.63	0.67	0.48	0.42
重庆市	0.91	0.90	0.97	1.01	1.35
四川省	0.47	0.52	0.58	0.62	0.72
贵州省	0.47	0.47	0.46	0.50	0.61
云南省	0.46	0.49	0.63	0.73	0.76
西藏自治区	0.47	0.25	0.19	0.23	0.15
甘肃省	0.47	0.51	0.56	0.65	0.55
青海省	0.43	0.41	0.30	0.35	0.40
宁夏回族自治区	0.49	0.53	0.58	0.66	0.72
新疆维吾尔自治区	0.36	0.28	0.45	0.47	0.41

注：企业研发投入强度=企业研发经费支出÷企业主营业务收入。

数据来源：《中国区域创新能力监测报告》（2014—2019），中华人民共和国科学技术部。

表6-4　　　　　　**我国各省市研发投入强度名次表**

地区＼年份	2013年	2014年	2015年	2016年	2017年
全国	—	—	—	—	—
陕西省	12	11	11	12	15
北京市	3	4	3	5	6
天津市	4	5	5	3	2
河北省	18	18	18	19	16
山西省	15	15	16	17	22
内蒙古自治区	18	19	18	21	17
辽宁省	16	16	15	15	9
吉林省	31	29	28	28	30
黑龙江省	14	14	14	14	14
上海市	1	1	1	1	3
江苏省	6	6	6	6	7
浙江省	4	2	2	1	1
安徽省	13	13	13	12	12
福建省	9	10	11	11	13
江西省	29	27	26	24	21
山东省	11	11	10	10	10
河南省	20	23	24	23	24
湖北省	10	9	9	9	11
湖南省	8	7	7	8	8
广东省	2	2	4	4	4

续表

地区＼年份	2013年	2014年	2015年	2016年	2017年
广西壮族自治区	22	26	29	29	29
海南省	17	17	16	26	26
重庆市	7	8	8	7	5
四川省	23	21	21	22	19
贵州省	23	25	25	24	23
云南省	27	24	18	15	18
西藏自治区	23	31	31	31	31
甘肃省	23	22	23	19	25
青海省	28	27	30	30	28
宁夏回族自治区	20	20	21	18	19
新疆维吾尔自治区	30	30	26	27	27

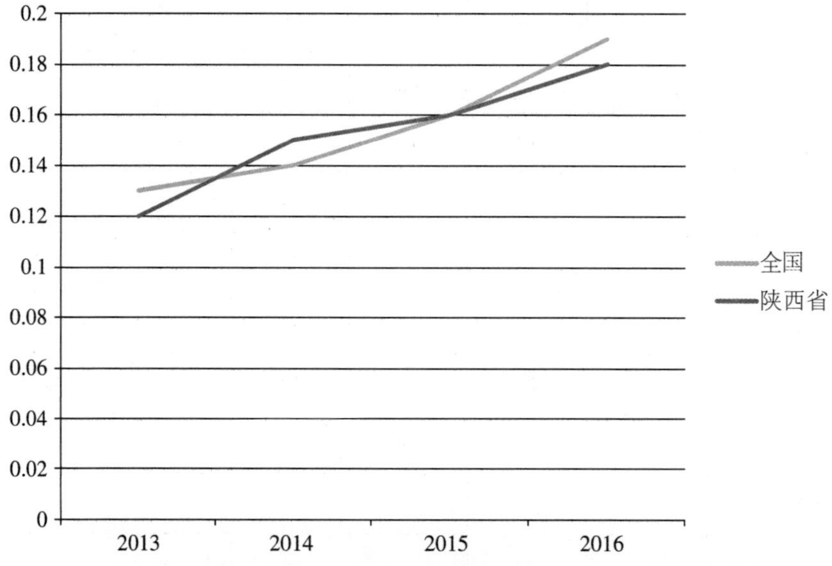

图 6-1 陕西省进行 R&D 活动企业比例与全国平均水平对比图

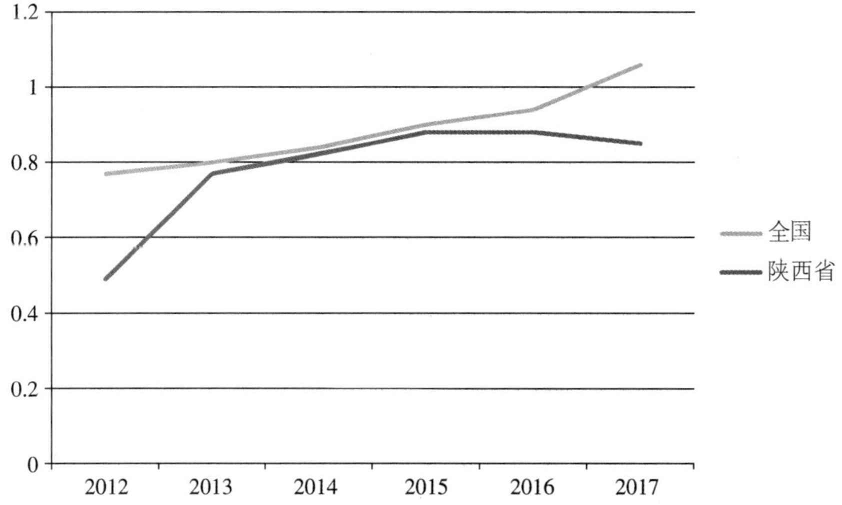

图6-2　陕西省研发投入强度与全国平均水平对比图

国仍有部分省市的企业对自主研发创新的积极性较弱，因此促进研发费用加计扣除等税收优惠政策有效落实、巩固并提高企业参与自主研发活动的积极性，也显得更为重要。

进一步地，以陕西省为例，根据图6-1和图6-2的比较结果可发现，陕西省创新研发活动指标排名中上，但各项指标与全国平均水平相比仍存在一定差距，说明陕西省创新研发活动正在不断发展但是发展势头仍有待增强，因此加大研发费用加计扣除政策的落实力度，有效激励陕西省创新研发活动对响应我国“大众创业、万众创新”的号召尤为必要。同时陕西省进行创新研发活动的企业数量占比日益上升，且排名在我国各省市中位居中上；同时研发投入强度一直保持在全国10~15名的区间内，且仍在努力缩小与全国平均水平的差距，可以看出陕西省不断积极焕发创新活力，正在努力赶超其他省市，缩短与全国平均水平的差距，说明陕西省的创新研发活动虽然不断发展，但仍需保持发展势头，继续挖掘企业创新研发潜力，而这一过程更加需要税收优惠政策等激励措施有效落实的推动作用。

2）陕西省研发投入具体情况统计

（1）研发投入分析

由前文的分析可知，从时间维度来看，陕西省进行创新研发活动的企业数量日益上升，研发投入不断增加，创新活动的活力显著提高。例如，根据陕西省统计局相关数据，2016年陕西省研发经费投入总量为419.56亿元，比上年增加26.4亿元，同比增长6.7%，研发经费投入强度为2.19%，比上年提高0.01个百分点，列全国第八位；2019年陕西省研发经费投入584.58亿元，比上年增加52.16亿元，增长9.8%；地区研发经费投入强度（研究与试验发展经费与地区生产总值之比）为2.27%，比上年提高了0.09个百分点，比全国平均水平高0.04个百分点，排名全国第七位。下文中，本书将从企业类型、行业及地区的细分角度对比分析陕西省的研发投入情况。

从企业性质看，陕西省2015年规模以上工业企业研发经费情况如图6-3所示，其中内资企业研发经费157.3亿元，比上年增长0.2%，占比为91.1%，比上年下降6.6个百分点。我国港澳台商投资企业研发经费1.47亿元，比上年增长28.9%；外商投资企业研发经费13.81亿元，比上年增长425.1%，占比为8.0%，比上年提高了6.4个百分点。内资企业研发经费数额远大于其他两种类型的企业，但增速缓慢，我国港澳台商投资企业和外商投资企业虽然研发费用绝对数量低但增长速度较快。可以看出，内资企业为研发投入的主体，我国港澳台商投资企业和外商投资企业增长较快。

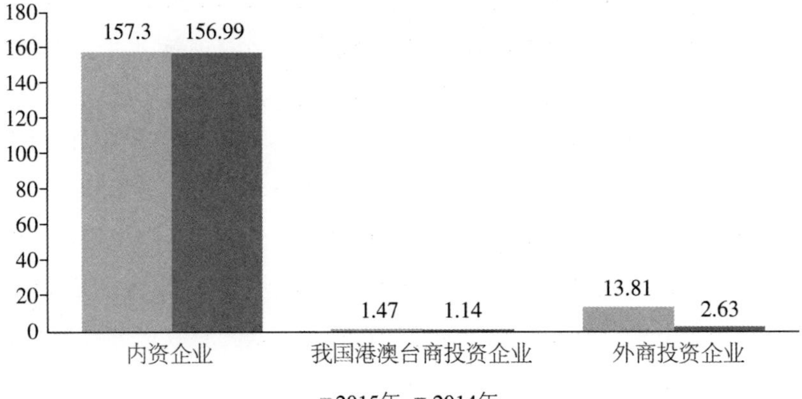

图6-3 陕西省规模以上工业企业研发经费（单位：亿元）

从企业类型来看，高新技术企业开展研发活动的数量多、投入大、增长快，是研发活动的主力军，引领陕西省企业的创新发展。2016年，陕西省规模以上高新技术工业企业有640家，开展研发活动的企业436家，占到了68.13%，比上年增长23.2%，本书据此绘制了2016年高新技术企业开展研发活动的统计饼图如图6-4所示。此外，2016年高新技术企业的研发经费为77.18亿元，比上年增长了19.5%，对规模以上工业企业研发经费的增长贡献率达106.2%。2016年，陕西省高新技术企业发明专利申请量2 139件，比上年增长17.9%；新产品销售收入达667.6亿元，比上年增长49.6%。

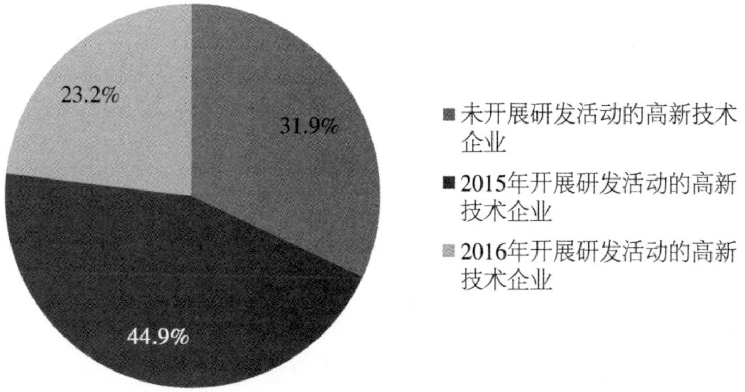

图6-4　2016年陕西省高新技术企业开展研发活动情况统计

从行业来看，各行业研发投入差距较大且集中于高技术行业。通过对陕西省2015年和2019年研发投入分行业进行统计（见表6-5，2019年为各行业规模以上工业企业相关数据），研发投入较大的行业为制造业和采矿业。总体来说，相比于2015年，2019年的研发经费和研发投入强度均有所上升；而分行业来说，多数行业2019年研发经费相比于2015年有所上升，但研发投入强度有所上升的行业不足50%。进一步来说，2015年研发经费投入超过2亿元的行业大类有19个，这19个行业的研发经费占全省规模以上工业企业研发经费的比重达94.5%；同时2019年规模以上工业企业中，研发经费投入超过2亿元的行业大类也有18个，这18个行业的研发经费占全省规模以上工业企业研发经费的比重则为95.6%。此外，2015年研发经费超过5亿元且研发投入强度超过规模以上工业平均水平的仅有7个行业，到2019年研发经费超过5亿元且研发投入强度超过规模以上工业企业平均水平的行业大类则上升至9

个。2015年研发经费投入的前4位为铁路、船舶、航空航天和其他运输设备制造业，计算机、通信和其他电子设备制造业，化学原料和化学制品制造业，采矿业等四大类行业，多数为高技术行业，四大类行业合计占全省规模以上工业企业研发经费支出的50.3%，超出全部企业研发经费的5成。而2019年研发经费投入的前4位为铁路、船舶、航空航天和其他运输设备制造业，计算机、通信和其他电子设备制造业，汽车制造业，电气机械和器材制造业，多数仍为高技术行业，四大类行业合计仍然占全省规模以上工业企业研发经费支出的5成以上。以陕西有色金属控股集团有限责任公司（简称“陕西有色”）为例，该企业为陕西省国有资产监督管理委员会下属的大型国有企业，陕西省国资委会对其技术创新情况予以披露。2013—2016年间，陕西有色在省国资委技术创新板块的新闻数量分别为8条、15条、35条、32条，可见企业更加注重企业的技术创新投入，并多次获得国家重点研发项目经费支持，老牌国企依靠创新成功实现转型，焕发新的活力。科技创新对于以该企业为代表的采矿业及制造业等高技术行业激励效果明显。

表6-5 **陕西省2015年和2019年研发投入分行业情况统计**

行业	2015年		2019年	
	研发经费（亿元）	研发投入强度（%）	研发经费（亿元）	研发投入强度（%）
总计	172.58	0.88	240.81	0.91
采矿业	11.54	0.30	9.60	0.13
制造业	159.08	1.11	229.93	1.16
农副食品加工业	3.24	0.33	1.76	0.13
石油加工、炼焦和核燃料加工业	7.41	0.39		
石油、煤炭及其他燃料加工业			15.49	0.71
化学原料和化学制品制造业	10.25	1.03	10.65	0.81
医药制造业	7.50	1.48	7.07	1.03
黑色金属冶炼和压延加工业	3.77	0.39	6.84	0.54

续表

行业	2015年		2019年	
	研发经费（亿元）	研发投入强度（%）	研发经费（亿元）	研发投入强度（%）
有色金属冶炼和压延加工业	9.56	0.68	11.62	0.91
金属制品业	4.77	1.71	4.91	1.13
通用设备制造业	5.65	1.26	5.25	1.03
专用设备制造业	8.64	1.76	12.62	1.92
汽车制造业	6.05	0.74	28.43	1.57
铁路、船舶、航空航天和其他运输设 备制造业	46.80	6.76	50.96	5.31
电气机械和器材制造业	10.15	1.39	17.77	1.80
计算机、通信和其他电子设备制造业	19.60	3.30	34.28	2.64
仪器仪表制造业	4.61	3.10	6.66	2.34
电力、热力、燃气及水生产和供应业	1.96	0.14	1.28	0.03
电力、热力生产和供应业	1.82	0.15	0.84	0.05
燃气生产和供应业	0.14	0.08	0.44	0.11

数据来源：《2015年陕西省研发经费投入统计公报》《2019年陕西省研发经费投入情况概览》，陕西省统计局。

陕西省各地市研发支出的差距明显，表6-6为2015年和2019年陕西省分地区规模以上工业企业研发支出情况。以2015年为例，关中地区①研发经费为147.21亿元，比上年增长13.6%，占比为85.3%，比上年提高4.6个百分点；陕北地区②研发经费为7.65亿元，比上年增长8.4%；陕南地区③研发经费为12.61亿元，比上年减少了7.4%。从研发投入强度来看，2015年研发投入强度超过全省平均水平的城市有西安市、宝鸡市、渭南市、汉中市，其中只有汉中市属于陕南地区，其余均属于关

① 关中地区位于陕西省中部，包括西安、宝鸡、咸阳、渭南、铜川、杨凌五市一区。
② 陕北地区包括榆林、延安两个地级市。
③ 陕南地区包括汉中、安康、商洛三个地级市。

中地区，其他各地市的研发投入强度均低于全省平均水平，其中西安市已达到2.2%，铜川市、安康市、榆林市、商洛市均在0.22%及以下，最高的西安市与最低的铜川市相差2.15个百分点，呈现地区发展极不平衡的态势。而2019年规模以上工业企业研发投入强度超过全省平均水平的城市有西安市、宝鸡市和汉中市，渭南市稍显退步，虽然多数市区的研发投入强度有所提升，且最高的西安市与最低的商洛市相差1.60个百分点也低于2015年2.15个百分点的差距，但综合来看，地区发展不平衡的情况仍然存在。

表6-6　**2015年和2019年陕西省分地区规模以上工业企业研发支出情况**

区域/机构	2015年		2019年	
	研发经费（亿元）	研发投入强度（%）	研发经费（亿元）	研发投入强度（%）
全省	172.60	0.88	240.80	0.91
西安	92.48	2.20	154.16	1.72
铜川	0.26	0.05	1.14	0.41
宝鸡	29.31	1.52	23.85	0.93
咸阳	7.62	0.25	7.06	0.28
渭南	17.12	1.05	12.11	0.55
延安	5.18	0.29	13.92	0.73
汉中	10.27	0.99	15.88	1.19
榆林	2.47	0.12	5.19	0.15
安康	0.77	0.09	5.11	0.30
商洛	1.57	0.22	1.34	0.12
杨凌示范区	0.42	0.41	1.04	0.70
省直单位	5.13	0.28	—	—

数据来源：《2015年陕西省研发经费投入统计公报》《2019年陕西省研发经费投入情况概览》，陕西省统计局。

（2）研发人员结构分析

陕西省上市公司研发人员结构见表6-7。2014年以前，陕西省上市公司在年报中对于研发人员数量的披露严重不足，2015年开始企业对于研发人员数量及比例披露程度提高，一方面是由于企业年报的披露更加规范，另一方面印证了企业逐渐意识到研发活动对于企业价值创造的作用，提高了对研发活动的重视程度。从研发人员数量及占企业员工总数的比例来看，2014年增长的幅度较大，之后逐渐稳定在11%~12%。研发人员是企业研发活动的主体，研发人力资本投入量的增加导致研发支出增加，能够进一步带动企业对新技术的创新及吸收能力，同时也反映出研发费用加计扣除优惠政策的有效实施。

表6-7　　**陕西省上市公司研发人员结构分析**

项目	2013年	2014年	2015年	2016年
披露研发人员的企业数量（家）	16	23	38	40
研发人员数量平均值（人）	59.38	245.22	288.71	341.55
研发人员比例平均值（%）	8.51	12.10	11.72	11.67

6.1.2　我国新旧动能转换实施现状的典型案例分析

2017年1月13日，国务院办公厅印发《关于创新管理优化服务培育壮大经济发展新动能加快新旧动能接续转换的意见》，拉开了新旧动能转换工作在全国范围内开展的序幕。

1）新旧动能转换的概念界定

新动能是在新一代信息技术、新工业革命及制造业与服务业融合发展的背景下，以现代信息技术广泛嵌入和深化应用为基础，以新技术、新产业、新业态和新模式“四新”经济为核心的产业驱动力量，其内涵详见表6-8。

旧动能指传统动能，对应传统产业和传统的经济模式，不仅涉及高耗能、高污染的制造业，还广泛覆盖以传统经营模式经营的第一、二、三产业。

表6-8　　　　**“四新”的内涵**

“四新”	内涵
新技术	云计算、人工智能、大数据、数字孪生体等先进技术
新产业	运用新成果、新技术产生或延伸出一定规模的新型经济活动
新业态	依托技术创新和应用，从现有产业和领域中衍生叠加出新环节、新链条和新活动
新模式	整合和重组企业内外要素，形成高效和有竞争力的商业运行模式

综上所述，新动能主要通过创新驱动、提高效率拉动经济增长，而旧动能主要通过要素投入、增加投资拉动经济增长。对于旧动能，通过实行产业转型升级，提升发展效率和质量，可以将其进行优化，转变为新动能。新动能和旧动能是相对的，以第二产业的新旧动能转换为例，其区别主要见表6-9。

表6-9　　　　**新旧动能的区别**

内容	旧动能	新动能
能源利用	矿物能源粗放利用	物理能源精细化利用
原材料	一次性利用	深层循环利用
生产工艺	机械化	高度网络化、人工智能化
生产模式	“资源—产品—废物”的单向生产	“资源—产品—废物—再生资源—再生产品”的深层次循环
资源约束	资源匮乏性生产	能源物理化、原材料元素化以及深层循环化生产，资源约束弹性增大
生产性服务	包含了较少的服务业	包含了更多的服务业

因此，新旧动能转换就是以供给侧结构性改革为根本，以“四新”经济为手段，推动传统产业改造升级，加快新型产业培育发展，加强第一、二、三产业跨界融合，做大做强区域、企业、产品等品牌优势，实现产业智慧化、智慧产业化、跨界融合化和品牌高端化，最终实现经济高质量发展。

2）山东省新旧动能转换综合试验区案例分析

山东省新旧动能转换综合试验区是我国产业转型的经典缩影，典型示范性强，因此本书相关研究以山东省为例，概述其实施新旧动能转换的具体税收政策及实施成效。

（1）具体政策

根据《国务院关于山东新旧动能转换综合试验区建设总体方案的批复》，2018年1月，国家发改委印发《山东新旧动能转换综合试验区建设总体方案》；2018年5月，山东省人民政府办公厅印发了《关于建立新旧动能转换重大工程协调推进体系的工作方案》；2018年7月，中共山东省委办公厅、山东省人民政府办公厅印发《关于支持新旧动能转换重大工程的若干财政政策》《关于支持新旧动能转换重大工程财政体制激励政策的实施意见》《关于支持发展“十强”现代优势产业集群财政政策的实施意见》等5个实施意见；2018年11月，山东省财政厅、山东省税务局编写了《新旧动能转换税收优惠政策指南》，该指南上篇为新旧动能转换“十强”产业税收优惠政策，下篇为新旧动能转换普惠性税收优惠政策，共涉及200余项税收政策。

（2）实施成效

山东省在采取一系列税收优惠政策后，新旧动能转换成效显著，主要体现为：

一是促进产业转型。在去产能方面，2018年全年压减粗钢产能355万吨、生铁产能60万吨，关退计划内煤矿10处，化解产能465万吨，产能过剩矛盾得到有效缓解，供给体系明显改善。同时，新兴产业规模增速较快，“四新”经济高速增长，2018年1—11月，新一代信息技术、高端装备、新能源材料等产业分别增长6.7%、6.8%、8.3%左右，预计全年“四新”经济投资增长6.5%左右。山东省在新旧动能转换后，第三产业占比不断提高，从2013年的41.2%逐步上升到2018年的49.5%，产业结构也实现了从“二三一”到“一二三”的转变。

二是减税降费政策减轻企业负担，促进产业创新。首先，增值税税负进一步降低、税率由17%和11%下调到16%和10%，2019年又调至13%和9%，企业受益明显。如山东德药制药2017年全年减税2 000万元；星宇手套2017—2018年共享受税收优惠1 000多万元。此外，截至2018年年末，山东省新登记市场主体168.1万户，比上年增长12.3%，2019年一季度全省共实现减税降费194.7亿元，企业负担明显减轻，活力不断增强。其次，为发展新动能即高技术产业，山东省针对“十强”产业出台了一系列税收优惠政策，如享受15%企业所得税税率；研发支出加计扣除；科技成果转化、咨询和转让免征增值税等。2017年山东省享受研发费用加计扣除政策的企业达7 950家，加计扣除额达256.41亿元。在系列政策带动下，山东省“四新”产业发展迅猛。

三是改变招商引资模式，培育外贸竞争优势，出台《扩大高质量招商引资招才引智考核办法（2018）》，举办儒商大会、(中国）香港山东周、欧洲山东周等重大活动，2018年新设外资企业首次突破2 000家，同比增长45.8%，实际使用外资增长6.5%，高于全国3.5个百分点。同时，面对复杂严峻的国际形势，积极拓展国际市场，推进外贸转型升级，新业态、新模式持续发力，2018年出口突破万亿大关。

3）陕西省新旧动能转换实施现状分析

2017年11月23日，为贯彻落实国务院系列文件，陕西省根据自身情况出台了《陕西省人民政府办公厅关于创新管理优化服务培育壮大经济发展新动能加快新旧动能接续转换的实施意见》(下称《意见》)。

（1）陕西省加快新旧动能转换的三大方向

《意见》提出了陕西省加快新旧动能接续转换的三大方向，即：

①加强产业技术创新平台建设

积极建设高精度地基授时系统、分子医学转化科学中心等国家重大科学基础设施。重点建设大数据算法与分析技术、空天地海一体化大数据应用、视觉信息处理等国家工程实验室，无人机系统、快速制造等国家工程（技术）研究中心，增材制造、分布式能源装备等国家级制造业创新中心，整合优势资源协同推进技术成果产业化。

②培育发展战略性新兴产业

组织实施集成电路、新型显示、移动通信、大数据与云计算、增材制造、机器人、无人机、卫星应用、分子医学、新能源汽车等十大产业创新发展工程，培育具有创新活力的龙头骨干企业，实施重大产业化项目，推进重点园区建设，打造一批千亿级产业集群，做大做强战略性新兴产业，形成发展新动能。

③推动产业转型升级

深入实施“互联网+”行动计划，重点培育协同制造、现代农业、智慧能源、文化旅游、高效物流、惠民服务、便捷交通、绿色生态等方面新产品、新服务、新业态，推进传统产业在产品形态、销售渠道、服务方式、盈利模式等多方面变革，形成网络经济与实体经济协同互动的发展格局。积极探索分享经济新业态，依托互联网平台对分散资源进行优化配置，实现动态及时、精准高效的供需对接。

（2）陕西省关于落实加快新旧动能转换措施的具体要求

为实现上述目标，《意见》还提出了落实上述措施的具体要求，包括：①提高政府服务效能，具体包括提升快捷响应服务能力、加快法规政策标准动态调整、发挥试点示范引领作用、提高创业创新服务效率；②探索包容创新的监管制度，具体包括建立公平开放市场准入制度、健全信用约束制度、探索动态审慎监管制度；③激发生产要素新活力，具体包括完善智力要素集聚流动机制、完善数据资源开放共享机制、完善科技成果转化应用机制、完善新技术应用支持机制、完善金融创新支撑机制。

（3）陕西省新旧动能转换工作的成果

经过两年时间的努力，陕西省新旧动能转换工作已取得一些实质性成果。

①加强产业技术创新平台建设方面

陕西省发改委、省科技厅出台了《陕西省构建全链条产业技术创新体系推动产业创新发展若干措施》，计划在陕西省逐步实施“1155工程”，构建四级全链条产业技术创新体系。“1155工程”具体包括：第一，建设10个重点产业共性技术研发平台，加强电子信息、高端装备、能源化工、新能源汽车、新材料、节能环保、生物医药、现代农业等重点产业创新能力顶层设计和部署；第二，建设100个龙头骨干企业承载的“四主体一联合”等新型研发平台；第三，推动500家省级创新平台开放共享，为陕西省数万家科技型中小企业提供技术创新支撑；第四，建设

500个专业化孵化器、加速器、众创空间、星创天地等创新创业平台。

②培育发展战略性新兴产业方面

2017年，陕西省发改委出台了《陕西省“十三五”战略性新兴产业发展规划》全面指导战略性新兴产业发展，省政府办公厅2018年出台了《陕西省人民政府办公厅关于积极推进供应链创新与应用的实施意见》实施产业链推进方案，推动先进装备制造、集成电路、新能源汽车、新材料等产业和产品向价值链中高端跃升。

根据陕西省统计局2019年发布的《2018年战略性新兴产业发展简析》，2018年全省战略性新兴产业完成增加值2 649.9亿元，占全省GDP的10.8%，与上年持平；比上年增长10.4%，高于全省GDP增速2.1个百分点。其中，工业战略性新兴产业增加值增长10.1%，增速高于全省工业增加值0.9个百分点，高于全省非能源工业增加值2个百分点；服务业战略性新兴产业增加值增长12.6%，增速首次高于工业战新（工业战略性新兴产业）。陕西省战略性新兴产业细分领域如图6-5所示。

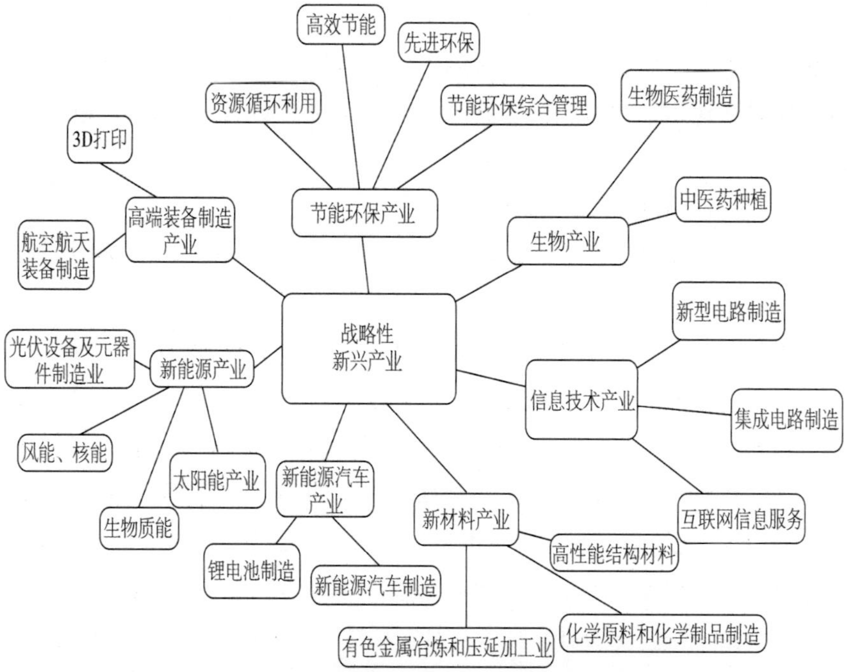

图6-5 陕西省战略性新兴产业细分领域图

陕西省当前战略性新兴产业发展呈现如下特点：第一，节能环保产业规模较大，增速放缓；第二，新一代信息技术产业发展强劲；第三，生物产业承压前行；第四，高端装备制造产业发展质量提升速度平稳；第五，新能源产业规模较小，受政策影响较大；第六，新材料产业受价格影响增速下滑；第七，新能源汽车蓄势发力，利润总额创新高。

③推动产业转型升级方面

省农业厅、省工信厅、省文旅厅、省住建厅等部门都相应出台了关于产业转型升级的具体政策。农业方面，陕西省积极开展陕西农产品“三年百市”品牌营销行动、推动农机装备产业高质量发展；建筑方面，陕西省大力发展装配式建筑，加快推进工程总承包模式和全过程工程咨询服务试点，全面提升建筑业发展质量和效益；工业方面，陕西省提供省级工业转型升级专项资金，就企业技术创新、电子技术产业、重大科技成果产业化、企业技术改造等项目给予专项支持；文旅方面，通过开办第八届省艺术节、书博会和加强旅游景区网上平台建设，陕西省坚持文化旅游事业与“互联网+”相结合，不断丰富产品内涵，提高服务质量。

（4）陕西省关于加快新旧动能转换的配套措施

为了加快新旧动能接续转换，陕西省出台了一系列新旧动能转换的配套政策。为推动陕西省现代供应链建设，培育新增长点、形成新动能，2018年陕西省出台了《陕西省人民政府办公厅关于积极推进供应链创新与应用的实施意见》，要求：①建立完善现代化农产品供应链体系；②促进工业供应链协同化、服务化、智能化发展；③推动流通业创新转型；④积极发展供应链金融，推动陕西省信用信息共享平台、商业银行、供应链核心企业等开放共享信息；⑤倡导发展全过程绿色供应链；⑥结合“一带一路”建设，积极融入全球供应链网络。

6.2 经济高质量发展存在的问题分析

6.2.1 研发投入力度层面问题分析

1）陕西省与我国各省市创新研发投入对比

由于陕西省企业不断加深了对创新研发对企业发展重要性的认识，促使参与创新研发活动的企业比例不断扩大，研发投入强度总体呈逐年上升趋势，创新水平着力赶超我国多数省市，促进排名持续保持在较好区间。

然而，本书也发现，从创新研发投入具体数据来看，陕西省创新研发水平与全国平均水平尚有差距，说明陕西省作为全国在创新研发投入方面位于中上水平的省份，在进入创新前沿省市队伍的道路上仍有较大上升空间，因此全国多数省市在创新研发投入方面还需继续提高。

2）陕西省内分类数据对比

从陕西省内各行业、各地市相关数据来看，陕西省的创新活动呈现向高技术行业集中、地区发展不平衡的特点。具体来说，在研发投入方面主要存在如下问题：

（1）行业之间研发投入分配不均衡

陕西省2015年规模以上企业研发活动经费投入的前4位为铁路、船舶、航空航天和其他运输设备制造业，计算机、通信和其他电子设备制造业，化学原料和化学制品制造业，采矿业等四大类行业，多数为高技术行业，合计占全省规模以上企业研发经费支出的50.3%，超出全部企业研发经费的5成，研发投入活动大多集中于高技术行业。高新技术类企业也成为研发活动的主要参与者。2016年高新技术企业的研发经费为77.18亿元，比上年增长了19.5%，对规模以上工业企业研发经费的增长贡献率达106.2%。而2019年研发经费投入的前4位为铁路、船舶、航空航天和其他运输设备制造业，计算机、通信和其他电子设备制造业，汽车制造业，电气机械和器材制造业，多数仍为高技术行业，但也有传统行业，四大类行业合计仍然占全省规模以上企业研发经费支出的5成以上。相关数据说明，分行业来看，多数行业2019年研发经费相比2015年有所上升，但研发投入强度有所上升的行业不足50%。同时，陕西省研发投入呈现集中于高技术行业的特点，在行业之间分布稍显不均衡，部分行业需要进一步加大研发投入力度，积极参与研发活动，因此相关政府部门仍需充分发挥研发费用加计扣除政策等优惠支持的作用来激励和推动这些行业的研发投入。

（2）研发投入地区发展不平衡

2015年陕西省约2/3的地市研发投入强度低于全省平均水平，陕西省整体研发投入水平主要靠地处关中地区的西安市、宝鸡市、渭南市拉动，其他地市中仅汉中市较为突出，研发投入强度最高的西安市与最低的铜川市相差2.15个百分点之多。在2015年陕西省规模以上工业企业研发投入分地区统计数据中，关中地区研发经费为147.21亿元，陕北地区和陕南地区仅为7.65亿元和12.61亿元，其中陕南地区的研发经费不增反降，比上年减少了7.4%。而到2019年，随着多数地市研发投入强度的上升，研发投入强度最高和最低的地市之间的差距也有所缩小，但仅西安市、宝鸡市和汉中市保持住了领先态势，研发投入强度低于全省平均水平的地市增多。以上数据反映出各地市之间研发投入发展仍不均衡，部分经济基础较差的地市对研发活动的参与度低、创新能力不强，需要依靠政府部门的科技经费投入等政策激励和扶持来推动研发活动，从而带动区域创新能力的提高。陕西省部分地市的创新潜力仍存在发掘空间，有必要充分发挥一系列相关政策如研发费用加计扣除优惠等的积极作用。

6.2.2 新旧动能转换层面问题分析

1）“五上”企业数量偏少

“五上”企业包括规模以上工业、有资质的建筑业、全部房地产开发经营业、限额以上批发零售业和住宿餐饮业、规模以上服务业法人单位。截至2018年12月末，全省“五上”企业共27 793户，居全国第15位，占全国的2.4%。仅相当于第1位广东省的22.4%，相当于第2位江苏省的23.9%，相当于目标省份安徽省的57.4%，比辽宁省仅多357户。

2）高技术产业增长放缓

2018年，规模以上制造业增加值占规模以上工业的比重超过55%，但仍以原材料制造业为主，装备制造业仅占制造业的3成。高技术产业占制造业比重不足20%，且增长呈放缓趋势，增速已由2016年20%以上的高速增长，转为2018年14.2%的较快增长。

3）战略性新兴产业中非公经济发展不充分

从经济发展规律看，非公经济特别是民营经济比较活跃的地区往往市场活力更强，经济发展的水平也更高。虽然陕西省非公经济占比已突破50%，但是非公控股单位数在全国居第22位，仅相当于广东省的18.6%，浙江省的20.2%，相当于目标省份四川省、安徽省、辽宁省的82.6%、44.6%、61.2%。

6.3 促进经济高质量发展的政策建议

6.3.1 政府层面

在从提高企业自主研发投入、促进地区新旧动能转换方面切实推动实现经济高质量发展的过程中，相关政府部门颁布并落实好相关政策是极为重要的核心环节，而通过有力的政策指引与支持，不仅能够激发企业、个人等各层次主体融入实现自主研发、推动新旧动能转换奋斗历程的意识，更能够提高其参与自主研发、推进产业升级、实现新旧动能转换的积极性，从而为促进经济高质量发展打下坚实的基础。具体来说，本书认为应从如下几个方面进行政策完善，并以陕西省为例，提出了一系列详细的政策建议以供参考。

1）梳理禀赋，确立发展重点

资源禀赋是产业政策制定过程中应当参考的重要因素之一，是多数省市、自治区开展新旧动能接续转换工作的现实基础。发挥好要素优势不仅可以帮助企业优化供应链管理、降低生产成本，而且可以促进就业及专业人才培养。

本书以陕西省为例，提出了关于梳理资源禀赋、设计发展重点的政策方案，力求对省市、自治区运用资源禀赋有针对性地确定地区发展方向提供指导和参考。具体来说，在新旧动能转换过程中，一方面，要积极推动传统产业革旧鼎新，使其产业发展的基本面从“平稳中有忧”改为“平稳中有变、平稳中有进”。例如，陕煤集团自2015年以来，经历了规模宏大的去产能与产能置换，经历了“三去一降一补”等供给侧结构性改革的阵痛与红利，经历了全省首个混合所有制暨员工持股改革试点，经历了债转股规模居全国企业第一，经历了科技创新居于世界前列。集团通过不断的技术创新实现了生产方式从粗放开采到智能开采、从劳动密集型转为技术密集型，目前已经成为中国煤炭工业跨入智能化“无人开采”时代的领头企业，也成为了陕西省推动高质量发展和实现新旧动能转换的典型企业。

另一方面，充分着眼地区新动能发展的核心方向，例如军民融合产业已成为陕西省培育新动能的重要发力点，要大力发展具有优势地位、领先地位的重点产业。目前，陕西省已建成航空、航天、兵器三大产业基地和航空智慧新城、船舶科技、军工电子等7个园区，现有军民融合企业500余家，综合收入3 000亿元。此外，军工产业作为一个复杂的集合体，带动了一批具体产业协同发展，形成了民用航空、民用航天、装备制造、电子信息、新材料、新能源等军工特色主导产业。

综上所述，在依据资源禀赋、明确发展重点、促进新旧动能转换的过程中，应当利用好当前的技术优势、人才优势、市场优势，针对重点产业进一步优化产业政策。本书以陕西省为例，认为具体应从如下方面完善相关政策的制定。

（1）对标山东省新旧动能转换综合试验区“三核引领、多点突破”的发展布局，陕西省以“中心引领、区域联动”为策略，将省会城市西安市作为中心向周边辐射，输出科技资源与人才资源。继续推进陕西延长-西大先进技术研究院、陕西烽火-西电通信技术研究院、中联西北院-西安交大能源环境与建筑节能联合研发中心等13个校企合作研发平台的搭建工作，超前部署前沿技术和关键共性技术等重大科技攻关。同时，积极建设环大学创新产业带、中国西部科技创新港、中科院西安科学园、西工大翱翔小镇、中国西部军民融合创新谷暨西安电子谷等一批重点合作项目，逐步构建起协同创新、优势叠加、产学研用一体的融合创新机制。

（2）延续《陕西省“十三五”战略性新兴产业发展规划》的思路，确立重点、明确思路，结合陕西省的资源禀赋和现有经验，将集成电路制造、新能源汽车制造、航空航天和高端装备制造确立为重点方向，尽快制定有针对性的扶持政策。对于利润率和投资回报率高的产业要加大投资力度，密切关注西部超导、铂力特、比亚迪等一大批知名企业的发展，同时针对220余家科创板后备企业进行积极扶持，贯彻落实《推进企业上市三年行动计划（2019—2021）》，紧抓科创板注册制机遇，力争总股本年均增长不低于15%，上市公司发展质量大幅提升，引领带动地区经济社会发展的作用显著增强。

（3）打造行业标杆示范，倾力培育家喻户晓的世界级企业。组织开展创新应用示范，将战略性新兴产业和“互联网+”相结合。一方面推动在省内工业互联网综合实力相对较强的地区和重点园区，创建若干个省级工业互联网产业示范基地，在区域和重点行业快速形成产业聚集效应。另一方面发挥龙头企业带动作用，促进行业产业链上下游企业共同升级，形成企业内外部全流程的可推广的应用模式和具有推广价值的典型经验。例如，西安市经开区正在以西部超导为典范，把一大批科技企业纳入“龙门计划”，目前正在培育科技小巨人企业300余家，而作为经开区第一家在科创板上市的公司，西部超导在2019年8月8日西安经开区科技创新提升路线图发布大会上再获经开区1 000万元奖励。

表6-10列示了陕西省部分战略性新兴产业上市公司的名称、证券代码、市值及所在产业。

表6-10　陕西省部分战略性新兴产业上市公司信息表

（按2019年7月市值排序）

序号	证券简称	证券代码	总市值（亿元）	所在产业
1	隆基股份	601012.SH	932.41	新能源产业（太阳能）
2	航发动力	600893.SH	528.71	高端装备制造产业（航空航天）
3	中航飞机	000768.SZ	455.72	高端装备制造产业（航空航天）
4	延安必康	002411.SZ	275.66	生物产业
5	西部超导	688122.SH	239.79	新一代信息技术新材料产业
6	彩虹股份	600707.SH	197.36	新一代信息技术产业（新型显示）
7	中国西电	601179.SH	187.61	高端装备制造产业（电力设备）
8	三角防务	300775.SZ	159.11	高端装备制造产业（航空航天）
9	陕鼓动力	601369.SH	106.98	高端装备制造产业（机械设备）
10	铂力特	688333.SH	67.12	高端装备制造产业（增材制造）

2）招商引资，优化营商环境

优化营商环境是以习近平同志为核心的党中央提出的经济发展新方略，也是党的“十九大”之后放管服改革的新目标。2019年10月，国务院公布了《优化营商环境条例》，以期通过制定专门的行政法规，从制度层面为优化营商环境提供更为有力的保障和支撑，持续优化营商环境，不断解放和发展社会生产力，加快建设现代化经济体系，推动高质量发展。由此可见，制定一系列有效措施，运用好政策手段，推动营商环境优化，是促进地区经济高质量发展的重要引擎。

本书以陕西省为例，有针对性地对营商环境优化进行了探讨。根据陕西省商务厅的数据，2018年陕西省实际利用外资68.5亿美元，同比增长16.2%；引进内资9 103.6亿元，同比增长15.1%。2018年陕西省总投资50亿元以上合同项目达128个，第三届丝博会暨西洽会签约省际合作合同项目1 249个，合同项目履约率达82.8%，整体保持稳定增长。

但仍需关注，根据表6-11，在2018年全国副省级城市利用外资排名中，西安市排名第7，而目标省份四川省省会成都市则排名第1。

表6-11 2010—2018年全国副省级城市利用外资情况表[①] 单位：亿美元

城市＼年份	2010年	2011年	2012年	2013年	2014年	2015年	2016年	2017年	2018年
成都市	64.10	65.50	85.90	87.60	87.60	75.20	86.20	100.41	120.30
武汉市	32.93	37.60	44.44	52.50	61.99	73.43	85.23	96.47	109.27
青岛市	28.43	36.34	46.00	55.22	60.80	66.90	70.00	77.40	86.90
深圳市	42.97	45.99	52.29	54.68	58.05	64.97	67.32	74.01	82.03
杭州市	43.56	47.22	49.61	52.76	63.35	71.13	72.09	66.10	68.30
广州市	39.79	42.70	45.75	48.04	51.07	54.16	57.01	62.89	66.11
西安市	15.67	20.05	24.78	31.30	37.03	40.08	45.05	53.07	63.54
宁波市	23.23	28.09	28.52	32.75	40.25	42.34	45.13	40.30	43.20
南京市	28.16	35.64	41.30	40.32	32.90	33.34	34.79	36.72	38.53
哈尔滨市	7.03	15.99	19.00	22.62	27.21	29.94	32.10	34.40	36.53
大连市	100.30	110.12	123.50	136.00	140.00	27.03	30.00	32.50	26.80
济南市	10.40	11.00	12.20	13.20	14.35	15.79	17.16	18.76	26.53
厦门市	16.97	17.26	15.95	18.57	19.71	20.94	22.24	23.78	19.00
沈阳市	50.50	55.00	58.00	58.10	22.70	10.60	8.20	10.10	14.30
长春市	26.70	30.80	36.80	44.40	50.00	56.60	65.00	74.20	3.30

而在自贸区利用外资排名中，陕西省自贸区共利用外资29.13亿美元，排名第7，仅相当于第1名广东省总额的8%，距离第6名四川省尚有3.04亿美元的差距。另外，依据《中国分省企业经营环境指数2017年报告》，陕西省企业经营环境指数在我国31个省市内排名较后，仅为第19位。

综合以上情况分析，陕西省当前招商引资增长迅速，取得明显成

① 表格数据来源链接：http：//cddrc.chengdu.gov.cn/cdfgw/fzggdt/2019-04/15/content_b13bd17b9f4745349e1e9c1ea4219cf4.shtml。

效，在质量与数量上都有显著的进步，但在全国范围内与领先省份相比还有较大差距，在短期内追平或赶超追赶省份还有一定难度。当前，陕西省仍需要紧抓招商引资工作，优化营商环境，为陕西省战略性新兴产业的发展提供良好的市场条件与发展氛围。

（1）继续把招商引资作为推进经济发展的“头号工程”，以全球视野谋划重大招商项目，引进一批产业带动力强、外向度高的大项目。同时，积极推动外资企业备案与工商登记实现“单一窗口、单一表格”受理模式和市场准入负面清单管理模式，全力打造西部最佳投资环境和投资洼地。

（2）利用好丝绸之路发源地的优势，按照《关中—天水经济区发展规划》和《关中平原城市群发展规划》的要求，沿着东、西、南、北、东南、西南、东北、西北八个方向分别建立对应发展带，拓宽辐射范围，连通陕西、山西、河南、甘肃等多个省份，力求促进协同发展。加快铁路、高速公路和国内国际航线的建设工作，继续办好丝绸之路博览会、欧亚经济论坛、杨凌农高会等重大会议或投资促进活动。持续推进中欧班列西安集结中心建设和陆海联运通道运营，以高质量发展助力西安高水平开放。

（3）严格执行《陕西省“一带一路”建设2020年行动计划》，推进国际产能合作中心深化拓展，提高科技教育中心影响力，促进国际文化旅游中心做强做优，加快丝绸之路金融中心创新发展。持续建好境内国际合作园区。鼓励省内各级开发区建设特色化、高端化国际产业合作园区。持续抓好中俄丝路创新园、中欧合作产业园、中韩产业园等国际合作园区建设。深度参与“一带一路”科技创新行动计划。积极建设科技创新平台，优化整合现有国际科技合作基地，形成“项目—人才—基地”相结合、渠道通畅的国际科技合作新模式。支持鼓励企业“走出去”“引进来”，在国内外科技资源密集区建立研发平台和海外创新服务平台。探索科研院所国际化试点，并争取国家支持。聚焦重点领域，部署一批高水平国际科技合作项目，提升陕西省科技创新能力。持续办好重大节庆活动。创新办好第七届丝绸之路国际艺术节、2020西安丝绸之路国际旅游博览会、2020世界文化旅游大会、丝绸之路万里行、第四届中德历史文化名城对话会等重大活动。强化顶层设计，印发实施《西安丝绸之路金融中心建设规划》及行动计划。加快发展壮大地方金融机构和新业态，吸引境内外各类金融机构落户陕西。加快建设丝路（西安）前海园，打造金融改革创新高地。

（4）在陕西省推进政府职能转变和“放管服”改革协调小组的带领下，持续推进“放管服”工作的开展，扎实做好审批事项清理、加强事中事后监管、优化政务服务等工作。例如，2019年8月14日，日本库里埃创新株式会社在西咸新区秦汉新城考察大健康产业，从考察到成立公司，仅用了半天时间。在现有基础上，陕西省应当进一步优化营商环境条例，从立法角度保护市场主体，开展规范中介服务、规范涉企收费、诚信体系建设、优化便民服务和促进政策落地实施5个专项行动。

3）加快落户，培育人才资源

根据图6-6，2010—2017年间陕西省普通高校毕业人数总体呈递增趋势，并于2016年首次突破30万人。而根据公安部门的数据，2017年3月到2018年4月西安先后6次升级调整户籍政策。自户籍新政实施以来至2018年年底，西安新增落户人口已超过105万人。截至2018年12月31日，西安户籍人口共计9 923 159人。

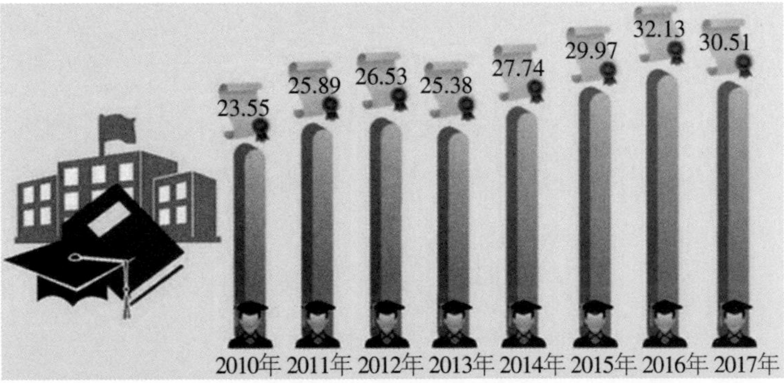

图6-6　2010—2017年陕西省普通高等学校毕业人数（单位：万人）

对于战略性新兴产业而言，政策扶持是利好，高端人才是根本。加大对高端人才、双创人才的扶持程度，优化就业与发展环境使高端人才留下来，是陕西省进行新旧动能转换工作的重要一环。只有将新兴人才引进来、留下来，形成人才高地，打造出一支科技创新的后备军，陕西省未来的经济发展才能拥有源源不断的力量。

在高端科技人才培育过程中，教育扮演着至关重要的角色。就陕西省来说，作为全国知名的教育大省，陕西省拥有包括西安交通大学、西北工业大学、西安电子科技大学等一大批高等院校，如何更好地培养人才、更好地留下人才就是陕西省的当务之急。我国各省市第四轮学科评估排名情况见表6-12。

表6-12　**我国各省市第四轮学科评估排名情况**

序号	省市	参评学科总数	占比	A+	A	A-	B+	B	B-及以下
1	北京	654	12.60%	93	39	62	104	85	271
2	江苏	466	8.98%	23	17	40	75	70	241
3	上海	350	6.74%	26	27	38	69	56	134
4	湖北	307	5.91%	14	10	28	53	48	154
5	陕西	263	5.07%	6	7	14	61	43	132

根据表6-12分析发现：陕西省高等教育资源在全国位居前列，综合排名第5位。但与前4名省份相比，陕西省内高校整体数量仍较少，学科发展呈现明显的正态分布，即A-以上学科数量少，大多数学科的评级位于B-至B+之间。为了培育人才资源，为新旧动能转换工作提供新力量，本书提出了如下针对性政策建议：

（1）进一步贯彻落实《推动非户籍人口在城市落户实施方案》，加快城镇化发展进程，加大力度吸引人才落户。对于取得国家认可的大专以上学历的高校毕业生、中等职业学校（含技工学校）毕业生、取得技术等级证书或职业资格证书的人员以及企事业单位需要的技术工人、留学归国人员，应提供便利的落户条件，引导高水平人才在陕西省安家就业。

（2）为落户人才提供更好的就业环境、工作环境、生活环境。在每年的3月至5月和9月至11月两个毕业生就业的关键时期，推动人社部门与优秀企业合作，在全省各城市、各高校有针对性地举办专场招聘会，广泛吸引国内外英才在陕西省扎根创业。

（3）适当扩大高端人才（如三秦人才、其他省级人才称号）的规模和支持力度，提高高端人才工资、福利待遇；加快配套政策出台与配套措施落地，为高端人才在住房、婚育、子女上学等方面提供便利条件，呼吁企业保障落户人才的劳动权益。

（4）积极推动陕西省高等教育事业的进一步发展，争取在未来一段时间内设立更多的高等院校，培养更多的优势专业，扩大研究生招生规模，形成国内高层次人才输出基地。现有院校应在教育部门的关怀与支持下，积极加强专业建设与人才培养，争取在下一次学科评估中提高学科评级，加快推进一大批高校专业向A-及以上级别的要求靠拢。坚持做大留陕高层次人才基数，改善全省劳动力素质，创造陕西省高等教育发展的新局面。

4）加强交流，学习先进经验

他山之石，可以攻玉。我国各省市在推进新旧动能转换的过程中应当在现有基础上加强学习与交流，通过借鉴成功先例与领先省份的先进经验，结合自身实际，对照弥补不足。例如，作为拥有新旧动能转换综合试验区，即党的十九大后获批的首个区域性国家发展战略综合试验区，也是中国第一个以新旧动能转换为主题的区域发展战略综合试验区的山东省，在新旧动能转换方面充分发挥着领头羊的作用，能够为全国其他省市推进新旧动能转换、促进经济高质量发展提供有效的经验借鉴和成功典范。

以陕西省为例，尽管陕西省自2017年全面开展新旧动能接续转换工作以来已经取得了显著的成效，但距离完成预期目标还有一定距离，与全国领先省份相比还有较大差距。

参考山东省《关于支持新旧动能转换重大工程的若干财政政策》以及《关于支持新旧动能转换重大工程若干税收政策的实施意见》，陕西省可就如下方面有针对性地制定财政政策。

（1）建立与新旧动能转换成效挂钩的转移支付分配机制。省级财政转移支付分配与各地新旧动能转换成效挂钩，根据各市经济运行质量效益、创新驱动发展、对外开放、生态环保、旧动能淘汰等新旧动能转换综合考核评价结果，予以分档奖励，形成“动能转换越快、成效越大，得实惠越多”的激励机制。

（2）建立财政收入结构优化奖励机制。对年度税收占一般公共预算收入比重提高幅度超过全省平均水平，增值税、企业所得税、个人所得税等主体税收占一般公共预算收入比重高于全省平均水平，且财政收入保持增长的城市，按一定比例给予奖励，引导各地切实提高财政收入质量。

（3）建立高新技术企业税收增长奖励机制。对经认定的高新技术企业缴纳的增值税、企业所得税上缴省级增量部分，按一定比例奖励所在城市，引导各地培育壮大高技术产业。

（4）建立“飞地”项目税收利益分享机制。对省内各级政府引导的企业跨区域异地投资建设重大产业项目，打破行政区域界限，建立项目转出地与转入地主体税收共享制度。

（5）设立项目基金，由具备资质的市场化投资机构担任。重点投资省委、省政府确定的“双招双引”重大产业项目、各类创新型企业和省级重点人才创新创业项目，着力支持战略性新兴产业发展与转型升级。

6.3.2 企业层面

企业应提供更多更好的工作岗位，努力提高员工薪酬和福利待遇。例如作为全国优秀大学聚集地之一的陕西省，虽然具有丰富的在校大学生资源，但统计数据表明，陕西省职工工资水平低于全国平均水平，这不利于把大量高校毕业生留在陕西，全省高新技术企业应该充分利用陕西省高教资源的优势，为企业积蓄科技创新后备力量，提高科技人才在全国的竞争力。

6.4 本章小结

本书从我国各省市的经济高质量发展现状的角度出发，同时主要以陕西省为例，对陕西省经济发展质量相关数据进行了深入分析。具体来说，本书首先分析了陕西省经济高质量发展现状，进而着力对比陕西省与全国其他省市在创新研发投入和新旧动能转换方面经济发展质量的表现，最后通过问题发现，提出一系列针对性建议，以期为各省市分析自身在实现经济高质量发展过程中存在的问题并设计改进方案提供参考。

陕西省相关数据显示，虽然研发投入强度总体来说不断提高，在我国各省市中排名也居于中上游，但尚未进入前十名的领先梯队，需要进一步激发企业自主研发热情。而陕西省内不同地市、不同行业及不同类型企业之间研发投入程度也存在明显不均衡现象，西安市、宝鸡市和汉中市的研发投入强度遥遥领先，2019年铁路、船舶、航空航天和其他运输设备制造业，计算机、通信和其他电子设备制造业，汽车制造业，电气机械和器材制造业等行业也远远超过其他行业占据了陕西省研发投入的极大比重，相比之前，高技术产业研发投入不断增加，部分传统行业研发投入也开始逐渐发力。

在提高创新研发投入的基础上，从新旧动能转换这一经济高质量发展的关键要素角度来说，我国各省市促进新旧动能转换的脚步不断加快，一些省市例如山东省已通过建立新旧动能转换综合试验区，逐步成为我国新旧动能转换发展过程中的领先省份。相比之下，陕西省目前以推动发展战略性新兴产业为核心，从“加强产业技术创新平台建设、培育发展战略性新兴产业和推动产业转型升级”三个方面展开了新旧动能接续转换工作，从而致力于培养陕西省经济发展的新动能，为陕西省经济的持续增长提供新的助推剂。陕西省新旧动能接续转换工作尽管已经取得了可见的喜人成果，但总体而言暂时还处于起步阶段，仍需进一步开展或加强相关领域政策的制定和落实。

进一步地，本书分析归纳了目前经济发展质量现状中存在的相应问题。具体来说，在研发投入方面，本书发现陕西省创新研发投入位于全国第10~20名的区间内，研发投入强度更是位于第10名左右，但具体创新研发水平仍与全国平均水平存在差距，说明多数省市的创新研发投入都低于全国平均水平，因此以陕西省为代表的较多省市在进入创新前沿省市队伍的道路上仍有较大上升空间；同时，陕西省作为全国知名的科教大省，其自主创新活动也呈现向高技术行业集中、地区发展不平衡的特点。而在新旧动能转换方面，本书发现虽然我国部分省份（如山东省）的新旧动能转换相关工作已取得了丰富的经验和卓有成效的成果，起到了领头羊的作用，但是多数省市的新旧动能转换工作仍处于起步阶段，存在较多问题和不足。以陕西省为例，本书发现其在推进新旧动能转换过程中仍存在“五上”企业数量偏少、高技术产业增长放缓、战略性新兴产业中非公经济发展不充分等问题。

基于上述分析，本书从经济高质量发展的视角出发，并具体从研发投入和新旧动能转换角度助推经济高质量发展等方面提出了针对性建议。具体来说，在政府层面，本书提出了依据资源禀赋确立发展重点、优化营商环境推动招商引资、通过推动落户政策培育人才资源、加强交流学习以吸收先进经验等建议；而在企业层面，本书建议要不断改善岗位供应和薪酬待遇。

7 税收优惠政策实施现状、问题与完善

研发能力是企业增强竞争力的重要保障，自主研发活动投资大、周期长、风险高，与研发费用相关的税收政策在很大程度上支持和促进了企业的自主研发。因此，本章首先围绕税收优惠政策落实现状展开研究和讨论，具体运用我国各省市税收优惠政策落实情况相关数据，并以陕西省，即我国具备较强自主研发实力的重要科教高地的省份作为典型案例进行深入分析，同时主要从研发费用加计扣除政策这一具有企业普适性的企业自主研发税收优惠政策的角度出发总结了关于自主研发税收优惠政策的概况；进一步地，本书基于以研发费用加计扣除政策为代表的一系列税收优惠政策在促进创新研发投入提升和加快实现新旧动能转换方面的实施现状，总结出所存在的相应问题及其成因，从而提炼出更具一般性和问题针对性的政策建议，力求为我国各省市运用好税收优惠政策，以期推进自主研发、拉动经济高质量发展提供有力参考。

7.1 税收优惠政策的现状分析：以陕西省为例

7.1.1 陕西省税收规模现状分析

2018年，陕西省全年生产总值24 438.32亿元，较上年增长8.3%，在全国GDP增速放缓的背景下不降反升（如图7-1所示）。这一现象得益于新一届省委省政府积极在陕西省开展新旧动能接续转换工作，以“新产业、新模式、新技术、新业态”为特点的经济增长新动能成为陕西省宏观经济新的助推剂。在生产总值保持稳步增长的同时，陕西省税收情况很好地从侧面反映了减税降费系列政策的落实效果与经济增长的动能转换情况。

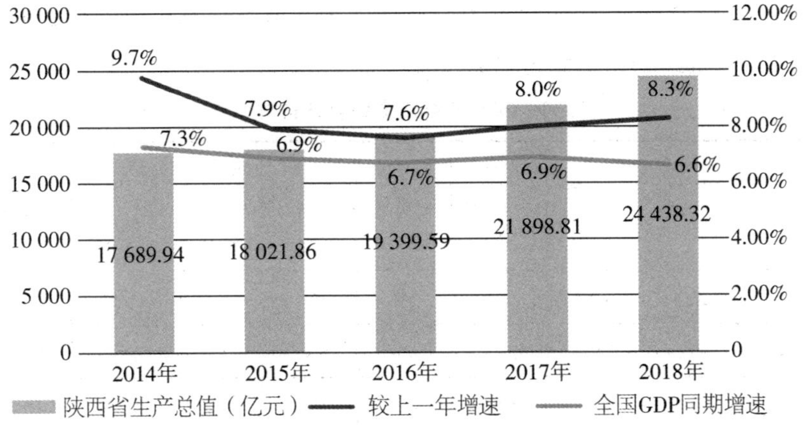

图7-1 2014—2018年陕西省GDP总值、增速及全国GDP同期增速对比图[①]

2015—2016年，随着“营改增”的全面推行，一大批原需缴纳营业税的现代服务业开始改征增值税，税率相比降低，抵扣环节完善。2016年陕西省税收总量在2015年的基础上下降了9.1%，反映出“营改增”切实为企业减轻了税收负担。而自2017年以来，陕西省开始推动新旧动能接续转换工作后，税收总量又开始了新一轮快速上涨，2017年、2018年全省税收总量同比增速分别为27.12%、16.29%。这一现象

① 数据来源：国家统计局，陕西省统计局。

正说明了当前陕西省新兴产业发展迅速（如图7-2所示），新旧动能转换工作进展得当。

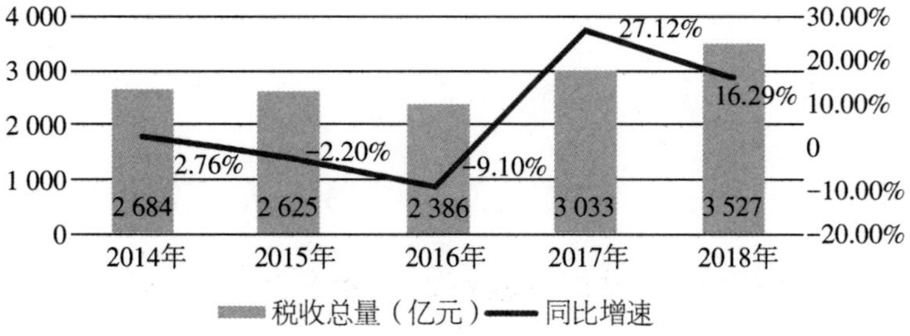

图7-2 2014—2018年陕西省税收总量及同期增速对比图①

7.1.2 陕西省税收结构的现状分析

在分析税收总量的基础上，对税收结构进行分析能更清晰地反映税收政策的变化趋势和部分产业的发展情况。本书总结了陕西省2010—2017年税收结构，具体见表7-1。

表7-1 **2010—2017年陕西省税收结构对比表**

年份	增值税（1）	营业税（2）	企业所得税（3）	个人所得税（4）	资源税（5）	城市维护建设税(6)	流转税(7)=(1)+(2)	所得税(8)=(3)+(4)
2010	20%	37%	12%	5%	3%	7%	57%	17%
2011	19%	36%	13%	5%	5%	7%	55%	18%
2012	17%	35%	14%	4%	5%	7%	52%	18%
2013	16%	34%	12%	4%	6%	7%	50%	16%
2014	19%	30%	12%	4%	6%	7%	49%	16%
2015	18%	31%	11%	4%	7%	6%	49%	15%
2016	50%	17%	11%	5%	7%	7%	67%	16%
2017	47%	0	12%	5%	10%	7%	47%	17%

在不考虑关税的情况下，流转税在陕西省税收结构中的比重基本维持在50%左右。随着“营改增”的全面推行，增值税成为税收结构中

① 数据来源：国泰安数据库、国家税务总局陕西省税务局。

占比最大的税种。与流转税相比，所得税变化十分平稳，始终维持在17%左右。其中，企业所得税比重略有增加，个人所得税比重基本保持在5%左右。资源税随着陕西省能源工业的转型发展出现了较为明显的增长，由2010年3%上升为2017年10%。其他未列出比例的小税种虽然规模小、占比低，但也为陕西省优化资源配置、引导企业行为、调整产业结构产生了积极的作用。

7.1.3 陕西省税收优惠政策的现状分析

陕西省早在2009年就开始对战略性高新技术产业、新兴产业基于税收进行优惠。陕西战略性新兴产业可以适用的税收优惠政策分布于多个税种。

1）企业所得税优惠政策

自2017年以来，财政部、国家税务总局加大对于战略性新兴产业的优惠力度，陆续出台多部优惠政策，通过低税率、加计费用扣除、减计收入、税额抵免等多种税收优惠方式，为扶持和鼓励战略性新兴产业的发展发挥了积极作用。

（1）研发费用加计扣除方面：战略性新兴产业领域的企业为开发新技术、新产品、新工艺发生的研发费用，在2018年1月1日至2020年12月31日期间，再按照实际发生额的75%在税前加计扣除；形成无形资产的，在上述期间按照无形资产成本的175%在税前摊销。

（2）技术转让所得税方面：符合条件的技术转让所得免征、减征企业所得税，指的是一个纳税年度内，居民企业技术转让所得不超过500万元的部分，免征企业所得税；超过500万元的部分，减半征收企业所得税。

（3）高新技术企业所得税税率方面：居民企业被认定为高新技术企业，同时又符合软件生产企业和集成电路生产企业定期减半征收企业所得税优惠条件的，该居民企业的所得税适用税率可以选择适用高新技术企业的15%税率，也可以选择依照25%的法定税率减半征税。

（4）西部地区鼓励类产业税收优惠方面：陕西省战略性新兴产业企业，以高精密核仪器、仪表的开发制造，三网融合类业务平台、通信、有线电视网络升级改造及设备制造，高效生物反应器，高密度培养技术，佐剂、悬浮培养、发酵培养等符合西部地区鼓励类产业目录的项目的企业减按15%税率征收企业所得税。

2）增值税优惠政策

在2018年、2019年两次减税过程中，电信服务（增值电信服务）、现代服务（研发和技术服务、信息技术服务、文化创意服务）、生活服务（教育医疗服务、旅游娱乐服务）的适用税率均从10%降至9%再降至6%。上述减税政策将会实质性地影响陕西省包括通信、集成电路设计与制造、互联网信息服务、智能制造、创新创业、智慧医疗、文化旅游在内的众多产业及相关企业。

此外，在出口退免税方面，生物医药产业，生物医药产品及国家产业政策鼓励出口的高科技产品，出口退税率由13%提升至17%；基因重组人胰岛素冻干粉、艾滋病药物等生物医药商品的出口退税率由5%分别提升至13%和11%。新能源产业，销售自产的以废弃酿酒底锅水和酒糟为原料生产的沼气、活性炭、蒸汽、白炭黑，以煤泥、石煤等生产的电力及热力所获得的增值税实行即征即退50%政策。新材料产业，自产部分新型墙体材料产品销售所获得的增值税收入实行即征即退50%政策。先进装备制造业，分立器件、移动通信基地站、路由器、集成电路、以太网络交换机、液晶显示器、硬盘驱动器、数控机床等IT产品出口退税率由现行13%提升至17%；航空惯性导航仪、核反应堆、粒子射线检测仪等产品出口退税率由13%、14%提升至17%。

7.1.4 关于陕西省研发费用加计扣除政策实施现状的进一步分析

首先，在陕西省税务系统的支持下，本书的研究团队自2013年10月起对陕西省195家企业进行了为期一年半的问卷调查工作[①]，获取了这195家企业2008—2012年执行加计扣除政策的一手数据。其次，为了实地获取企业执行政策的反馈意见，研究团队对西安市高新区和西安市

① 调查问卷见附录1。

阎良区数家大型企业进行了实地访谈[①]，以了解研发费用加计扣除政策对公司研发、税收和业绩等方面的主要影响，以及公司在执行政策中遇到的主要问题。再次，鉴于上市公司信息公开披露的特征，研究团队对陕西省内44家上市公司数据进行手工搜索，整理了这些公司2013—2016年政策执行的最新数据。最后，为了对比陕西省与全国其他省市，以及陕西省内各地市研发费用加计扣除政策执行效果的差异，本书的研究团队通过《中国科技统计年鉴》、《中国区域创新能力检测报告》和《陕西科技年鉴》整理了相关数据。在此基础上，研究团队对陕西省现行研发费用加计扣除政策实施中的问题进行了总结，并探究归纳了影响政策实施有效性的可能原因。

1）陕西省与全国其他省市研发费用加计扣除政策实施情况对比分析

本书就陕西省在现有研发投入水平下对研发费用加计扣除政策的实施情况分为与我国各省市的对比、省内实施情况特点两部分进行了分析。需要说明的是，分析陕西省的省内政策实施特点依据的是2012—2016年的数据，但是考虑我国各省市相关数据报告的可获得性，本书在陕西省与我国各省市的对比中主要根据2013—2015年的情况进行分析。

（1）陕西省与全国其他省市研发费用加计扣除减免税额统计

随着我国研发费用加计扣除优惠政策的颁布和逐步完善，各省市有关部门均对这一政策做出了积极响应，对当地企业的研发活动相关费用予以了所得税减免优惠，为企业创新行为带来了一定程度的扶持和帮助。基于中华人民共和国科学技术部每年所披露的《中国区域创新能力监测报告》及部分省市科技厅所发布的本省市科技年鉴中关于我国各省市的研发费用加计扣除减免税额及名次，本书汇总了2012年以来陕西省及2013—2016年我国其他各省市研发费用加计扣除政策的实施情况，从而形成了表7-2。进一步地，本书以陕西省为例进行了深入分析，在表7-2的基础上摘录了陕西省政策实施水平具体数据，分别与西部地区其余各省市、相邻或发展程度相近省市的相关数据进行了对比，分别形成了表7-3和表7-4。同时，将陕西省研发费用加计扣除减免税额在全国减免税收总额中的比重等情况汇总形成了图7-3。

① 具体访谈问题见附录2、附录3。

表7-2　　我国各省市研发费用加计扣除税额统计

年份 地区	2013年			2014年			2015年			2016年		
	加计扣除税额(亿元)	占全国比重（%）	排名	加计扣除税额(亿元)	占全国比重(%)	排名	加计扣除税额(亿元)	占全国比重(%)	排名	加计扣除税额(亿元)	占全国比重(%)	排名
全国	333.70	—	—	379.76	—	—	449.27	—	—	489.08	—	—
陕西省	12.78	3.83	9	7.32	1.93	16	8.05	1.79	16	8.19	1.67	19
北京市	8.91	2.67	14	9.15	2.41	11	9.69	2.16	13	9.74	1.99	16
天津市	6.97	2.09	17	7.15	1.88	17	5.09	1.13	20	13.46	2.75	12
河北省	8.24	2.47	15	8.64	2.28	15	9.56	2.13	14	10.04	2.05	14
山西省	5.51	1.65	18	6.17	1.63	18	5.87	1.31	18	5.29	1.08	20
内蒙古自治区	2.20	0.66	22	2.91	0.77	21	2.10	0.47	23	2.36	0.48	23
辽宁省	10.54	3.16	10	8.99	2.37	12	8.65	1.93	15	10.00	2.04	15
吉林省	18.82	5.64	5	32.10	8.45	5	13.55	3.02	9	10.52	2.15	13
黑龙江省	2.14	0.64	23	2.56	0.68	23	2.17	0.48	22	3.16	0.65	21
上海市	29.87	8.95	4	34.64	9.12	4	42.38	9.43	4	42.13	8.61	4

续表

年份 地区	2013年			2014年			2015年			2016年		
	加计扣除税额(亿元)	占全国比重（%）	排名	加计扣除税额(亿元)	占全国比重(%)	排名	加计扣除税额(亿元)	占全国比重(%)	排名	加计扣除税额(亿元)	占全国比重(%)	排名
江苏省	41.68	12.49	3	49.30	12.98	2	59.65	13.28	2	83.14	17.00	2
浙江省	42.11	12.62	2	42.84	11.28	3	51.46	11.45	3	59.13	12.09	3
安徽省	9.21	2.76	13	10.20	2.69	10	11.37	2.53	11	17.53	3.58	7
福建省	7.78	2.33	16	8.68	2.29	14	9.74	2.17	12	14.11	2.89	10
江西省	3.74	1.12	20	4.70	1.24	19	5.31	1.18	19	9.23	1.89	17
山东省	15.52	4.65	6	18.50	4.87	6	17.83	3.97	6	18.62	3.81	5
河南省	9.38	2.81	12	11.97	3.15	9	12.94	2.88	10	13.89	2.84	11
湖北省	15.28	4.58	7	15.92	4.19	7	19.25	4.29	5	14.21	2.91	9
湖南省	14.85	4.45	8	13.23	3.48	8	16.56	3.69	7	17.86	3.65	6
广东省	44.35	13.29	1	62.04	16.34	1	108.68	24.19	1	89.02	18.20	1
广西壮族自治区	3.20	0.96	21	2.71	0.71	22	3.12	0.69	21	3.09	0.63	22

续表

年份 地区	2013年			2014年			2015年			2016年		
	加计扣除税额(亿元)	占全国比重（%）	排名	加计扣除税额(亿元)	占全国比重（%）	排名	加计扣除税额(亿元)	占全国比重（%）	排名	加计扣除税额(亿元)	占全国比重（%）	排名
海南省	0.57	0.17	29	0.66	0.17	27	0.58	0.13	27	0.45	0.09	29
重庆市	3.84	1.15	19	4.04	1.06	20	6.91	1.54	17	8.56	1.75	18
四川省	9.61	2.88	11	8.86	2.33	13	14.25	3.17	8	16.85	3.45	8
贵州省	0.80	0.24	27	0.53	0.14	28	0.60	0.13	27	1.37	0.28	27
云南省	1.37	0.41	26	1.41	0.37	25	1.06	0.24	25	1.48	0.30	26
西藏自治区	0.00	0.00	31	0.06	0.02	31	0.02	0.01	31	0.11	0.02	31
甘肃省	1.54	0.46	25	1.13	0.30	26	0.76	0.17	26	1.81	0.37	25
青海省	0.13	0.04	30	0.45	0.12	30	0.11	0.03	30	0.25	0.05	30
宁夏回族自治区	0.63	0.19	28	0.49	0.13	29	0.41	0.09	29	1.14	0.23	28
新疆维吾尔自治区	2.14	0.64	23	2.40	0.63	24	1.55	0.35	24	2.34	0.48	24

数据来源：《中国区域创新能力监测报告》，中华人民共和国科学技术部；本省（自治区、直辖市）科技年鉴，省（自治区、直辖市）科技厅官方网站。

表7-3 西部地区各省市（含陕西省）研发费用加计扣除税额对比统计

年份 地区	2013年			2014年			2015年			2016年		
	加计扣除税额（亿元）	占全国比重（%）	排名	加计扣除税额（亿元）	占全国比重（%）	排名	加计扣除税额（亿元）	占全国比重（%）	排名	加计扣除税额（亿元）	占全国比重（%）	排名
陕西省	12.78	3.83	1	7.32	1.93	2	8.05	1.79	2	8.19	1.67	3
四川省	9.61	2.88	2	8.86	2.33	1	14.25	3.17	1	16.85	3.45	1
重庆市	3.84	1.15	3	4.04	1.06	3	6.91	1.54	3	8.56	1.75	2
广西壮族自治区	3.20	0.96	4	2.71	0.71	5	3.12	0.69	4	3.09	0.63	4
贵州省	0.80	0.24	9	0.53	0.14	9	0.60	0.13	9	1.37	0.28	9
云南省	1.37	0.41	8	1.41	0.37	7	1.06	0.24	7	1.48	0.30	8
西藏自治区	0.00	0.00	12	0.06	0.02	12	0.02	0.01	12	0.11	0.02	12
内蒙古自治区	2.20	0.66	5	2.91	0.77	4	2.10	0.47	5	2.36	0.48	5
甘肃省	1.54	0.46	7	1.13	0.30	8	0.76	0.17	8	1.81	0.37	7
青海省	0.13	0.04	11	0.45	0.12	11	0.11	0.03	11	0.25	0.05	11
宁夏回族自治区	0.63	0.19	10	0.49	0.13	10	0.41	0.09	10	1.14	0.23	10
新疆维吾尔自治区	2.14	0.64	6	2.40	0.63	6	1.55	0.35	6	2.34	0.48	6

表7-4 陕西省与相邻（或发展水平相近）省市研发费用加计扣除税额对比统计

年份 地区	2013年			2014年			2015年			2016年		
	加计扣除税额（亿元）	占全国比重（%）	排名	加计扣除税额（亿元）	占全国比重（%）	排名	加计扣除税额（亿元）	占全国比重（%）	排名	加计扣除税额（亿元）	占全国比重（%）	排名
陕西省	12.78	3.83	3	7.32	1.93	7	8.05	1.79	7	8.19	1.67	8
四川省	9.61	2.88	4	8.86	2.33	5	14.25	3.17	3	16.85	3.45	3
重庆市	3.84	1.15	9	4.04	1.06	9	6.91	1.54	8	8.56	1.75	7
湖北省	15.28	4.58	1	15.92	4.19	1	19.25	4.29	1	14.21	2.91	4
湖南省	14.85	4.45	2	13.23	3.48	2	16.56	3.69	2	17.86	3.65	1
河北省	8.24	2.47	7	8.64	2.28	6	9.56	2.13	6	10.04	2.05	6
河南省	9.38	2.81	5	11.97	3.15	3	12.94	2.88	4	13.89	2.84	5
内蒙古自治区	2.20	0.66	10	2.91	0.77	10	2.10	0.47	10	2.36	0.48	10
甘肃省	1.54	0.46	11	1.13	0.30	11	0.76	0.17	11	1.81	0.37	11
山西省	5.51	1.65	8	6.17	1.63	8	5.87	1.31	9	5.29	1.08	9
宁夏回族自治区	0.63	0.19	12	0.49	0.13	12	0.41	0.09	12	1.14	0.23	12
安徽省	9.21	2.76	6	10.20	2.69	4	11.37	2.53	5	17.53	3.58	2

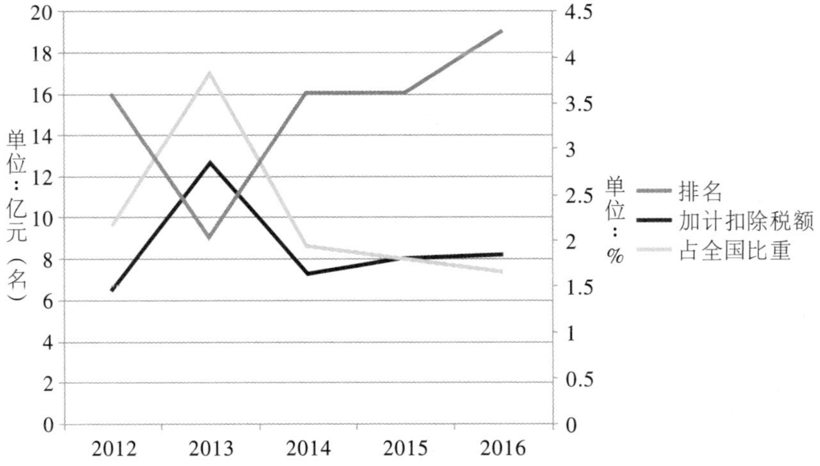

图7-3　陕西省研发费用加计扣除减免税额在全国占比统计

由表7-2可看出，我国各省市税额波动情况差异明显，说明在我国研发费用加计扣除政策下我国各省市进行研发活动的企业获得优惠的程度各有不同，一定程度上证明了各省市对这一政策的实施效果有高有低；同时，广东省、江苏省、浙江省、上海市的加计扣除减免税额在我国各省市中一直稳居前四位，说明我国东南沿海地区在加计扣除政策落实方面表现更为突出，而西部地区除了四川省外，大部分省市的减免税额水平都位于中下游位置，说明政策实施效果不够理想。图7-3则反映出：首先，陕西省研发费用加计扣除政策所减免的税额总体来说逐年上升，说明企业研发费用支出明显增加的同时，研发费用加计扣除税收政策优惠数额也不断加大；其次，陕西省实际利用研发费用加计扣除政策所提供的税收优惠力度在我国各省市中通常处于第16位，较少出现改善，并在2016年下降至第19位，在全国研发费用加计扣除减免税收总额中的占比甚至持续出现下滑，说明陕西省研发费用加计扣除政策的实施情况未能赶超其他省市，为本省企业的创新研发提供的实惠力度稍显不足，对本省企业的创新研发活动激励作用也有待提高。而表7-3和表7-4中的数据说明：首先，陕西省在西部地区12个省市中一直稳居前三，但是2013—2016年间名次呈逐步下降趋势，已从第1名下降至第3名，说明陕西省研发费用加计扣除政策落实力度虽在西部地区范围内表现突出，但是已有被其他省市逐步赶超的趋势，同时西部地区研发费用加计扣除政策优惠程度整体偏低，明显弱于其他地区，尤其是东南沿海各省市，因此难以体现陕西省研发费用加计扣除政策实施力度的真正水平；其次，与周围相邻省市和发展水平相近的省市相比，陕西省所减免的税额排名一直位于中下游，且名次不断下降，说明与邻近或发展水平相近的省市相比陕西省的优惠程度相对较弱，一定程度上体现出陕西省在提高研发费用加计扣除政策实施效果这一问题上相比较其他省市仍有较大进步空间，需要进一步加大税收优惠政策的落实力度。

（2）陕西省与全国其他省市研发费用加计扣除政策促进研发投入效果对比分析

为了分析研发费用加计扣除减免税额和研发投入强度的匹配程度，从而反映陕西省研发费用加计扣除政策执行力度，本书根据研发费用加计扣除减免税额和研发投入强度的排名情况编制了表7-5和表7-6，对各省市创新能力和减免税额指标水平之间的匹配情况进行了分析，其中研发投入强度排名与减免税额排名正向差额越大，说明研发投入强度匹配的减免税额力度越大，研发费用加计扣除政策执行得越好。此外，本书还根据表7-5、表7-6中陕西省研发投入和税收减免两方面匹配程度的名次数据，通过对比历年表现进一步分析了陕西省研发费用加计扣除政策的执行力度变化。

将表7-5、表7-6的数据综合来看可以发现，各省市在各项指标的排名中各有优势，但是多数省市政策优惠力度与创新能力匹配度相对较低，说明研发费用加计扣除政策的实施效果尚有不足，该政策的激励作用未得到充分发挥，研发费用加计扣除政策的税额减免幅度大多落后于研发投入规模的增加幅度。以陕西省为例，表7-5中两项指标名次对比结果显示，陕西省在2013—2016年间研发投入强度全国排名逐步超过加计扣除减免税额的排名，体现出的政策落实程度在我国各省市中也逐渐下降至第20多名。同时，从表7-6中陕西省加计扣除减免税额与企业研发支出的比值排名可看出，2013—2016年间陕西省分列第2、第9、第11、第15名，名次逐年下降，这两项结果更加表明，陕西省的研发费用加计扣除政策优惠力度明显落后于陕西省的研发活动相关指标，这种落后导致陕西省研发费用加计扣除政策执行力度在各省市之中处于中

表7-5

我国各省市指标排名情况对比

年份 地区	2013年				2014年				2015年				2016年			
	研发费用加计扣除减免税额排名①	企业研发投入强度排名②	差额②-①	差额排名	研发费用加计扣除减免税额排名①	企业研发投入强度排名②	差额②-①	差额排名	研发费用加计扣除减免税额排名①	企业研发投入强度排名②	差额②-①	差额排名	研发费用加计扣除减免税额排名①	企业研发投入强度排名②	差额②-①	差额排名
全国	—	—	—	—	—	—	—	—	—	—	—	—	—	—	—	—
陕西省	9	12	3	8	16	11	-5	25	16	11	-5	23	19	12	-7	25
北京市	14	3	-11	28	11	4	-7	26	13	3	-10	29	16	5	-11	29
天津市	17	4	-13	31	17	5	-12	30	20	5	-15	31	12	3	-9	27
河北省	15	18	3	8	15	18	3	10	14	18	4	6	14	19	5	6
山西省	18	15	-3	20	18	15	-3	19	18	16	-2	19	20	17	-3	20
内蒙古自治区	22	18	-4	22	21	19	-2	18	23	18	-5	23	23	21	-2	18
辽宁省	10	16	6	6	12	16	4	7	15	15	0	13	15	15	0	14
吉林省	5	31	26	1	5	29	24	1	9	28	19	1	13	28	15	1
黑龙江省	23	14	-9	27	23	14	-9	27	22	14	-8	26	21	14	-7	25
上海市	4	1	-3	20	4	1	-3	19	4	1	-3	21	4	1	-3	20
江苏省	3	6	3	8	2	6	4	7	2	6	4	6	2	6	4	9

续表

年份/地区	2013年				2014年				2015年				2016年			
	研发费用加计扣除减免税额排名①	企业研发投入强度排名②	差额②-①	差额排名	研发费用加计扣除减免税额排名①	企业研发投入强度排名②	差额②-①	差额排名	研发费用加计扣除减免税额排名①	企业研发投入强度排名②	差额②-①	差额排名	研发费用加计扣除减免税额排名①	企业研发投入强度排名②	差额②-①	差额排名
浙江省	2	4	2	12	3	2	-1	15	3	2	-1	17	3	1	-2	18
安徽省	13	13	0	16	10	13	3	10	11	13	2	11	7	12	5	6
福建省	16	9	-7	24	14	10	-4	23	12	11	-1	17	10	11	1	13
江西省	20	29	9	3	19	27	8	3	19	26	7	5	17	24	7	4
山东省	6	11	5	7	6	11	5	6	6	10	4	6	5	10	5	6
河南省	12	20	8	4	9	23	14	2	10	24	14	2	11	23	12	3
湖北省	7	10	3	8	7	9	2	12	5	9	4	6	9	9	0	14
湖南省	8	8	0	16	8	7	-1	15	7	7	0	13	6	8	2	12
广东省	1	2	1	13	1	2	1	13	1	4	3	10	1	4	3	10
广西壮族自治区	21	22	1	13	22	26	4	7	21	29	8	4	22	29	7	4
海南省	29	17	-12	29	27	17	-10	29	27	16	-11	30	29	26	-3	20
重庆市	19	7	-12	29	20	8	-12	30	17	8	-9	28	18	7	-11	29

续表

地区＼年份	2013年				2014年				2015年				2016年			
	研发费用加计扣除减免税额排名①	企业研发投入强度排名②	差额②-①	差额排名	研发费用加计扣除减免税额排名①	企业研发投入强度排名②	差额②-①	差额排名	研发费用加计扣除减免税额排名①	企业研发投入强度排名②	差额②-①	差额排名	研发费用加计扣除减免税额排名①	企业研发投入强度排名②	差额②-①	差额排名
四川省	11	23	12	2	13	21	8	3	8	21	13	3	8	22	14	2
贵州省	27	23	-4	22	28	25	-3	19	27	25	-2	19	27	24	-3	20
云南省	26	27	1	13	25	24	-1	15	25	18	-7	25	26	15	-11	29
西藏自治区	31	23	-8	25	31	31	0	14	31	31	0	13	31	31	0	14
甘肃省	25	23	-2	18	26	22	-4	23	26	23	-3	21	25	19	-6	24
青海省	30	28	-2	18	30	27	-3	19	30	30	0	13	30	30	0	14
宁夏回族自治区	28	20	-8	25	29	20	-9	27	29	21	-8	26	28	18	-10	28
新疆维吾尔自治区	23	30	7	5	24	30	6	5	24	26	2	11	24	27	3	10

注：差额=企业研发投入强度排名-研发费用加计扣除减免税额排名。差额数值越大，研发投入强度排名越落后于研发费用加计扣除减免税额排名，说明在当前研发投入强度下，研发费用加计扣除政策落实力度更为理想，因此可以认为，我国各省市中差额排名靠前的省市其研发费用加计扣除政策落实力度也居于全国前列。

表7-6 **我国各省市研发费用加计扣除税额与研发支出比值名次表**

地区＼年份	2013年			2014年			2015年			2016年		
	加计扣除税额（亿元）	企业研发支出（亿元）	比值排名	加计扣除税额（亿元）	企业研发支出（亿元）	比值排名	加计扣除税额（亿元）	企业研发支出（亿元）	比值排名	加计扣除税额（亿元）	企业研发支出（亿元）	比值排名
全国	333.70	—	—	379.76	—	—	449.27	—	—	489.09	—	—
陕西省	12.78	141.81	2	7.32	160.69	9	8.05	172.58	11	8.19	184.42	15
北京市	8.91	216.46	11	9.15	233.50	14	9.69	244.09	14	9.74	254.84	18
天津市	6.97	301.65	25	7.15	322.81	29	5.09	352.67	29	13.46	349.96	17
河北省	8.24	234.85	17	8.64	260.67	19	9.56	285.81	21	10.04	308.66	25
山西省	5.51	124.41	10	6.17	124.70	7	5.87	100.89	7	5.29	97.63	8
内蒙古自治区	2.20	101.49	28	2.91	108.03	24	2.10	118.63	25	2.36	127.99	30
辽宁省	10.54	335.42	21	8.99	324.23	21	8.65	241.88	17	10.00	242.06	16
吉林省	18.82	70.01	1	32.10	78.94	1	13.55	86.15	1	10.52	90.86	2
黑龙江省	2.14	95.87	27	2.56	95.58	25	2.17	88.04	23	3.16	88.49	22
上海市	29.87	409.30	3	34.64	449.22	3	42.38	474.24	2	42.13	490.08	3

续表

年份 地区	2013年			2014年			2015年			2016年		
	加计扣除税额（亿元）	企业研发支出（亿元）	比值排名	加计扣除税额（亿元）	企业研发支出（亿元）	比值排名	加计扣除税额（亿元）	企业研发支出（亿元）	比值排名	加计扣除税额（亿元）	企业研发支出（亿元）	比值排名
江苏省	41.68	1 249.94	19	49.30	1 376.54	17	59.65	1 506.51	15	83.14	1 657.54	11
浙江省	42.11	689.26	5	42.84	768.15	6	51.46	853.57	6	59.13	935.79	5
安徽省	9.21	250.30	15	10.20	284.73	16	11.37	322.14	18	17.53	370.92	13
福建省	7.78	279.95	23	8.68	315.38	22	9.74	346.98	22	14.11	388.26	20
江西省	3.74	110.61	18	4.70	128.46	15	5.31	147.50	16	9.23	179.76	10
山东省	15.52	1 063.24	29	18.50	1 175.55	30	17.83	1 291.77	30	18.62	1 415.00	31
河南省	9.38	297.01	20	11.97	337.23	18	12.94	368.83	19	13.89	409.70	24
湖北省	15.28	313.57	9	15.92	362.95	12	19.25	407.27	9	14.21	445.96	27
湖南省	14.85	270.75	8	13.23	310.04	13	16.56	352.55	10	17.86	392.96	14
广东省	44.35	1 242.58	16	62.04	1 375.29	11	108.68	1 520.55	4	89.02	1 676.27	9
广西壮族自治区	3.20	82.23	12	2.71	84.88	20	3.12	76.92	13	3.09	82.72	19

续表

年份 地区	2013年			2014年			2015年			2016年		
	加计扣除税额（亿元）	企业研发支出（亿元）	比值排名	加计扣除税额（亿元）	企业研发支出（亿元）	比值排名	加计扣除税额（亿元）	企业研发支出（亿元）	比值排名	加计扣除税额（亿元）	企业研发支出（亿元）	比值排名
海南省	0.57	9.42	6	0.66	11.10	5	0.58	11.18	8	0.45	7.98	7
重庆市	3.84	139.77	24	4.04	166.47	28	6.91	199.66	20	8.56	237.49	21
四川省	9.61	169.41	7	8.86	196.01	10	14.25	223.81	5	16.85	257.26	4
贵州省	0.80	34.64	26	0.53	41.01	31	0.60	45.73	31	1.37	55.69	28
云南省	1.37	45.78	22	1.41	51.66	23	1.06	61.96	26	1.48	74.18	29
西藏自治区	0.00	0.47	31	0.06	0.29	2	0.02	0.26	3	0.11	0.40	1
甘肃省	1.54	40.56	13	1.13	46.44	27	0.76	48.61	28	1.81	50.92	23
青海省	0.13	8.98	30	0.45	9.25	8	0.11	6.50	27	0.25	7.79	26
宁夏回族自治区	0.63	16.73	14	0.49	18.65	26	0.41	20.05	24	1.14	23.96	12
新疆维吾尔自治区	2.14	31.52	4	2.40	35.78	4	1.55	36.62	12	2.34	39.09	6

数据来源：《中国区域创新能力监测报告》（2014—2017），中华人民共和国科学技术部；本省（自治区、直辖市）科技年鉴，省（自治区、直辖市）科技厅官方网站。

下游，说明陕西省研发费用加计扣除政策落实力度略显不足，有可能影响其对陕西省企业创新研发活动的激励作用，因此进一步优化研发费用加计扣除等税收优惠政策的执行情况极有必要，以期能够更加有力地推动陕西省企业加大研发创新活动参与度。由此可见，对于我国多数省市而言，有必要加大研发费用加计扣除优惠政策落实力度，以匹配地区内企业自主研发热情。不仅如此，促进税收优惠政策切实惠及企业，从而激励企业更大程度地投入自主研发活动，降低企业自主研发活动所承担的风险，对于企业自主研发活力尚有待提高的地区更为重要。同时，我国各省市中类似陕西省这种落实力度排名呈现稳定甚至退步状态的现象较为常见，说明各省市在落实研发费用加计扣除政策过程中都或多或少地存在落实力度改善进程缓慢的情况，可以相互借鉴政策落实经验，通过在全国范围内提高税收优惠作用来进一步激发企业自主研发的积极性。

2）陕西省及所辖各地市研发费用加计扣除政策实施效果特征分析

为了研究研发费用加计扣除政策在陕西省的施行情况，同时了解企业对于加计扣除和研发支出的披露程度，分析数据的可得性，本书研究团队从陕西省上市公司2013—2019年年度报告中提取公开披露的信息，统计出53家样本企业享受研发费用加计扣除政策的情况，并对政策整体推行效果在时间跨度上的变化趋势进行分析。

陕西省上市公司享受研发费用加计扣除政策及其他税收优惠政策的企业数量见表7-7。从表中数据可以看出，2014年以后通过申请并成功享受该政策的企业数量有显著增长，且增长趋势一直保持，在2019年达到了58.50%。但与其他税收优惠相比受益面仍然很小，如西部大开发优惠政策对设在西部地区的鼓励类产业企业减按15%的税率征收企业所得税，仅2014年该项优惠政策在调查样本企业中的覆盖面就达到了53.49%，而该年度享受其他税收优惠企业的数量占比达到了70.73%，在2019年几乎所有的陕西省上市公司都享受了不同种类和程度的税收优惠。这说明加计扣除政策在陕西省范围内的推行具有一定的成效，但覆盖范围仍有不足。陕西省统计局在2015年对全省规模以上工业企业研发情况的分析中也指出，2015年规模以上工业研发企业中仅有162家享受了研发费用加计扣除政策，不足规模以上企业的20.1%，反映出研发费用加计扣除税收优惠的整体惠及面相对偏窄。

表7-7 陕西省上市公司2013—2019年享受税收优惠政策的企业

年份	2013年	2014年	2015年	2016年	2017年	2018年	2019年
享受加计扣除企业数量（家）	0	8	12	14	20	22	31
样本企业占比	0.00%	18.60%	27.27%	31.82%	40.82%	44.90%	58.50%
享受其他税收优惠企业数量（家）	27	29	30	32	45	45	50
样本企业占比	67.50%	67.44%	68.18%	72.73%	91.84%	91.84%	94.34%
当年上市公司数量（家）	40	43	44	44	49	49	53

此外，以西安市的企业为代表，研究团队通过问卷调查统计出2009—2012年样本企业享受研发费用加计扣除政策的情况，具体数额见表7-8。由表7-8可以看出，从2009—2012年，西安市申请并成功享受研发费用加计扣除优惠政策的企业数量在逐年增加，由2009年的149家增长为2012年的213家。同时可以看出，在西安市享受研发费用加计扣除政策的企业当中，大约80%的企业在本次问卷调查的范围内，只有30多家企业没有被调查。由此可见，通过对样本企业的调查研究，能够在很大程度上反映西安市享受该优惠政策企业的整体情况。

表7-8 西安市2009—2012年享受研发费用加计扣除政策的企业

年份	2009年	2010年	2011年	2012年
样本企业数量（家）	119	144	153	179
西安市企业数量（家）	149	178	187	213
样本企业占比	79.87%	80.90%	81.82%	84.04%

进一步，研究团队对样本企业的特征进行了统计分析。从企业性质的角度来看（见表7-9），在2013年正在享受研发费用加计扣除政策的195家企业中，国有企业有123家，占被调查企业的63.08%；民营企业有40家，占被调查企业的20.51%；外资企业（包括独资和合资）企业有22家，占被调查企业的11.28%；其他类型的企业有10家，占被调查企业的5.13%。由此可见，享受加计扣除政策的企业中，国有企业最多，占到总样本的一半以上，其次是民营企业，外资企业与其他类型企业数量都较少。

表7-9 **样本企业所有权性质的描述性统计**

企业性质	个数	比例
国有企业	123	63.08%
民营企业	40	20.51%
外资企业	22	11.28%
其他	10	5.13%
合计	195	100%

对享受研发费用加计扣除政策企业类型的调查显示，大部分享受研发费用加计扣除政策的企业为高新技术企业。按照企业被认定为高新技术企业的年份，本书将样本企业进行了分类，见表7-10。约76%的样本企业被认定为高新技术企业，可见高新技术企业为享受研发费用加计扣除政策的主体，主要原因在于高新技术企业依靠研究开发与技术成果转化形成企业核心自主知识产权，并以此为基础开展经营活动，其研发支出远高于非高新技术企业。大部分企业在不同年份被认定为高新技术企业，在被认定为高新技术企业的样本中，有38家企业（占全样本的19.49%）在2008—2012年连续5年被认定为高新技术企业；46家企业（占全样本的23.59%）在2009年被认定为高新技术企业，这主要得益于2008年重新修订了高新技术企业认定标准；25家企业（占全样本的12.82%）在2010年被认定为高新技术企业；26家企业（占全样本的13.33%）在2011年被认定为高新技术企业；14家企业（占全样本的7.18%）在2012年被认定为高新技术企业；在2008—2012年期间都没有被认定为高新技术企业的仅有46家。

表7-10 **样本企业按照被认定为高新技术企业的年份分类表**

项目	2008—2012年一直为高新技术企业	仅2009—2012年为高新技术企业	仅2010—2012年为高新技术企业	仅2011—2012年为高新技术企业	仅2012年为高新技术企业	2008—2012年始终为非高新技术企业
样本数	38	46	25	26	14	46
所占比例	19.49%	23.59%	12.82%	13.33%	7.18%	23.59%

为了扶植和鼓励高新技术企业的发展，陕西省自2008年以来对高新

技术企业进行认证。企业获得高新技术企业资格后，自高新技术企业证书注明的发证时间所在年度起申报享受税收优惠，其企业所得税暂按15%的税率计缴。表7-11为陕西省2013—2015年历年新认定的高新技术企业数量及当年高新技术企业总数，可以看到，该数量逐年增长且增长速度逐渐加快，尤其在2014年，由于2011年复审企业证书到期，高新技术企业新申报量相对往年明显增加，说明了15%的所得税优惠税率具有很强的激励作用，为了享受该项优惠政策，企业申请高新技术企业的热情度很高。

表7-11 **陕西省2013—2015年新认定高新技术企业数量及当年总数**

年份	2013年	2014年	2015年
当年新认定高新技术企业数量	260	641	612
当年高新技术企业总数	1 325	1 540	1 609

陕西省上市公司2013—2015年高新技术企业享受加计扣除政策的情况见表7-12。3年间被认定为高新技术企业的数量在逐年增长，印证了税率式优惠激励程度高这一现象，尽管如此，高新技术企业中享受研发费用加计扣除的企业数量仍然很少。表7-12后半部分显示了2013—2015年陕西省上市的高新技术企业中享受加计扣除政策的企业数量及比例，该比例虽在逐年增加，但在2015年依然仅维持在44%的水平。经过对比可以发现，大部分企业虽被认定为高新技术企业，但依然没有申请享受研发费用加计扣除政策，这反映出，与其他研发费用税前扣除优惠政策相比，高新技术企业15%优惠税率的优惠力度和强度更大，企业在本身已享受税率式减免的基础上选择是否申报加计扣除时有所权衡。高新技术企业与享受研发费用加计扣除政策企业的数量关系如图7-4所示。

表7-12 **陕西省上市公司2013—2015年高新技术企业享受加计扣除政策情况**

年份	2013年	2014年	2015年
高新技术企业数量（家）	21	23	25
样本企业总数（家）	41	43	44
高新技术企业占比（%）	51.22	53.49	56.82
高新技术企业中享受加计扣除政策企业数量（家）	0	8	11
高新技术企业中享受加计扣除政策企业比例（%）	0	34.78	44.00

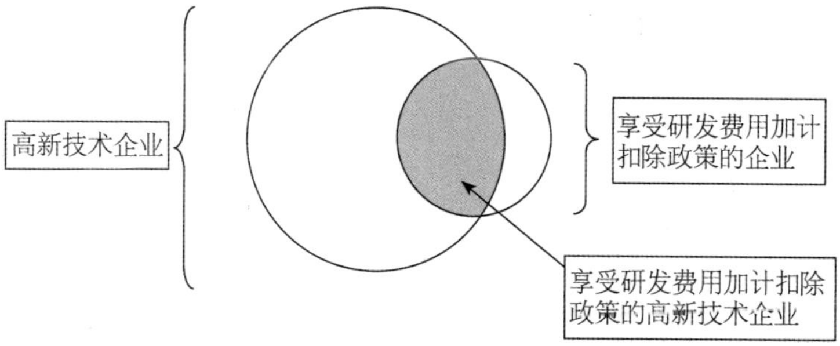

图7-4　高新技术企业与享受研发费用加计扣除政策企业的数量关系

7.1.5　陕西省税收政策与新旧动能转换的联动分析

1）陕西省战略性新兴产业发展情况及适用税收优惠政策情况

根据陕西省《2018年战略性新兴产业发展简析》，2018年陕西省七大战略性新兴产业发展情况良好，其中增加值与增速双第一的为信息技术产业，增加值达到677.7亿元，同比增速达到17.8%（如图7-5所示），而新能源政策由于政策利好，虽然行业整体规模与增加值在七大产业中暂时位列倒数，但其增速明显较快，产业总体呈现蓬勃发展的趋势，未来前景向好。

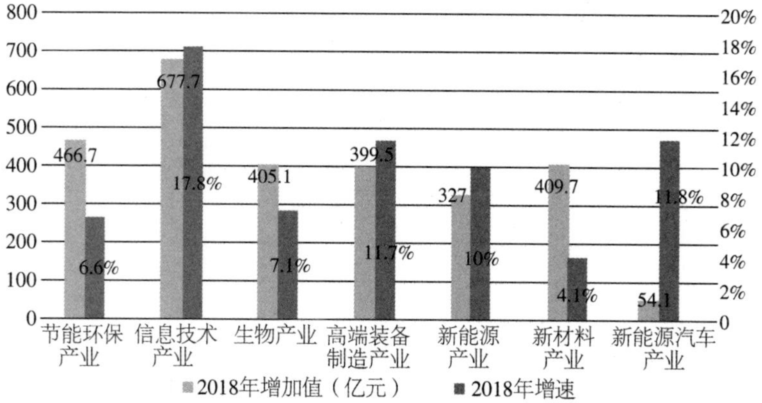

图7-5　2018年陕西省战略性新兴产业增加值及增速统计表

在对战略性新兴产业总体发展情况进行分析的基础上，笔者归纳梳理了各战略性新兴产业及其细分产业的发展情况和战略性新兴产业及其细分产业截至2020年适用的具有代表性的增值税、企业所得税优惠政策，具体见表7-13。

表7-13　**陕西省战略性新兴产业及其细分产业的发展情况及适用代表性税收优惠政策梳理表**[①]

<table>
<tr><th>产业名称</th><th>细分产业</th><th>同比增速（%）</th><th>代表性企业或技术</th><th>代表性增值税优惠政策</th><th>代表性企业所得税优惠政策</th></tr>
<tr><td rowspan="4">节能环保产业</td><td>资源循环利用产业</td><td>5.2</td><td>环保材料</td><td>根据《资源综合利用产品和劳务增值税优惠目录》，分类享受即征即退100%、50%、30%三档优惠政策</td><td>废旧资源作为主要原材料的企业，其生产符合国家非限制和禁止并符合国家和行业相关标准的产品所取得的收入，收入减按90%计入收入总额</td></tr>
<tr><td>高效节能产业</td><td>6.8</td><td>工业节能、建筑节能设备</td><td rowspan="2">（1）对提供技术研发和服务业务而创造的收入，免征相应的增值税；（2）对进口部分废气治理、废水治理、污泥处理等重大技术设备及其关键零部件、原材料免征增值税和关税；（3）企业购进或自制固定资产发生的进项税额，可凭相关凭证予以抵扣</td><td rowspan="2">（1）对技术转让收入500万元以下部分免征相应的所得税；（2）科技型中小企业开发新技术、新产品、新工艺发生的研究开发费用加计扣除；（3）产品更新换代较快的固定资产和常年处于强震动、高腐蚀状态的固定资产，可以享受缩短折旧年限或者采取加速折旧优惠</td></tr>
<tr><td>先进环保产业</td><td>-5.3</td><td>水污染、大气污染、固体废弃物处理装置</td></tr>
<tr><td>节能环保综合管理服务</td><td>12.8</td><td>—</td><td>（1）对垃圾处理、污泥处理处置劳务、污水处理劳务享受增值税即征即退70%的政策；（2）随水费收取的污水处理费，免征增值税</td><td>（1）符合条件的环境保护、节能节水项目，享受“三免三减半”所得税优惠；（2）认定为高新技术企业的企业所得税税率可减至15%，从事污染防治的第三方企业减按15%税率征收企业所得税</td></tr>
</table>

① 数据来源：陕西省统计局，国家税务总局，同比增速为2018年数据。

续表

产业名称	细分产业	同比增速（%）	代表性企业或技术	代表性增值税优惠政策	代表性企业所得税优惠政策
信息技术产业	新型显示产业	—	咸阳彩虹8.6代TFT-LCD	对符合国内产业自主化发展规划的彩色滤光膜、偏光片等属于新型显示器件产业上游的关键原材料、零部件的生产企业进口国内不能生产的自用生产性原材料、消耗品，免征进口关税	适用高新技术企业税收优惠政策
	集成电路制造	20.2	三星项目SoC芯片	(1) 集成电路重大项目企业增值税留抵税额退税； (2) 集成电路企业退还的增值税期末留抵税额在城市维护建设税、教育费附加和地方教育附加的计税（征）依据中扣除	参考《财政部 税务总局 发展改革委 工业和信息化部关于促进集成电路产业和软件产业高质量发展企业所得税政策的公告》，集成电路企业或项目分三档享受对应企业所得税税收优惠，国家鼓励的（重点）集成电路企业和软件企业还享受其他优惠条件，符合条件的动漫企业定期减免企业所得税
	互联网信息服务	59.7	“互联网+”行动计划	(1) 软件产品增值税超税负即征即退； (2) 软件企业取得即征即退增值税款用于软件产品研发和扩大再生产企业所得税政策； (3) 动漫企业进口符合条件的商品免征增值税	

续表

产业名称	细分产业	同比增速（%）	代表性企业或技术	代表性增值税优惠政策	代表性企业所得税优惠政策
生物产业	生物药品制造	6.9	生物创新药、现代中药、疫苗	（1）生产销售和批发抗癌药品、罕见病药品可按3%简易计税；（2）进口抗癌药品、罕见病药品，减按3%征收进口环节增值税	（1）企业在初创期享受小微企业减税、重点群体创业就业税收优惠、创业就业平台税收优惠（包括国家级、省级科技企业孵化器；国家级、省级大学科技园；国家备案众创空间）、相关创投企业和金融机构税收优惠；（2）企业在成长期享受研发费用加计扣除（研发费用加计扣除；委托境外研发费用加计扣除）、固定资产加速折旧（固定资产加速折旧或一次性扣除；制造业及部分服务业企业符合条件的仪器、设备加速折旧；制造业及部分服务业小型微利企业符合条件的仪器、设备加速折旧）、科技成果转让减税；（3）企业成熟期适用高新技术企业税收优惠（减按15%税率征收企业所得税；职工教育经费按照8%企业所得税税前扣除；亏损结转年限延长至10年等）
	中医药种植业	3.3	陕南原料药种植加工基地	药品销售企业生产生物制品可按3%简易计税	
高端装备制造产业	航空装备产业	14.7	C919、ARJ21、新舟系列飞机	符合条件的，可享受免征增值税（国家级、省级科技企业孵化器向在孵对象提供孵化服务取得的收入，免征增值税），增值税期末留抵税额退还（退还增值税期末留抵税额的行业包括装备制造等先进制造业、研发等现代服务业和电网企业），固定资产进项抵扣、固定资产加速折旧、无形资产加速折旧，出口退税等税收优惠	
	3D打印	—	西北有色院		
	航天产业	—	航天运载动力、北斗导航系统		
新能源产业	光伏设备及元器件制造业	16.1	—		
	太阳能产业	6.8	—		
	生物质能	—	—		
	核能产业	—	—		
	风能产业	—	—		
新材料产业	高性能结构材料	—	西部新锆高品质钛锆材项目		
	化学原料和化学制品制造业	3.7	—		
	有色金属冶炼和压延加工业	2.7	西部超导承担的航空航天先进高温合金材料		
新能源汽车产业	锂电池制造	11.8	三星环新（西安）动力电池	对列入《免征车辆购置税的新能源汽车车型目录》的新能源汽车，免征车辆购置税	
	新能源汽车制造		比亚迪新能源汽车		

结合表7-13不难发现，有专项税收优惠政策支持的新能源、信息技术产业恰好对应产业发展增速的前两名，而适用一般性政策的新材料产业则发展速度较慢，因此，税收优惠政策对于战略性新兴产业的发展存在较为显著的推动效果。

2）陕西省针对战略性新兴产业减税降费的效果分析

2018年，陕西省推进西部大开发减税163.9亿元，落实增值税三项改革措施减税84.6亿元，鼓励高新技术企业创新发展减税75.1亿元，支持小微企业发展减税40.1亿元。全力支持外贸出口，共办理出口退（免）税57.2亿元。同期，全省战略性新兴产业实现增加值2 649.88亿元，较上年增长10.4%，占GDP的比重为10.8%。优惠政策减免税额占战略性新兴产业增加值比重及其构成如图7-6所示。以高技术产业为代表的先进制造业快速发展，代表工业发展新方向、技术附加值高、符合消费升级方向的产品生产形势良好。全省新能源汽车、光纤、工业机器人、太阳能电池产量分别增长70%、51.3%、36.9%、19.4%。显然，当前战略性新兴产业中发展增速较快的产业普遍拥有良好的市场营销条件和有针对性的产业政策扶持，而税收政策针对性弱且当前市场条件不理想的行业则普遍增速较缓，甚至出现负增长，为相关产业的整体发展带来负面影响。

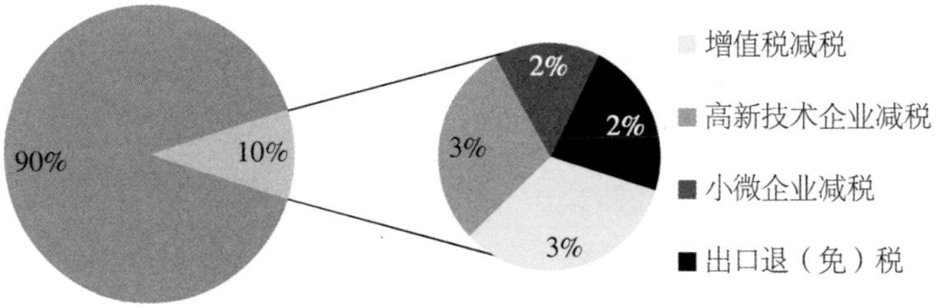

图7-6　2018年陕西省减税额度占战略性新兴产业增加值占比①

由图7-6不难看出，2018年陕西省针对战略性新兴产业减税降费的效果总体较好，各类减税总额约占同年战略性新兴产业增加值的10%。其中，增值税减税和高新技术企业减税的效果尤为明显，这也符合税收优惠政策多集中于增值税和企业所得税的情况。作为国内新旧动能转换

① 数据来源：陕西省统计局、国家税务总局陕西省税务局。

相对实践效果较好的山东省试验区，仅2017年企业研发费用税前加计扣除总额一项就达到了256.41亿元，意味着为企业减免税60多亿元，相比之下陕西省当前在增值税和企业所得税优惠力度方面尚缺乏“因地制宜”的政策，还需进一步加大对于战略性新兴产业的税收激励。

3）陕西省税收政策与新旧动能转换发展现状总结

陕西省在新旧动能转换进程中深入贯彻执行与新旧动能转换有关的税收政策，实施减税降费，为鼓励发展的新动能制定税收优惠政策，吸引企业投入，同时对于高能耗、高污染的落后产能，通过税收手段倒逼其改革产业结构，如新开征的环境保护税，有利于推动企业产业结构升级，引导绿色清洁机制的建立。据统计，2018年陕西省全力推进减税降费，加速新旧动能转换，全年税费收入4 411.7亿元。推进西部大开发减税163.9亿元，落实增值税三项改革措施减税84.6亿元，鼓励高新技术企业创新发展减税75.1亿元，支持小微企业发展减税40.1亿元。全力支持外贸出口，共办理出口退（免）税57.2亿元，使得企业享受到实惠，增强了民众的幸福感，有力助推了陕西省经济高质量发展。

在税收政策方面，为支持民营企业发展，陕西省税务部门推出一系列创新举措：

一是显著降低企业运营成本。如陕西海升果业发展股份有限公司在2016—2018年享受农林牧渔业企业所得税优惠1.79亿元，享受研发费用加计扣除优惠159.69万元；吉利汽车宝鸡制造基地2016—2018年享受研发费用加计扣除优惠3.14亿元，享受西部大开发税收优惠减免税额5.44亿元。除此之外，陕西省税务局提出“退税扶贫”计划，惠及渭南柿饼、延安苹果、汉中香菇、安康绿茶等出口产业。2017年全省农产品出口4.76亿美元，审核出口退税38 265万元，同比增长15.3%。

二是帮助企业获取资金。截至2018年第三季度末，陕西省税务局已与23家金融机构签约“税银互动”，线上线下累计发放贷款3.22万笔，共608亿元。其中为小微企业提供贷款2.67万笔，共427亿元，有效缓解了民营企业创新创业发展初期融资难、融资贵、融资慢的难题。

三是为企业提供便捷服务。国地税合并后全面整合电子税务局，实现27个税费通办、设置自助办税机、多种方式税务办理、6大类106个税费事项省内通办、“最多跑一次”等服务，缩减了企业的纳税时间，节约了企业的纳税成本。

四是促进高技术产业发展。2013—2018年西安市高技术产业增加值及其占GDP比重如图7-7所示，2018年西安市高技术产业增加值为1 461.23亿元，比上年增长17.2%，其占GDP比重由2013年的13.5%上升到17.5%。相关统计数据显示，截至2018年12月末，西安市国家级高新技术企业达到2 139家，累计已建成各类众创载体1 156个、入孵企业4.1万家，就业人数超过40万人。全年发明专利26 675件，发明专利授权量8 096件，技术合同成交额达1 030亿元，同比增长21%。

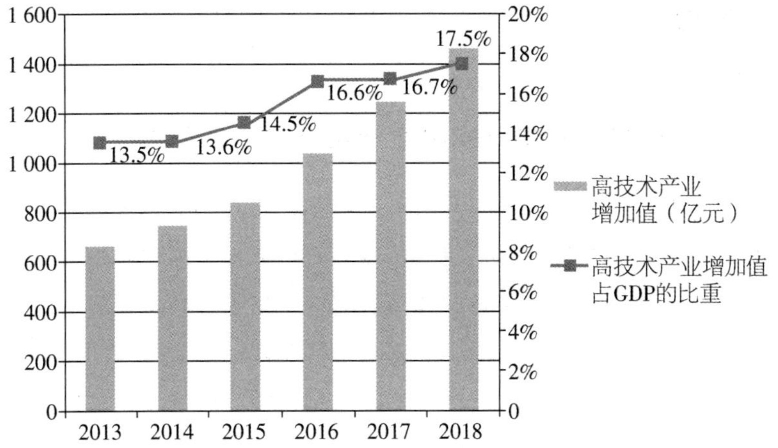

图7-7 2013—2018年西安市高技术产业增加值及其占GDP比重[①]

根据前文一系列数据展示与理论分析，可以简要地对陕西省税收政策与新旧动能转换的情况加以总结。陕西省新旧动能接续转换工作整体还处于起步阶段，尽管已经取得了可见的喜人成果，但仍需进一步开展或加强相关领域政策的制定和落实。总体而言，陕西省新旧动能接续转换工作从“加强产业技术创新平台建设、培育发展战略性新兴产业和推动产业转型升级”三个方面展开，以推动发展战略性新兴产业为核心，培养陕西省经济发展的新动能，为陕西省经济的持续增长提供新的助推剂。

当前，陕西省针对新旧动能转换的税收优惠政策主要集中在增值税

① 数据来源：陕西省统计局、国家税务总局陕西省税务局。

和企业所得税两个税种上，通过减税率、免征增值税、增值税即征即退、出口退（免）税、研发费用加计扣除等方式为战略性新兴产业发展提供切实的税收优惠，已取得一定效果，但仍存在缺少针对本省企业“因地制宜”的优惠政策和优惠力度有限的问题。此外，鉴于政策实施时间短，无法准确分析税收优惠对于新旧动能转换实际的激励效果，但随着进一步的政策制定与落实，相信陕西省新旧动能接续转换工作一定会在未来取得丰硕的成果。

7.2 税收优惠政策实施存在的问题分析：以陕西省为例

7.2.1 研发费用加计扣除政策实施存在的问题

相关数据对比显示，我国东南沿海地区在加计扣除政策落实方面表现更为突出，而西部地区除了四川省外，大部分省市的减免税额水平都位于中下游位置，说明诸多省市政策的实施效果不够理想。而从自主研发水平与加计扣除减免力度的匹配度来看，各省市在这两方面的排名中各有优势，但是多数省市政策优惠力度与创新能力匹配度相对较低，说明研发费用加计扣除政策的激励作用尚未得到充分发挥，研发费用加计扣除政策的税额减免幅度大多落后于研发投入规模的增加幅度。

进一步地，本书依据所收集的陕西省详细数据和资料，以陕西省为例进行了深入分析。虽然陕西省研发费用加计扣除政策优惠税额逐年上升，对研发活动进行了一定程度的优惠，且在西部地区位居前列，但是在邻近或同等发展水平的省市中排名位于中游，而在全国范围中也落后于全国半数省市；此外，相对我国其余各省市，陕西省研发费用加计扣除政策优惠税额排名连续多年位于第15~20名的区间内，优惠政策落实水平进步较为缓慢。同时，从享受政策优惠的企业类型来看，多为高新技术企业和大型国有企业，其他类型企业难以享受该项优惠政策。如前文所述，从研发投入层面来看，陕西省研发投入分布存在多个层次的不均衡现象，这充分体现出陕西省研发投入强度仍有较大发展空间，也从侧面反映出了研发费用加计扣除政策有效实施对推动企业研发投入强度全面提升的重要性。

因此，本书经过研究发现陕西省研发费用加计扣除政策实施过程中所存在的问题，下面具体分为两个层面予以详细阐述。

1）优惠力度层面

综合以上数据分析和调研结果，陕西省参与研发活动的企业享受加计扣除政策优惠的实际情况存在两方面问题，限制了研发费用加计扣除政策对企业研发投入强度激励作用的发挥，具体内容如下：

（1）研发费用加计扣除政策惠及企业数量不足

随着陕西省研发投入的不断提高，陕西省依据研发费用加计扣除政策减免的税额水平增长速度偏慢，导致对研发项目相关费用加计扣除的政策落实水平与创新研发活动程度排名差距相对较大，具体表现为陕西省减免税额水平与研发投入水平差距在我国各省市中排名一直在20名上下浮动，多年来处于中下游位置，同时陕西省2013—2016年研发费用加计扣除减免税额与企业研发支出的比值排名分别为第2、第9、第11、第15名，名次逐年下降，说明加计扣除政策所减免税额排名的进步速度未跟上陕西省研发投入强度的进步速度，因此研发费用加计扣除优惠力度与研发活动投入的匹配度较低，优惠政策对陕西省企业的优惠效果不理想，且未能惠及大部分进行了研发投入的企业。

（2）享受税收优惠的企业构成相对单一

在调查涉及的西安市2013年享受研发费用加计扣除政策的195家企业中，高新技术企业占到了76.41%，而国有企业达到了63.08%，可见从企业类型来看，享受优惠的多为高新技术企业和大型国有企业，其他类型企业大多数并未享受该项优惠政策。可以看出，对企业而言研发费用加计扣除政策的优惠力度所反映出的申请价值略有不足，难以吸引部分投入巨大研究开发费用的企业及处于发展起步阶段的创新型企业，例如享受15%所得税优惠税率的高新技术企业及创新研发类的中小企业，积极进行该项优惠政策的申请备案。因此，研发费用加计扣除政策未在部分参与创新研发的企业，特别是高新技术企业及创新型中小企业中有效落实。

2）政策实施层面

通过调研和访谈发现，陕西省在落实研发费用加计扣除政策优惠过程中的流程设计和相关规定仍需完善，具体实施环节和内容亟待优化，表现在执行过程中存在两方面问题，现阐释如下：

（1）研发费用加计扣除政策实施过程削弱了企业申报的积极性

从本书的调研和访谈结果可以看出，陕西省对于研发费用加计扣除政策在现阶段实施过程中的客观实际（如申请过程烦琐、企业核算难度大、税务部门与企业在备案审阅中易于出现争议等）存在诸多不足，导致陕西省企业获得加计扣除税收优惠的难度较大，对研发费用加计扣除政策的申报意愿偏弱，许多企业因此放弃了这一政策所赋予的优惠。这一情况说明陕西省研发费用加计扣除政策的实施现状不利于调动企业的申报积极性，未能有效保证所有研发企业都通过加计扣除政策获得其应得的所得税优惠，因此实施过程的具体环节设计仍然需要通过进一步的完善来有效发掘该政策对企业创新研发活动意愿的激励潜力。

（2）研发费用加计扣除政策激励程度不足

高新技术企业是陕西省研发活动的主力军，也在享受研发费用加计扣除政策的企业中占据主要份额，但部分高新技术企业申请加计扣除政策的积极性依然很差。陕西省2015年新认定的高新技术企业数量有612家，而当年规模以上工业研发企业中仅有162家企业享受了研发费用加计扣除政策，不足规模以上企业的20.1%，许多企业虽为高新技术企业研发活动多、研发费用高，依然没有申请加计扣除政策。企业申请认定高新技术企业可以享受15%的所得税税率式减免，申请加计扣除政策享受的是研发费用的50%加计扣除，可见税基式减免与税率式减免相比，优惠力度不足。研发活动投入高、风险大，在税收激励程度不足的情况下，与通过企业自身投入技术、依靠科技创新增强企业核心竞争力相比，部分中小型企业更倾向于通过对外投资来获取投资收益，进而削弱了企业研发投入的积极性。综上所述，陕西省对多种所得税优惠政策之间的冲突和相容性考虑稍显欠缺，需要进一步完善具体规定，提高企业申报加计扣除政策的意愿。

7.2.2 税收优惠政策对促进新旧动能转换的问题分析

1）促进产业发展方面（主要为战略性新兴产业）

（1）针对新旧动能转换的税收优惠政策多而杂，优惠重点不明确，往往是重产品、轻投入，重科研成果、轻科研转化。优惠政策主要针对已形成科技实力的战略性新兴产业企业，对技术落后、亟需技术更新以及正在进行科技开发的战略性新兴产业企业缺乏激励措施。这样一方面使一些企业的非技术性项目也享受了优惠待遇，造成税收优惠泛滥；另一方面使一些经济主体的有利于战略性新兴产业发展的项目难以享受税收优惠，造成政策缺位。

（2）税收优惠政策对战略性新兴产业的支持在范围、力度、制度等方面存在问题。例如，现行战略性新兴产业税收政策立法层次低，缺乏应有的权威性、规范性、稳定性。对战略性新兴产业的税收支持多数是由部门规章加以规范的，在国家法律中几乎没有规定。一些税收优惠法规因临时性需要而仓促出台，没有总体上的规划。现行战略性新兴产业的税收优惠政策力度偏小，只限于有一定规模盈利的企业。先征后返、先征后退等税收优惠政策执行起来，手续烦琐，时间滞后，成本较高。

2）优惠政策类型方面

目前的税收优惠政策中针对企业所得税的优惠多，针对流转税的优惠少。当前对战略性新兴产业的税收优惠政策主要集中在所得税上，很少涉及流转税，并且直接优惠较多，间接优惠较少，政策效果不很理想。同时，税收优惠方式主要是税率优惠和税额优惠。而税率优惠往往侧重于行业性普惠，难以突出重点。税额优惠更注重于税收利益转让，强调的是事后优惠。

7.3 研发费用加计扣除政策实施效果的原因分析

根据所发现的陕西省研发费用加计扣除政策落实力度的问题，本书依据收集到的相关资料和数据，以陕西省的具体情况为典型案例，分析了陕西省研发费用加计扣除政策落实力度稍显不足可能的影响因素，具体从政策设计、政府部门执行效果和企业执行效果三个角度进行说明，各角度因素分析内容如下。

7.3.1 研发费用加计扣除政策设计存在问题

1）适用加计扣除政策的企业研发投入数额有限

根据调查可以发现，自2008年我国出台研发费用加计扣除优惠政策以来，相关部门已陆续发布多份文件来更新该政策相关规定，具体文件更替情况见表7-14，在不断更新的相关文件中加计扣除政策下可加计扣除的研发费用范围逐步扩大，来加大对企业研发活动的税收优惠力度。但不可否认的是，迄今为止加计扣除政策计算口径依然偏小，仍有部分费用无法享受或无法充分享受研发费用加计扣除政策的优惠力度，影响了参与研发活动的企业能享受到的加计扣除政策优惠程度。以陕西省高新技术企业AS公司2012年的研发活动为例，2012年之前几年可加计扣除的那部分大约只占全部研发投入的45%，而2012年能够加计扣除的那部分研发费用占企业当年研发总投入的53%左右，但另外的约47%研发投入依然不能享受税收优惠，这一比例在2013年年初国家颁布新政策后有所提高，2015年出台新规定之后再次略有提升，但是到2015年为止仍有相当比例的研发费用无法享受加计扣除优惠政策。

表7-14 研发费用相关规定文件

序号	文件名称	文件索引号
1	《财政部关于企业加强研发费用财务管理的若干意见》	财企〔2007〕194号
2	《科学技术部 财政部 国家税务总局关于印发〈高新技术企业认定管理工作指引〉的通知》	国科发火〔2008〕362号
3	《国家税务总局关于印发〈企业研究开发费用税前扣除管理办法（试行）〉的通知》	国税发〔2008〕116号
4	《财政部 国家税务总局关于研究开发费用税前加计扣除有关政策问题的通知》	财税〔2013〕70号
5	财政部、国家税务总局、科技部《关于完善研究开发费用税前加计扣除政策的通知》	财税〔2015〕119号

研发费用加计扣除政策口径偏小的表现主要包括以下三个方面：

（1）部分来源的研发投入资金无法享受加计扣除政策

根据相关部门关于可以享受研发费用加计扣除政策的企业研发支出的具体规定，企业所获得的政府拨款、委托境外机构或个人所进行的研发活动相关支出等研发活动相关费用均不享受我国研发费用加计扣除相关税收政策，研究数据表明，我国研发资金中企业资金占据76%，政府资金占据24%，因此研发费用支出的政策适用性对本书结论存在较大影响，为了进一步提高本书分析的稳健性，本书运用企业适用于加计扣除政策的研发支出（即企业资金及企业委托境内机构或个人研发支出）与主营业务收入的比例来表示我国各省市可加计扣除研发投入强度，并重新计算了与减免税额情况的匹配度来进行对比分析，具体结果见表7-15和表7-16，同时将考虑政策适用性前后陕西省匹配度排名情况进行对比，形成了图7-8。

表7-15　　**我国各省市可加计扣除支出研发投入强度统计**

地区＼年份	2013年		2014年		2015年		2016年		2017年	
	可扣除研发投入强度（%）	排名	可扣除研发投入强度（%）	排名	可扣除研发投入强度（%）	排名	可扣除研发投入强度（%）	排名	可扣除研发投入强度（%）	排名
陕西省	0.76	13	0.83	12	0.86	13	0.91	12	0.94	15
北京市	2.19	1	2.32	1	2.58	1	2.93	1	3.09	1
天津市	1.25	3	1.33	3	1.39	5	1.64	3	2.01	2
河北省	0.53	22	0.58	20	0.64	21	0.69	20	0.91	17
山西省	0.72	14	0.76	14	0.72	17	0.75	17	0.72	20
内蒙古自治区	0.49	25	0.54	22	0.63	22	0.62	23	0.78	19
辽宁省	0.68	17	0.70	17	0.77	15	0.79	16	1.34	7
吉林省	0.39	30	0.37	29	0.41	28	0.42	28	0.40	30
黑龙江省	0.69	15	0.75	15	0.76	16	0.86	15	1.04	13
上海市	1.44	2	1.47	2	1.60	2	1.87	2	1.91	3
江苏省	0.98	7	1.03	6	1.08	6	1.14	6	1.34	8
浙江省	1.23	4	1.29	4	1.47	3	1.60	4	1.78	4
安徽省	0.79	12	0.81	13	0.88	12	0.91	13	1.06	12

续表

地区＼年份	2013年		2014年		2015年		2016年		2017年	
	可扣除研发投入强度（%）	排名	可扣除研发投入强度（%）	排名	可扣除研发投入强度（%）	排名	可扣除研发投入强度（%）	排名	可扣除研发投入强度（%）	排名
福建省	0.86	10	0.87	10	0.89	11	0.93	11	1.03	14
江西省	0.41	29	0.40	28	0.45	26	0.51	25	0.67	22
山东省	0.83	11	0.85	11	0.91	10	0.97	10	1.16	11
河南省	0.51	23	0.52	24	0.51	24	0.55	24	0.65	23
湖北省	0.91	8	0.98	7	1.04	7	1.04	9	1.30	9
湖南省	0.89	9	0.94	9	1.02	8	1.06	8	1.29	10
广东省	1.22	5	1.27	5	1.41	4	1.49	5	1.62	5
广西壮族自治区	0.49	26	0.45	27	0.39	29	0.40	30	0.41	29
海南省	0.69	16	0.71	16	0.80	14	0.67	21	0.62	26
重庆市	0.99	6	0.97	8	1.01	9	1.06	7	1.45	6
四川省	0.59	18	0.61	19	0.66	20	0.73	18	0.89	18
贵州省	0.45	28	0.46	26	0.45	27	0.50	26	0.64	24
云南省	0.55	20	0.55	21	0.72	18	0.88	14	0.94	16
西藏自治区	0.56	19	0.32	30	0.38	30	0.25	31	0.19	31
甘肃省	0.55	21	0.63	18	0.68	19	0.71	19	0.62	25
青海省	0.47	27	0.46	25	0.35	31	0.40	29	0.57	27
宁夏回族自治区	0.50	24	0.53	23	0.58	23	0.66	22	0.70	21
新疆维吾尔自治区	0.38	31	0.31	31	0.47	25	0.50	27	0.44	28

注：（1）研发投入强度=（企业R&D内部经费中企业资金+企业R&D外部经费中委托境内机构或个人支出）/企业主营业务收入。

（2）由于数据的可获得性，各省市企业委托境内机构或个人研发支出数据为规模以上企业数据。

数据来源：《中国区域创新能力监测报告》（2014—2019），中华人民共和国科学技术部；《中国科技统计年鉴》（2014—2017），国家统计局社会科技和文化产业统计司、科技部创新发展司。

表7-16

我国各省市指标排名情况对比（依据可加计扣除研发投入强度）

年份 / 地区	2013年				2014年				2015年				2016年			
	研发费用加计扣除减免税额排名①	企业研发投入强度排名②	差额②-①	差额排名	研发费用加计扣除减免税额排名①	企业研发投入强度排名②	差额②-①	差额排名	研发费用加计扣除减免税额排名①	企业研发投入强度排名③	差额②-①	差额排名	研发费用加计扣除减免税额排名①	企业研发投入强度排名②	差额②-①	差额排名
全国	—	—	—	—	—	—	—	—	—	—	—	—	—	—	—	—
陕西省	9	13	4	10	16	12	-4	20	16	13	-3	23	19	12	-7	26
北京市	14	1	-13	28	11	1	-10	28	13	1	-12	29	16	1	-15	31
天津市	17	3	-14	31	17	3	-14	31	20	5	-15	31	12	3	-9	28
河北省	15	22	7	5	15	20	5	6	14	21	7	5	14	20	6	6
山西省	18	14	-4	21	18	14	-4	20	18	17	-1	18	20	17	-3	22
内蒙古自治区	22	25	3	13	21	22	1	13	23	22	-1	18	23	23	0	16
辽宁省	10	17	7	5	12	17	5	6	15	15	0	15	15	16	1	13
吉林省	5	30	25	1	5	29	24	1	9	28	19	1	13	28	15	1
黑龙江省	23	15	-8	26	23	15	-8	26	22	16	-6	24	21	15	-6	23
上海市	4	2	-2	19	4	2	-2	18	4	2	-2	22	4	2	-2	21

续表

年份/地区	2013年				2014年				2015年				2016年			
	研发费用加计扣除减免税额排名①	企业研发投入强度排名②	差额②-①	差额排名	研发费用加计扣除减免税额排名①	企业研发投入强度排名②	差额②-①	差额排名	研发费用加计扣除减免税额排名①	企业研发投入强度排名③	差额②-①	差额排名	研发费用加计扣除减免税额排名①	企业研发投入强度排名②	差额②-①	差额排名
江苏省	3	7	4	10	2	6	4	10	2	6	4	7	2	6	4	9
浙江省	2	4	2	14	3	4	1	13	3	3	0	15	3	4	1	13
安徽省	13	12	-1	18	10	13	3	12	11	12	1	11	7	13	6	6
福建省	16	10	-6	24	14	10	-4	20	12	11	-1	18	10	11	1	13
江西省	20	29	9	3	19	28	9	3	19	26	7	5	17	25	8	4
山东省	6	11	5	8	6	11	5	6	6	10	4	7	5	10	5	8
河南省	12	23	11	2	9	24	15	2	10	24	14	2	11	24	13	2
湖北省	7	8	1	15	7	7	0	16	5	7	2	10	9	9	0	16
湖南省	8	9	1	15	8	9	1	13	7	8	1	11	6	8	2	12
广东省	1	5	4	10	1	5	4	10	1	4	3	9	1	5	4	9
广西壮族自治区	21	26	5	8	22	27	5	6	21	29	8	4	22	30	8	4

续表

地区＼年份	2013年				2014年				2015年				2016年			
	研发费用加计扣除减免税额排名①	企业研发投入强度排名②	差额②-①	差额排名	研发费用加计扣除减免税额排名①	企业研发投入强度排名②	差额②-①	差额排名	研发费用加计扣除减免税额排名①	企业研发投入强度排名③	差额②-①	差额排名	研发费用加计扣除减免税额排名①	企业研发投入强度排名②	差额②-①	差额排名
海南省	29	16	-13	28	27	16	-11	29	27	14	-13	30	29	21	-8	27
重庆市	19	6	-13	28	20	8	-12	30	17	9	-8	28	18	7	-11	29
四川省	11	18	7	5	13	19	6	5	8	20	12	3	8	18	10	3
贵州省	27	28	1	15	28	26	-2	18	27	27	0	15	27	26	-1	19
云南省	26	20	-6	24	25	21	-4	20	25	18	-7	26	26	14	-12	30
西藏自治区	31	19	-12	27	31	30	-1	17	31	30	-1	18	31	31	0	16
甘肃省	25	21	-4	21	26	18	-8	26	26	19	-7	26	25	19	-6	23
青海省	30	27	-3	20	30	25	-5	24	30	31	1	11	30	29	-1	19
宁夏回族自治区	28	24	-4	21	29	23	-6	25	29	23	-6	24	28	22	-6	23
新疆维吾尔自治区	23	31	8	4	24	31	7	4	24	25	1	11	24	27	3	11

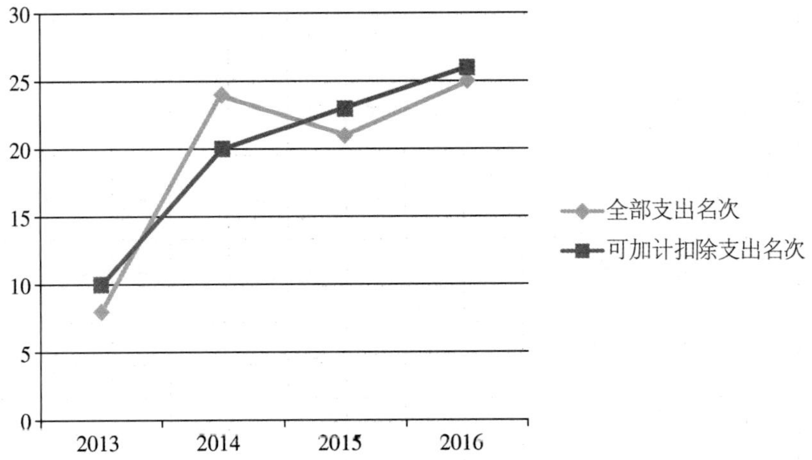

图7-8 陕西省可加计扣除支出匹配度排名变动

根据表7-15、表7-16及图7-8可以看出，以陕西省为例，就我国各省市研发费用加计扣除优惠政策的落实力度而言，陕西省对研发费用加计扣除政策的落实力度在全国的排名出现明显逐年退步倾向，直到2016年研发投入与扣除税额匹配度已跌至第25名之后，更加落后于我国大部分省市；同时通过对比可以看出，陕西省适用政策的相关研发费用对应的创新研发投入水平排名相对于以全部企业支出所计算的创新研发投入水平来说通常更为靠后，由此可得，陕西省企业的研发活动投入对政府拨款等不适用于研发费用加计扣除政策的资金具有一定依赖，此外陕西省对研发费用加计扣除政策的执行力度存在不足与陕西省企业的研发投入的政策适用性没有明显关联，应从陕西省自身进一步寻找执行过程中所存在的不足。进一步将各省市排名情况与表7-5中的相应数据进行逐年逐个对比可知，仅少数省市按照可加计扣除研发投入强度计算名次差值所获得的排名能够超过按照基于全部研发支出的研发投入强度所计算的差值排名，且极少数省市能够在两种标准下获得相同排名，而多数省市考虑可加计扣除研发支出时则难以实现名次的提升，说明我国多数省市与陕西省情况类似，其研发费用加计扣除政策落实效果较少地受到研发投入政策适用性的影响，所以应从省市内政策落实过程入手进行改进和完善。

（2）部分会计处理中认定的研发费用不享受加计扣除政策

根据财政部、国家税务总局和科技部共同发布的财税〔2015〕119号文件，我国目前可加计扣除的研发费用范围较窄，同时允许扣除的研发费用范围较之财务核算的研发费用范围和高新技术认定的研发费用归集范围都相对苛刻，且采取了正列举的方法，因此我国进行研发活动的企业可享受加计扣除的研发投入有限，削弱了企业响应该政策的积极性，影响了研发费用加计扣除优惠政策的落实力度。

表7-17　　**会计准则与加计扣除政策研发费用界定对比表**

<table>
<tr><th colspan="3">会计准则研发费用规定</th><th colspan="3">研发费用加计扣除政策研发费用规定</th></tr>
<tr><td rowspan="4">我国会计准则</td><td>研究阶段</td><td>企业内部研究开发项目研究阶段的支出，应当于发生时计入当期损益</td><td rowspan="4">研发费用加计扣除政策规定</td><td>人员人工费用</td><td>直接从事研发活动人员的工资薪金、基本养老保险费、基本医疗保险费、失业保险费、工伤保险费、生育保险费和住房公积金，以及外聘研发人员的劳务费用</td></tr>
<tr><td rowspan="3">开发阶段</td><td rowspan="3">企业内部研究开发项目开发阶段的支出，能够证明下列各项时，应当确认为无形资产：
1.从技术上来讲，完成该无形资产以使其能够使用或出售具有可行性。
2.具有完成该无形资产并使用或出售的意图。
3.无形资产产生未来经济利益的方式，包括能够证明运用该无形资产生产的产品存在市场或无形资产自身存在市场；无形资产将在内部使用时，应当证明其有用性。
4.有足够的技术、财务资源和其他资源支持，以完成该无形资产的开发，并有能力使用或出售该无形资产。
5.归属于该无形资产开发阶段的支出能够可靠地计量</td><td rowspan="3">直接投入费用</td><td>研发活动直接消耗的材料、燃料和动力费用</td></tr>
<tr><td>用于中间试验和产品试制的模具、工艺装备开发及制造费，不构成固定资产的样品、样机及一般测试手段购置费，试制产品的检验费</td></tr>
<tr><td>用于研发活动的仪器、设备的运行维护、调整、检验、维修等费用，以及通过经营租赁方式租入的用于研发活动的仪器、设备租赁费</td></tr>
</table>

续表

<table>
<tr><th colspan="3">会计准则研发费用规定</th><th colspan="3">研发费用加计扣除政策研发费用规定</th></tr>
<tr><td>我国会计准则</td><td>备注</td><td>无法区分研究阶段研发支出和开发阶段研发支出的，全部费用化，计入当期损益（管理费用）</td><td rowspan="11">研发费用加计扣除政策规定</td><td>折旧费用</td><td>用于研发活动的仪器、设备的折旧费</td></tr>
<tr><td rowspan="10">国际会计准则</td><td rowspan="10">研发费用构成</td><td rowspan="10">1.薪金、工资以及其他人事费用。
2.材料成本和已消耗的劳务。
3.设备与设施的折旧。
4.制造费用的合理分配。
5.其他成本</td><td>无形资产摊销费用</td><td>用于研发活动的软件、专利权、非专利技术（包括许可证、专有技术、设计和计算方法等）的摊销费用</td></tr>
<tr><td colspan="2">新产品设计费、新工艺规程制定费、新药研制的临床试验费、勘探开发技术的现场试验费</td></tr>
<tr><td>其他相关费用</td><td>技术图书资料费、资料翻译费、专家咨询费、高新科技研发保险费，研发成果的检索、分析、评议、论证、鉴定、评审、评估、验收费用，知识产权的申请费、注册费、代理费，差旅费、会议费等，此项费用总额不得超过可加计扣除研发费用总额的10%</td></tr>
<tr><td rowspan="7">不适用税前加计扣除政策的费用</td><td>企业产品（服务）的常规性升级</td></tr>
<tr><td>对某项科研成果的直接应用，如直接采用公开的新工艺、材料、装置、产品、服务或知识等</td></tr>
<tr><td>企业在商品化后为顾客提供的技术支持活动</td></tr>
<tr><td>对现存产品、服务、技术、材料或工艺流程进行的重复或简单改变</td></tr>
<tr><td>市场调查研究、效率调查或管理研究</td></tr>
<tr><td>作为工业（服务）流程环节或常规的质量控制、测试分析、维修维护</td></tr>
<tr><td>社会科学、艺术或人文学方面的研究</td></tr>
</table>

根据表7-17的对比可以看出，我国2017年会计准则对研发费用的构成没有明确界定，只规定了不同的归集期间，相比国际会计准则而言其定义也更为宽泛和宏观，因此对研发费用的归集要求相对宽松，研发费用范围较广。但是在税法要求下，依据研发费用加计扣除政策的相关规定可计入研发费用范围的支出项目更少且更为明确，导致会计处理和税法处理（主要是研发费用加计扣除政策规定）中研发费用范围具有极大的不一致性。例如，财税〔2015〕119号文件要求只有专门用于研发活动的仪器、设备的折旧费或租赁费才可以享受研发费用加计扣除的优惠，而“专门用于研发活动的房屋等不动产的折旧费和租赁费，以及相关固定资产的运行维护、维修等费用”并没有被列入允许加计扣除的范围，但是这部分费用在会计上允许在研发经费中列支，且每年的发生金额通常较大，属于企业研发投入的重要组成部分，因此现有研发费用加计扣除政策并未允许抵扣这一部分研发投入，也导致企业可加计扣除研发费用额度大大低于实际投入。

（3）部分享受加计扣除政策的研发费用可扣除比例较低

根据财政部、国家税务总局和科技部共同发布的财税〔2015〕119号文件，具有研发项目的企业的部分研发费用项目将按照一定比例计入可加计扣除研发费用，因此当在企业研发支出中占据较大比例的费用项目只能部分享受加计扣除优惠时，企业极有可能放弃享受研发费用加计扣除优惠政策。

例如，财税〔2015〕119号文件要求其他相关费用总额不得超过可加计扣除研发费用总额的10%，并明确说明与研发活动直接相关的其他费用包括技术图书资料费、资料翻译费、专家咨询费、高新科技研发保险费，研发成果检索、分析、评议、论证、鉴定、评审、评估、验收费用，知识产权的申请费、注册费、代理费，差旅费、会议费等，而企业由于进行研发活动直接产生的差旅费、会议费、印制费等的金额通常较大，将这些费用按照10%的比例加计扣除使企业享受加计扣除的研发投入数额颇为有限，打击了企业申请享受加计扣除政策的意愿，不利于保证该优惠政策的落实力度。

2）税基式减免和税率式减免政策规定的互相作用影响企业的政策选择

为了扶持企业发展，我国税收优惠政策多种多样，但是现有税基式减免政策和税率式减免政策相关规定对于部分企业而言尚有一定矛盾，造成部分优惠政策对于企业而言得不偿失，从而选择放弃，突出表现就是研发费用加计扣除政策对高新技术企业等享受优惠所得税税率的企业的激励力度较弱，绝大多数这类企业放弃享受这一优惠政策。

在2015年对陕西省规模以上工业企业研发税收优惠的调查中，558家高新技术企业中仅有120家企业享受了高新技术企业减免税政策，不足高新技术企业的21.5%，有近八成的企业虽为高新技术企业，研发投入强度大，权衡之下仍未申请享受研发费用加计扣除政策，2015年陕西省规模以上高新技术企业享受研发费用加计扣除情况如图7-9所示。

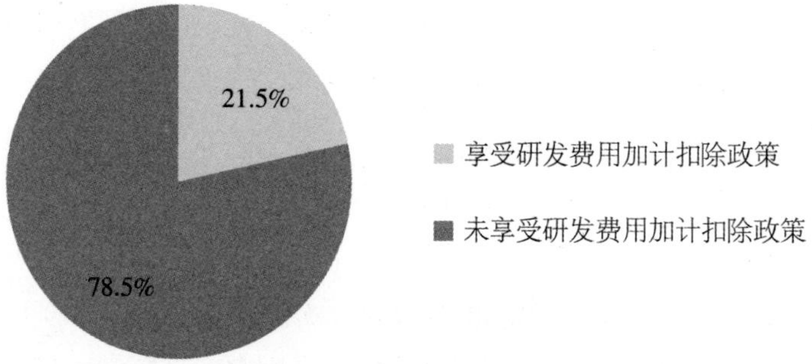

图7-9 2015年陕西省规模以上高新技术企业享受研发费用加计扣除情况

目前，我国企业所得税税率的基本值为25%，适用15%所得税税率的高新技术企业与适用25%所得税税率的企业相比，在加计扣除金额相同的情况下，所得税税率15%的高新技术企业最终享受到的税收优惠金额要比适用25%所得税税率的企业减少40%。

而单就高新技术企业而言，可减免税额的比例也明显偏小。以陕西省高新技术企业AS公司为例，假设有一家与AS公司实际情况相同的A公司，它当年实际发生的研发投入为2 000万元，由于与AS公司情况相同，则也假定A公司能够列入加计扣除范围的研发费用占比为53%，即可加计扣除研发费用金额为1 060万元（2 000×53%），那么按照50%加计扣除，A公司的研发费用加计扣除金额为530万元（1 060×50%），再乘以企业所享受的15%的优惠税率，那么A企业实际享受到的当年所得税减免金额为79.5万元（530×15%）。即A公司投入了2 000万元的研发费用，最终得到了79.5万元的税收减免，这样的税收减免额度仅占到其总投入的4%，将以上计算结果通过图7-10表示如下。

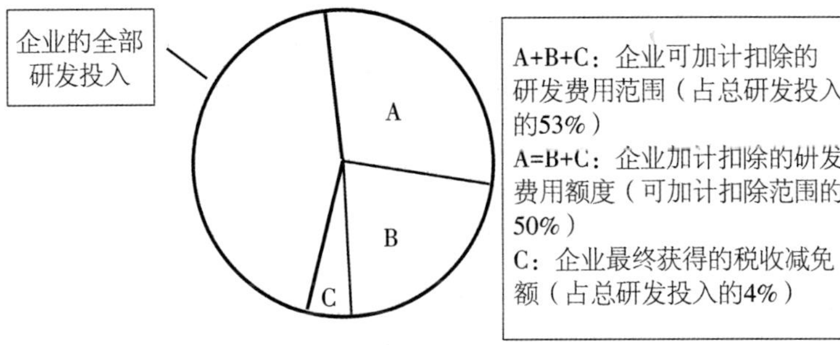

图7-10　A公司研发费用加计扣除税收减免占比示意图

由图7-10可以看出，就我国通过一定比例加计扣除的税收优惠来大力促进企业研发投入的期望而言，现有加计扣除优惠政策的优惠力度未免有点过小。对于进行研发活动的企业，尤其是高新技术企业等享受优惠所得税税率的企业来说，如果事先计算清楚得失，将会发觉如此大的投入只能带来微薄的收益，再加上政策申请的各项成本，可能会对加计扣除政策的实施效果产生负面影响，从而导致以高新技术企业为代表的一部分研发企业放弃申请这一税收优惠政策。而且，在现实中，有的企业同时被认定为高新技术企业和国家规划布局内重点软件企业（其所得税税率为10%），对该类企业来说，研发费用所规定的加计扣除比例较低，多数情况下低于企业进行政策申请的各项成本，因此研发费用加计扣除产生的激励效果并不明显，导致企业放弃享受研发费用加计扣除政策。

3）加计扣除政策申报程序和资料设计过于烦琐

本书研究团队调研发现，根据加计扣除政策设计中的相关规定，企业每步程序的完成都需要花费大量的时间和精力填写繁多的资料，在实地调研并结合陕西省科技厅所发布的《陕西省企业研究开发费用加计扣除管理操作指南》及国科发政〔2017〕211号文件《科技部 财政部 国家税务总局关于进一步做好企业研发费用加计扣除政策落实工作的通知》的相关内容，本书对每一环节所需要完成的工作和所需资料做了汇总，各阶段具体内容如下。

（1）立项阶段（企业自主研发）

企业研究开发活动应当实行立项制度。根据有关规定，企业的每个研究开发活动，应当首先由企业自主立项。项目应当具有明确的研发形式、研发目标、进度计划、经费预算、人员组成和过程管理文件，会计期末应当对研究开发费用发生情况进行归集。每个年度终了或项目完成时，对项目实施情况或完成情况进行总结。

企业根据需求，在充分论证分析的基础上，自行决定研究开发内容和形式，合理编制研究开发计划和费用预算，确定研究开发人员编制，经企业总经理办公会或董事会研究批准。

项目立项应形成的立项文件共计4份，具体组成见表7-18。

表7-18 **立项阶段提交资料汇总表**

序号	资料内容
1	自主、委托、合作、集团集中研究开发项目计划书和研究开发费用预算
2	自主、委托、合作、集团集中研究开发专门机构或项目组的编制情况和专业人员名单
3	企业总经理办公会或董事会关于自主、委托、合作研究开发项目立项的决议文件
4	委托、合作、集团集中研发项目的合同或协议，合同或协议应明确规定参与各方在该研究开发项目中的权利和义务、费用分摊方法等内容

（2）实施阶段

① 按计划实施的研究开发项目：项目投入研发后，企业应按照计划进度、目标定位对项目实施开发，对项目研发进展情况进行年度工作总结。

② 研究开发项目的变更：科技部、国家发改委、工信部、省级及设区市有关部门的科技发展类和技术创新类项目或设区市科技部门和省级科技部门鉴定的研究开发项目，在实施过程中，出现下列情形之一的，属于项目变更范围：研究开发项目名称发生改变的；研究开发单位名称发生改变的；研究开发方式发生改变的；研究开发项目内容

发生调整的；研究开发项目未按时间完成的；需要进行项目变更的其他情形。

企业研发项目发生变更应按照要求向相关部门提交变更申请。

（3）申报备案阶段

企业在申报备案享受加计扣除政策相关研发费用时，不同研发类型所需的备案资料组成不同，最多需要提交由企业多个部门所负责的10份资料（详情见表7-19）。

表7-19　**申报备案阶段提交资料汇总表**

序号	资料内容
1	政府科技部门的鉴定意见（立项批复等）
2	自主、委托、合作研究开发项目计划书和研究开发费用预算
3	自主、委托、合作研究开发专门机构或项目组的编制情况和专业人员名单
4	自主、委托、合作研究开发项目当年研究开发费用项目归集表
5	企业总经理办公会或董事会关于自主、委托、合作研究开发项目立项的决议文件
6	委托、合作研发项目的合同或协议
7	研究开发项目的效用情况说明、研究成果报告等资料
8	可加计扣除研究开发费用情况归集表
9	企业所得税优惠项目备案报告表
10	企业年度财务报表

由表7-19中所列示的10项资料可看出，多数资料不是能够由企业的财务人员单独完成的，例如自主、委托、合作研究开发专门机构或项目组的编制情况和专业人员名单，企业的财务人员需要向人力资源部等相关部门获取研发人员的构成情况进行填充，而研究开发项目计划书和研究开发费用预算及研究开发项目的效用情况说明、研究成果报告等涉及研发项目具体情况的文件，则需要向企业的经营管理部或者科研生产部等部门获取，企业总经理办公会或董事会关于研究开发项目立项的决

议文件更是必须要通过总经理办公室或者董事会秘书才能拿到。但是每年申请使用研发费用加计扣除优惠政策时，企业都要提供这些资料，那么申报人员就得联合另外至少三个部门的人员获取资料，才能完成全部表格的填写，这大大增加了企业内相关人员的工作量，并且由于存在大量的跨部门合作，遇到各部门内工作繁忙时还得相互协调时间，有时需要上级领导出面才能解决。

（4）税务部门提出异议项目专业鉴定阶段

财税〔2015〕119号文件相关内容对税务部门异议项目的鉴定工作做出了规定，国科发政〔2017〕211号文件的通知内容进一步做出了解释，该通知中指出，主管税务机关对企业申报的研究开发项目有异议的，可交由科技部门出具企业研发项目的鉴定意见。

研究开发项目鉴定，是指省、设区市科技部门组织有关专家，按照规定的形式和程序，对企业申报的研究开发费用加计扣除项目的所属领域、价值成果及对相应省（市）相关行业的技术、工艺领先的推动作用等进行评价，并得出相应结论。

①鉴定范围：科技部、国家发改委、工信部、省级及设区市有关部门下达的科技发展类和技术创新类项目，以正式下达的文件或签订的任务书作为鉴定意见。

除科技部、国家发改委、工信部、省级及设区市有关部门下达的科技发展类和技术创新类项目外，由企业立项的研发项目均可申请项目鉴定。

②鉴定单位：设区市科技部门和省级科技部门负责组织企业研究开发费用加计扣除项目鉴定工作。

科技部门进行研究开发项目鉴定不收取任何费用。

③鉴定内容：科技部门需要鉴定的具体内容如下：

首先，项目是否属于《国家重点支持的高新技术领域》和国家发改委等部门公布的《当前优先发展的高技术产业化重点领域指南（2011年度）》的范围；

其次，项目是否能够通过在技术、工艺、产品（服务）方面的创新，取得有价值的成果；

再次，项目是否对陕西省相关行业的技术、工艺领先具有推动作用；

最后，需要审核的其他事项。

④鉴定资料：税务部门对企业享受加计扣除优惠的研发项目有异议时，将通过县（区）级科技部门提交表7-20中的项目资料（一式两份）至地市级（含）以上科技部门进行鉴定，如对地市级科技部门鉴定结果有异议，可进一步申请省级科技部门进行鉴定。

表7-20　**税务部门提出异议项目专业鉴定阶段提交资料汇总表**

序号	资料内容
1	陕西省企业研究开发费用加计扣除项目鉴定申请表（分自主、委托、合作、集团集中研究开发）
2	自主、委托、合作、集团集中研究开发项目计划书和研究开发费用预算
3	自主、委托、合作、集团集中研究开发专门机构或项目组的编制情况和专业人员名单
4	企业总经理办公会或董事会关于自主、委托、合作、集团集中研究开发项目立项的决议文件
5	委托、合作、集团集中等研发项目的合同或协议
6	需要提供的其他材料

⑤鉴定程序：科技部门分批次组织相关专家进行项目鉴定，每季度应不少于一次。

企业在一个年度内进行多个研究开发项目的，应按照不同研究开发项目分别进行鉴定。同一研究开发项目不得重复、多头申请；同一研究开发项目如无变更，只需申请一次鉴定。

省、设区市科技部门受理企业研发项目鉴定申请后，在30个工作日内完成企业研究开发费用加计扣除项目鉴定工作，并出具《陕西省企业研究开发项目鉴定表》。

⑥鉴定程序评价：根据调查可以发现，如果税务部门要求企业就其中某项或者某几项研发项目去科技部门进行鉴定，企业申报享受加计扣除优惠政策的时间将会非常紧张。这主要是因为每年3月底企业报送研

发项目费用加计扣除政策备案后约等待15天后才能确定是否需要进行项目鉴定，而鉴定工作首先需要税务部门统一准备鉴定资料送交科技部门，提交后还需要等待统一的鉴定，这一过程大概要花去1个月的时间，如果企业想要在5月份所得税减免环节之前通过鉴定，其可能性较小，所以企业难以享受到该年度的研发费用加计扣除优惠。

综上所述，企业申请享受研发费用加计扣除优惠政策的程序确实过于复杂，提交的材料非常多，并且对于那些历时几年的研发项目，同样的资料每年需重复提交，这给企业带来了非常大的困难，并且在一些资料存在问题需要科技部门进行鉴定时，也会耽误大量时间，甚至导致企业即便花费大量时间和精力完成了备案工作，最终也未能成功申请到研发费用加计扣除优惠政策，这严重打击了企业的积极性。因此，烦琐的程序设计给企业相关人员增加了不少的工作量，也加大了企业应用这项优惠政策的成本，导致部分企业认为申报研发费用加计扣除优惠政策所获得的优惠力度难以补偿申报成本，因此放弃享受该政策，从而对研发费用加计扣除政策的落实效果有所影响。

4）独立的第三方权威机构作用发挥不足

从政策环节设计可以看出，陕西省研发费用加计扣除政策中异议研发项目的申诉鉴定过程以高级别科技部门为主体，忽视了第三方权威科技机构的作用。一方面，单由科技部门来完成鉴定工作促使科技部门必须快速审核、鉴定以保证及时出具鉴定报告，这将对鉴定报告的权威性和准确性带来不利影响；而如果谨慎细致完成相关鉴定工作，将极大可能超出企业申报所得税的规定时间，影响企业顺利享受相关税收优惠，打击了企业响应研发费用加计扣除优惠政策的积极性，因此需要具有权威性的科研机构协助科技部门共同完成鉴定工作，从而更好地为企业顺利享受加计扣除税收优惠，激发创新潜力提供助力。另一方面，近年来我国越来越重视第三方权威科技机构存在的重要意义，具体表现为在鉴定科技成果方面第三方权威科技机构的地位已经日益得到肯定。2016年，我国对科技成果评价工作有重要指示，指出要改革现行科技成果评价制度，正确评价科技创新成果的科学价值、技术价值、经济价值、社会价值和文化价值。科技部甚至在2016年6月发文废除科技成果鉴定，并规定今后各级科技行政管理部门不得再自行组织科技成果评价，科技成果评价工作改由专业的第三方评价机构进行。这一规定对研发费用加计扣除政策实施过程中企业研发项目的相关鉴定工作具有极大借鉴意义。

在上文所述的大背景下，同时考虑到仅依靠科技部门进行研发项目鉴定的弊端，陕西省在逐渐落实研发费用加计扣除政策的过程中对独立的第三方权威科技机构的作用的发挥稍显不足，未能充分发掘科技机构的巨大价值，从而最大程度调动一切可利用的资源为激励企业创新研发的相关政策落实提供帮助。

5）加计扣除备案材料设计合理性不足

根据对企业加计扣除备案材料的收集和汇总，可看出“研发项目可加计扣除研发费用情况归集表”（以下简称“归集表”）作为“企业所得税年度纳税申报表”的附表，要求享受研发费用加计扣除的纳税人每年按照各研发项目分别进行填报，但是以“归集表”为代表的相关备案材料在内容设计方面与研发费用加计扣除政策内容并没有完全保持一致，给企业填报时带来一些不便，不利于企业有效进行研发项目备案从而享受研发费用加计扣除政策优惠。

例如财税〔2015〕119号文件中规定“企业委托外部机构或个人进行研发活动所发生的费用，按照费用实际发生额的80%计入委托方研发费用并计算加计扣除”，但是委托外部研究开发费用即“外委费”在“归集表”中并未列举，因此发生“外委费”的企业在填报该表时需要将这部分费用在最后行次另行列示，可能有的企业会因此遗漏该项费用的归集。

7.3.2 研发费用加计扣除政策政府部门执行情况

1）相关部门宣传力度不足

本书对比分析了我国各省市相关部门研发费用加计扣除政策宣传力度的统计数据。为了保证相关信息的真实性和权威性以及宣传活动对企业的有效影响，本书根据对我国各省市科技厅官方网站等权威来源所发布的能够直接接触省（市）内企业的研发费用加计扣除政策培训、宣讲、媒体宣传及实地推广调研等活动的举办次数，从而对我国各省市有关部门研发费用加计扣除政策宣传力度进行了统计分析，结果见表7-21。

表7-21 **各省市有关部门研发费用加计扣除政策宣传活动次数统计** 单位：次

地区＼年份	2012年	2013年	2014年	2015年	2016年	2017年	合计	排名	备注
江苏省	22	8	7	4	24	8	73	1	
湖北省	0	6	10	7	14	21	58	2	全省培训会1次
浙江省	5	2	4	4	14	19	48	3	全省培训会1次
四川省	4	9	9	2	4	0	28	4	
福建省	3	1	5	2	9	7	27	5	全省培训会1次
天津市	0	0	1	9	5	7	22	6	
新疆维吾尔自治区	0	0	2	1	5	9	17	7	
河北省	1	2	1	1	4	7	16	8	
江西省	0	1	4	1	3	7	16	8	
山西省	1	1	2	3	2	2	11	10	
山东省	1	2	1	0	2	2	8	11	
吉林省	0	2	2	0	0	3	7	12	
海南省	0	0	1	0	5	1	7	12	
上海市	3	2	0	0	0	1	6	14	
广东省	2	1	0	1	0	2	6	14	全省培训会2次
青海省	1	1	1	0	2	1	6	14	
安徽省	0	0	2	1	1	1	5	17	
重庆市	0	0	0	2	2	0	4	18	
北京市	0	0	0	0	0	3	3	19	
贵州省	0	0	0	1	0	2	3	19	
云南省	0	0	0	1	1	1	3	19	

续表

年份 地区	2012年	2013年	2014年	2015年	2016年	2017年	合计	排名	备注
宁夏回族自治区	0	1	1	0	0	1	3	19	
黑龙江省	0	0	0	0	0	2	2	23	
陕西省	0	1	0	0	1	0	2	23	
甘肃省	0	0	2	0	0	0	2	23	
辽宁省	0	0	0	1	0	0	1	26	
河南省	0	0	0	0	0	1	1	26	
广西壮族自治区	0	0	0	0	0	1	1	26	
西藏自治区	0	0	0	0	0	1	1	26	
湖南省	0	0	0	0	0	1	1	26	
内蒙古自治区	0	0	0	0	0	1	1	26	

数据来源：各省市科技厅官方网站、人民网等权威网站对各省市研发费用加计扣除政策宣传活动相关信息出现次数的人工统计。

根据表7-21的数据可以看出，各省市相关部门对研发费用加计扣除政策的宣传力度差异明显，而宣传力度与省（市）实际的政策落实情况及创新能力水平基本符合，说明研发费用加计扣除政策的落实力度与相关部门的宣传情况息息相关。据此，名次在我国各省市中相对靠后的省市都可着力加大对相关税收优惠政策的宣传培训力度，促进应税企业了解并熟练运用相关税收优惠，提高自身自主研发能力。以陕西省为例，从宣传活动数量排名情况来看，陕西省的宣传活动数量排名为第23位，名次在我国各省市中处于中下游，说明陕西省对研发费用加计扣除政策的宣传力度明显不足，可以通过加强政策宣传力度来体现有关部门的重视，并提高企业对研发费用加计扣除优惠政策的了解和响应程度，从而为更好地发挥该政策对企业创新研发的积极作用提供保障。

2）税务部门合理审核企业研发项目备案难度较高

（1）税务部门审核项目能力较低

在研发费用加计扣除政策实施过程中，根据税务部门相关规定，税务部门将对企业研发项目所得税申报的备案材料进行审核，并对不符合要求的企业研发活动相关费用加计扣除项目要求其进行调整并补缴相关税款及罚款，因此研发费用加计扣除政策对税务部门在落实过程中的能力和技术水平提出了较大要求，对于税务部门而言，这一要求难以实现且欠缺合理性，并且揭示出科技部门和税务部门之间的协作水平尚待提高，科技部门的作用未充分有效发挥。

具体来说，通过上文对申报流程的分析可看出，财税〔2015〕119号文件规定主管税务机关对企业申报的研发项目有异议的，可要求企业提供政府科技部门的鉴定意见书，导致税务部门成为判断研发项目的“创新性”的第一责任人。这一规定赋予了税务机关极大的裁量权，且税务部门的审核成为了企业首先要面对的筛选环节。但是毫无疑问，就审核环节而言，政府相关科技部门或第三方权威科技机构比税务部门更应承担也能够胜任这一具有专业性的职责，而且现有规定要求税务管理人员完成这一职责将会引发一定的管理风险：税收管理人员通常具备会计学和税法方面较好的能力水平，而在审核企业研发项目的过程中，税收管理人员的裁量权决定了他们需要完成核定研发人员范围、核实委托研发费用的真实性、审阅多用途对象费用的归集等工作，并有权提出异议来要求企业出具科技部门的鉴定文件，并对最终不通过鉴定的企业调整其可享受加计扣除政策的研发投入金额。对于在企业备案过程中对研发项目提出异议的裁量权而言，税收管理人员基本不具备完成这些工作的相关技术能力，因此出于谨慎目的，税收管理人员可能会提高对研发项目“创新性”的审核标准，虽然对异议项目的鉴定环节能够在一定程度上保障企业享受税收优惠政策的权利，但同时也体现出了税务管理人员作为研发项目审核第一责任人的不合理性。

（2）税企之间对享受政策项目资格的争议不利于企业有效享受政策

由于税收管理人员的专业水平缺陷容易导致税务部门对企业研发项目的审核相对严格和认真，但是由于税务部门对于科技研发相关事项的权威性不足，审核结果经常难以令企业信服，而对于税务管理人员提出异议的研发项目，相关企业需要向科技部门提交一系列资料以出具鉴定文件来保障享受加计扣除优惠，同时鉴定手续的复杂性也导致企业极有可能无法及时完成申报备案，失去享受该年度加计扣除政策优惠的机会。在这种情况下，一旦面临鉴定复核程序，出现项目异议的企业与税务部门之间就会频频发生争议，且较难达成共识进而完成企业研发费用相关税收优惠。这种税企争议不仅加大了部分理应享受加计扣除优惠政策的企业的工作量，也降低了企业获得该年度加计扣除税收优惠的可能性，对企业获得税收优惠的效率带来不利影响，加大了其未能及时顺利享受税收优惠的风险，因此削弱了企业享受加计扣除政策的意愿，大部分企业可能放弃进一步鉴定，甚至有些企业会因考虑到这一风险而直接放弃享受加计扣除政策，从而不利于企业研发投入有效对接相应优惠政策，实现政策对企业的激励目的。

综上所述，税务管理人员所拥有的裁量权使其成为审核企业研发项目的第一责任人，但由于其不具有足够的技术能力，正确认定企业研发项目备案材料政策适用性的难度较大，通常需要科技部门鉴定环节的辅助。因此，现有流程设计增加了企业完成享受加计扣除政策备案的工作量，为企业就自身研发投入享受相关税收优惠政策增添了许多阻碍，降低了企业享受应得税收优惠的效率和概率，挫伤了企业享受研发费用加计扣除优惠政策的积极性，不利于提高研发费用加计扣除政策在企业层面的落实力度。

7.3.3 企业对该优惠政策的执行情况

1）企业推进创新活动时较少倾向于选择研发费用加计扣除等税收优惠政策

本书相关研究根据中国科学技术发展战略研究院与中央财经大学经济学院共同编著的国家创新调查制度系列报告之一《中国企业创新能力评价报告》中首版（2016）和最新版（2019）[①]，基于企业对税收优惠

① 《中国企业创新能力评价报告》2016年、2019年版分别基于2014年、2018年企业创新调查结果数据。

政策选取倾向角度的数据及对比进行了上述问题的原因分析。《中国企业创新能力评价报告》从创新投入能力、协同创新能力、知识产权能力和创新驱动能力四个维度，选取24项指标对我国企业的创新活动和创新能力进行了全面评价。

首先，本书根据《中国企业创新能力评价报告》，分析了开展创新活动的企业对各种优惠政策是否发挥明显效果的看法，具体如图7-11至图7-14所示。

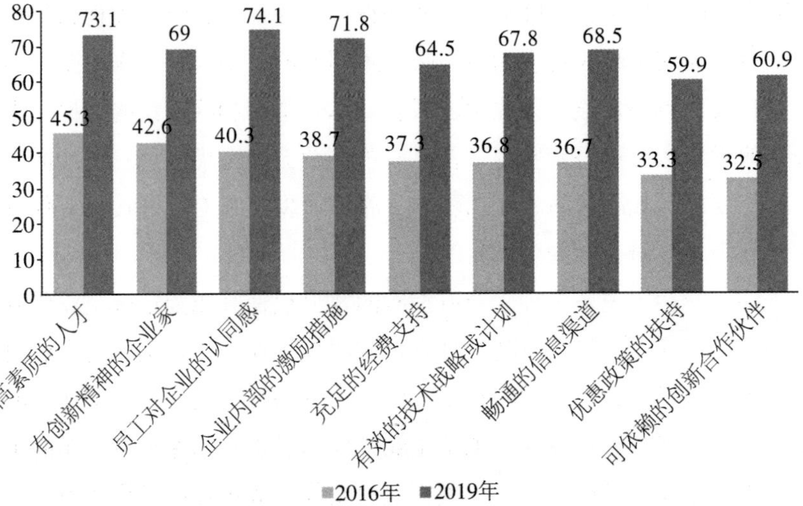

图7-11　开展创新活动企业认为影响创新成功最重要因素统计结果（单位：%）

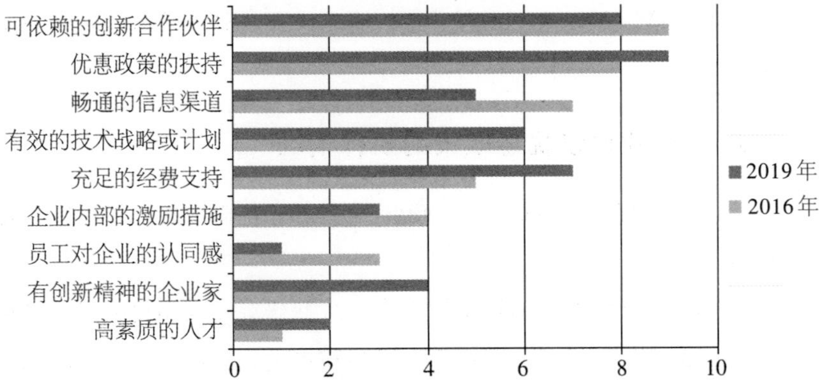

图7-12　开展创新活动企业中认为是影响创新成功重要因素的比例名次对比

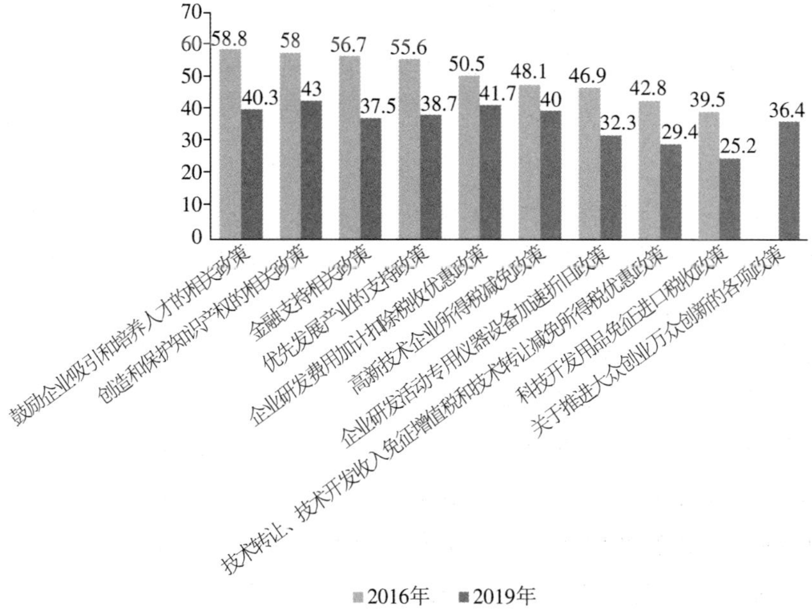

图 7-13　创新企业认为政策效果较明显的比重（单位：%）①

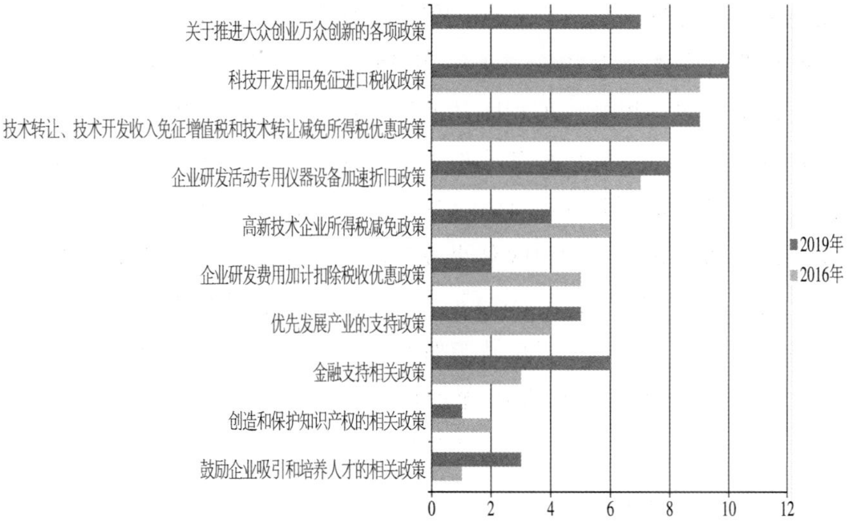

图 7-14　创新企业中认为政策效果明显比例名次对比

数据来源：《中国企业创新能力评价报告》（2016）和《中国企业创新能力评价报告》（2019），中国科学技术发展战略研究院和中央财经大学经济学院。

① 随着相关政策的调整和变化，在《中国企业创新能力评价报告》（2019）中将“科技开发用品免征进口税收政策”项目替换为“科技创新进口税收政策”项目，故本书将该项数据对应比较，图中沿用2016年版的“科技开发用品免征进口税收政策”作为该项名称。

由图7-11和图7-12可以看出，在开展创新活动的企业中，认为优惠政策的扶持是创新成功的最重要因素之一的企业比例从2016年的33.3%上升至2019年的59.9%，说明开展创新活动的企业更加肯定了优惠政策扶持对创新成功的作用；但是优惠政策的扶持这一因素在开展创新活动的企业看来的重要度名次有所下降，在各因素重要度中排名垫底，可见开展创新活动的企业认为优惠政策的扶持这一因素对企业创新成功的影响仍弱于其他因素。同时，图7-13表明，在各种税收优惠政策中，2016年有50.5%的企业认为研发费用加计扣除优惠政策具有显著效果，而认为高新技术企业所得税减免政策、技术转让及技术开发收入免征增值税和技术转让减免所得税优惠政策、科技开发用品免征进口税收政策具有明显效果的企业占比分别为48.1%、42.8%和39.5%；但到了2019年，认为研发费用加计扣除优惠政策具有显著效果的企业比例为41.7%，且认为高新技术企业所得税减免政策、技术转让及技术开发收入免征增值税和技术转让减免所得税优惠政策、科技创新进口税收政策（科技开发用品免征进口税收政策）具有明显效果的企业占比分别为40%、29.4%和25.2%，说明一直以来对于企业而言研发费用加计扣除政策相比其他税收优惠政策而言更能有效地发挥优惠激励作用，但是认为各项税收政策对企业创新活动有效果的企业比例均出现了显著下降。而由图7-14可以看出，在开展创新活动的企业中，2016年认为各种税收优惠政策能够明显对创新成功发挥作用的企业比例排名均靠后，而2019年认为研发费用加计扣除税收优惠政策和高新技术企业所得税减免政策对企业创新有效果的企业比例排名上升至第2和第4名，说明税收优惠政策，尤其是研发费用加计扣除税收优惠政策和高新技术企业所得税减免政策的效果相比其他优惠政策而言更加受到开展创新活动企业的肯定。综合图7-11、图7-12、图7-13和图7-14的数据还可看出，在各项税收优惠政策中研发费用加计扣除政策对创新成功的推动作用更强，且对企业而言税收优惠政策正在逐步成为创新成功的关键优惠政策，但是认为各类优惠政策对企业创新活动有效果的企业比例明显降低，各项数据均表明优惠政策扶持难以看作创新成功的关键影响因素。基于上述结论，本书认为对于开展创新活动的企业而言，它们选择通过研发费用加计扣除等税收优惠政策来促进自身成功完成创新活动的倾向相对较低，这说明企业对税收优惠政策积极作用的信心有待提升。

具体来说，本书以陕西省相关数据为例，针对企业对税收优惠政策信心如何影响研发费用加计扣除政策落实效果进行了进一步分析。研究团队以问卷形式对2012年西安市研发费用加计扣除等税收优惠政策对企业的实际优惠力度进行了调查，调查结果见表7-22。

表7-22　**2012年陕西省税收优惠政策情况对比**

税收优惠政策	享受政策企业数（家）	占总数百分比（%）	减免应纳税所得额（亿元）	占总数百分比（%）
西安市各类税基式减免政策	720	100	155.73	100
研发费用加计扣除政策	213	29.58	16.47	10.58
投资收益优惠政策	186	25.83	132.71	85.22

由表7-22数据可看出，西安市享受各类税基式减免优惠的企业共有720家，减免应纳税所得额155.73亿元（含研发费用加计扣除额）。虽然享受研发费用加计扣除优惠政策的企业个数较多（213家），占税基式减免企业总数的29.58%，但享受的加计扣除额只占总减免应纳税所得额的10.58%，两者在占比上并不匹配；而2012年享受投资收益优惠政策的企业共有186家，减免应纳税所得额132.71亿元，说明享受投资收益优惠政策的企业在数量少于享受研发费用加计扣除政策企业的情况下，减免的应纳税所得额是后者的8.06倍。相关数据表明，与同属于税基式减免的投资收益优惠政策相比，研发费用加计扣除政策优惠效果呈现优惠企业个数多但减免比重小的特点，不仅再次说明了研发费用加计扣除政策的优惠力度稍显不足，同时更说明了从企业对于不同税收优惠政策的倾向来看，与通过自身投入技术、依靠科技创新增强企业核心竞争力相比，企业更倾向于通过对外投资来获取投资收益，因为通过投资获取的收益往往比技术创新所带来的收益更为直接和丰厚。

在2012年研究结论的基础上，《中国企业创新能力评价报告》也在不断发布并更新陕西省企业对于研发费用加计扣除政策效果看法的最新数据。《中国企业创新能力评价报告2016》的区域篇基于《2014年全国企业创新调查统计资料》《中国企业创新能力统计监测评价报告2015》及2015年各类科技统计年鉴提供的最新数据，从中选取20项核心指标，对我国各省市之间企业创新能力的差异进行了全面剖析。《中国企业创新能力评价报告2019》的区域篇则根据2018年企业创新调查结果，通过构建评价区域创新能力的指标体系，横向比较了我国31个省市的企业创新能力。因此从2016年版到2019年版，《中国企业创新能力评价报告》不仅反映了陕西省创新能力的进展，也反映了企业对于创新活动以及创新活动税收优惠政策的态度和看法。

根据《中国企业创新能力评价报告2016》和《中国企业创新能力评价报告2019》的数据，陕西省企业对研发创新活动以及研发费用加计扣除政策的态度与全国水平的对比见表7-23，2016年和2019年各项数据对比如图7-15、图7-16所示。

表7-23 **陕西省企业对创新活动和研发费用加计扣除政策的态度（与全国水平对比）**

单位：%

项目	2016年		2019年	
	陕西	全国	陕西	全国
认为高新技术企业减免税政策有效果企业占开展创新活动企业比重	41.4	48.1	32.3	40.0
认为研发费用加计扣除政策有效果企业占开展创新活动企业比重	42.3	50.5	32.4	41.7
有创新战略目标企业占全部企业比重	59.3	54.5	54.0	50.7
认为创新对企业生存与发展起了重要作用企业占全部企业比重	27.9	25.9	23.8	24.7

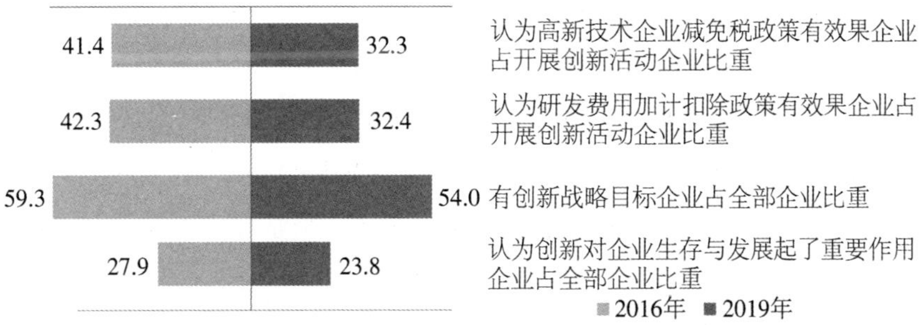

图7-15　陕西省企业对创新活动和研发费用加计扣除政策态度变化

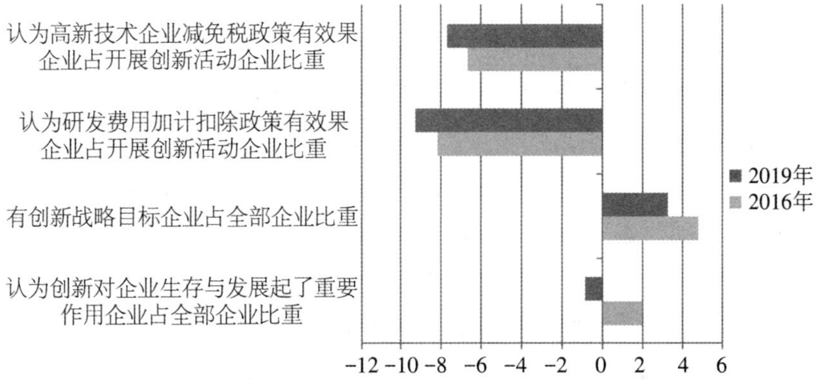

图7-16　陕西省企业对创新活动和研发费用加计扣除政策态度与全国平均水平差距变化①

数据来源：《中国企业创新能力评价报告2016》和《中国企业创新能力评价报告2019》，中国科学技术发展战略研究院和中央财经大学经济学院。

由上述图表可以看出：（1）陕西省有创新战略目标企业占全部企业比重超过50%，高于全国平均水平；而认为创新对企业生存与发展起了重要作用企业占全部企业比重虽然相对较低，且2019年略有下滑，但一直与全国平均水平比较接近，前文中陕西省研发费用加计扣除政策实施情况的相关数据也表明，陕西省企业对创新研发活动的积极性水平正在逐步缩小与全国平均水平的差距，由此可见陕西省企业相对重视创新研发，因此充分体现了研发费用加计扣除优惠政策激励作用的重要性。（2）在全国层面上，2016年我国企业中有50.5%的比例认为研发费用加计扣除政策对企业自身的创新活动具有有效的激励作用，但2019年这

① 图中数据为陕西省对应企业比重与全国平均水平的差距（差距=陕西省水平-全国平均水平）。

一数据下降至41.7%，说明我国开展创新活动企业虽然较为认可研发费用加计扣除政策对创新研发活动的激励作用，但肯定程度有所下滑；而在地区层面上，2016年和2019年报告数据显示，认为研发费用加计扣除政策有效果企业占开展创新活动企业比重由42.3%下降至32.4%，且与全国平均水平的差距有所加大，说明在我国企业对创新活动中受到研发费用加计扣除政策有效激励的认可程度下降的前提下，陕西省在这一税收优惠政策运用方面仍有极大进步空间。（3）由图表数据来看，陕西省开展创新活动的企业中认为高新技术企业减免税政策有效果企业占开展创新活动企业比重从2016年的41.4%下降到2019年的32.3%，且明显越来越低于全国平均水平，但差距较小；而认为研发费用加计扣除政策有效果企业占开展创新活动企业比重虽然与全国平均水平的差距相对偏大，但从比重数据来看一直高于认为高新技术企业减免税政策有效果企业所占比重，说明多项税收优惠政策在全国层面和地区层面都有待进一步提升。综上所述，陕西省企业对研发费用加计扣除政策落实效果评价较低，一定程度上削弱了企业在创新研发过程中对享受研发费用加计扣除政策的倾向，因此有关部门需要关注研发费用加计扣除政策的落实情况，优化该政策的实施流程，从而提高陕西省企业对研发费用加计扣除政策的信心，有效通过税收优惠减低企业的创新风险和研发成本，进一步激发企业的创新热情。

2）企业在享受该政策过程中手续不规范

在实施研发费用加计扣除政策时，对企业最重要的要求就是对研发费用的发生进行非常准确的归集。这一要求对企业财务水平要求极高，成为企业顺利享受研发费用加计扣除政策的一大难点，这一困难在政策申请乃至应用的开始阶段最为突出，部分研发企业如AS公司甚至因为自身对于研发费用的归集没有达到政策的要求而推迟一年甚至更久才申请享受这项优惠政策，等到将企业的研发费用账务加以梳理，建立起较为完善、清晰的账套，并且对研发费用的发生能够按照项目较为准确地归集之后，才在次年正式申请享受研发费用加计扣除优惠政策。这一要求为许多企业在享受税收优惠过程中带来了极大的困扰，经过调查也能看到，目前许多企业不申请享受这项政策的主要原因就是研发费用加计扣除政策对于研发费用的账务处理要求很高，并且对于研发费用的准确归集是企业充分享受这项政策的大前提，如果不能达到这个水平，就没有办法享受这项政策所带来的税收减免优惠。

虽然财税〔2015〕119号文件中对于研发费用准确归集要求的规定相对明确，但是政策规定只有按要求正确归集研发费用才能享受税收优惠。这项规定对企业财务水平要求较高，企业为了达到要求应该做到：

（1）合理确定研发费用的归集对象

不论企业开展的是何种形式（自主、合作、委托、集团集中研发）的研发活动，都应该按照单个研发项目进行研发费用的归集。严格来说，企业所发生的每一项研发费用都应该有明确的费用归集对象。这一点看似简单，实施起来却困难重重，因为在企业的实际研发活动当中，许多费用的发生并不能简单归集到一个研发项目中去，例如研发人员的工资，如果一名研发人员同时参与几个不同产品的研发工作，那么应该将该费用归集到哪个项目就成了一个难以抉择的问题。还有用于研发活动的仪器、设备的折旧费和租赁费，如果这个设备同时用于多个新产品的生产，又该将这项费用归集到哪个项目中去也待解决。正是实际中存在的种种困难，导致了企业没有办法合理确定研发费用的归集对象。以陕西省高新技术企业AS公司为例，其在归集研发过程各项费用时就遇到了许多问题，具体列示见表7-24。

表7-24　**AS公司较难归集的研发费用及原因**

序号	研发费用内容	归集困难的原因	AS公司情况
1	研发人员工资及社保	同时从事多个研发项目	有70多名技术人员从事基本的资料收集、材料准备等工作，50%以上同时参与多个项目
2	仪器、设备的折旧、维修等费用	同时用于多项新产品的生产	公司的所有设备中用于专项研发的仅占30%
3	软件、专利权、无形资产的摊销费用	同时用于多项新产品的生产	公司的软件等无形资产都用于全部研发项目
4	模具、工艺装备的制造费	同时用于多项新产品的生产	用于专项研发的模具、工艺装备仅占40%

（2）健全研发费用财务核算制度

加计扣除政策要求企业将研发费用进行合理归集，实际上是以此为切入点，督促企业建立健全研发费用财务核算管理办法，这样才能更加全面、准确地核算企业研发费用。要想建立健全研发费用财务核算管理办法，企业应按照会计核算政策规定，设置专门的会计科目，科学、合理、清晰地设置具体明细科目，准确核算每一个研发项目的研发费用发生额。计入研发费用的实际支出必须有据可依，需要有如发票、工资单、合同等凭证的证明，并在记账凭证的摘要栏注明用途。如果企业在一个纳税年度有多个研发项目，研发费用应按不同研发项目归集，发生的公共费用应当进行合理分摊，具体分摊方法应按照会计准则或会计制度确定，但必须相对固定和科学。企业如果能够建立起一套完善的研发费用财务核算管理办法，那么研发费用的发生及管理必然会得到更好的控制及规划，对企业研发投入效果也一定会产生有益的影响。

（3）按规定确定研发费用归集期间

根据研发费用加计扣除政策的要求，企业对于费用化的研发费用应该按月进行归集，并于每月月末转入“管理费用”科目；而对于资本化支出的研发费用，则要按研发项目的周期归集。

如果企业能按要求做到以上三点，那么申请享受研发费用加计扣除政策便不会存在太大的困难，并且计算出的加计扣除金额也会比较准确，但是不得不承认，以上三点对于企业财务人员的账务处理及核算能力有较高的要求，在任何财务处理环节出现问题都将直接影响企业研发活动获得加计扣除政策的优惠程度。

根据调查研究，本书发现大部分企业财务处理规范，企业研发费用能够独立分开核算，准确归集费用，从而享受研发费用加计扣除的税收优惠政策。但仍有部分企业对政策理解不到位，账务处理混乱，研发费用归集不真实、不准确，导致加计扣除金额不正确等问题，阻碍了其充分享受研发费用加计扣除政策对企业创新研发活动的优惠。以2014年度西安市高新区税务部门在审核过程中汇总统计的企业研发费用备案存在的问题为例，本书对企业备案过程中存在的问题进行了分析。2014年度研发费用加计扣除风险事项具体问题统计见表7-25。

表7-25　**2014年度研发费用加计扣除风险事项具体问题统计表**

项目	存在问题	涉及金额（万元）	涉及税款（万元）	涉及户数（户）
1	研发活动不属于“三新”活动	73.23	0.96	2
2	以财政拨款支付的研发费用	0.96	0	1
3	多计工资薪金类	919.86	22.99	21
4	非专用仪器、设备的折旧费或租赁费等费用	81.21	10.92	4
5	构成固定资产的样品、样机及一般测试手段购置费	258.17	15.68	5
6	研发成果的评估以及知识产权的申请费、注册费、代理费等费用	1.4	0.215	7
7	多列其他费用	319.17	49.65	23
8	已在成本中列支的费用	550.57	80.91	5
9	未提供明细的外委费	47.91	4.09	6
10	其他问题（请具体列示）：			
	①未立项、未备案	228.97	7.04	11
	②研发样品转产品销售	10.07	0	1
	③不属于创新项目	33.2	0	1
合计		2 524.72	192.46	87

根据表7-25可以看出，企业在研发项目备案过程中的财务处理问题主要体现在两个方面：一方面，税务部门简政放权以后，研发费用加计扣除由事前审批改为事后备案，但仍有个别企业对优惠政策理解有误，误以为取消了审批，事后备案也可以不做，因此导致错失了享受研发费用加计扣除的机会；另一方面，企业在对自身研发费用归集的过程中出现极多不规范之处，具体内容如下：

① 研发项目立项不符合“三新”规定范围：存在一些企业把常规升级换代改造项目纳入加计扣除项目范畴的现象。

② 研发直接耗材归集不实：研发领用耗材最后改变用途，挪作他用，比如生产车间耗用、单独出售等，没有从研发费中剥离转出，导致研发费用不实。

③ 研发人员工资归集不实：部分企业不是选取直接从事研发人员的工资，而是随意扩大研发人员范围。比如，部分企业把市场促销人员、临聘人员及没有从事研发的管理兼职人员的工资混淆纳入研发费用核算。

④ 专门用于研发的租赁费归集不实：目前文件只把研发活动中的仪器和设备租赁费纳入研发费用加计扣除范围，但部分企业把房屋租赁费也归入加计扣除之列。

⑤ 研发设备折旧费归集不实：部分企业把生产与研发共用设备的折旧也并入加计扣除范围。

⑥ 研发活动的其他费用归集超出规定范围：目前在会计核算上，只要与研发活动有关的其他费用统一都可列入研发费用，但税法上加计扣除范围的口径与会计上略有差异，现有政策仅限于新产品设计费、新工艺规程制定费以及与研发活动直接相关的技术图书资料费、资料翻译费、勘探开发技术现场试验费、新药研制临床试验费，研发成果的论证、评审、验收费用可加计扣除。在评估中发现有企业也将会议费、办公费、招待费、外事费、研发人员培训费等费用进行了加计扣除。

⑦ 对于委托研发项目，受托方没有及时提供委托研发项目经费开支明细，委托研发项目的真实性有待核查。

综上所述，虽然部分企业可能存在擅自多报相关费用或申报不符合要求的项目的行为，但是多数情况下企业研发费用加计扣除备案出现以上问题因而未通过税务部门审核是由企业对研发费用加计扣除政策掌握程度有限、自身财务水平不足及其责任心缺乏导致申报内容的记录和归集不规范所造成，从而影响了研发费用加计扣除政策在企业研发活动中的有效落实。

3）中小企业缺乏享受研发费用加计扣除优惠的机会

处于起步阶段的创新型中小企业较容易发生亏损，虽然文件规定允许企业当年不足抵扣的研发支出在以后年度结转，但结转年限最长不得超过5年，这对于资金匮乏的中小企业来说不能立即从研发费用加计扣除优惠中受益，这无异于远水不解近渴，因此创新型中小企业研发投入难以获取相应税收优惠。

7.4 改善税收优惠政策实施效果的针对性建议

7.4.1 提高研发费用加计扣除政策落实效果方面

开展自主研发、提高企业创新研发投入，是促进经济高质量发展的重要路径。而对于具有自主研发创新投入的企业而言，相比高新技术企业减按较低所得税税率缴纳所得税等优惠政策，适用于研发费用加计扣除政策的企业覆盖面更为广泛，因此从政府和企业层面采取更多有力措施，着力推动好研发费用加计扣除政策的有效落实，为更多具有创新投入的企业充分实现减税降费以调动其参与自主研发活动、提高创新研发投入的积极性，从而推动经济高质量发展具有更为重要的作用。据此，本书的研究团队基于相关研究提出了九条关于促进研发费用加计扣除政策落实的针对性建议，并以陕西省的相关情况为例，对如何具体落实相关建议提供了参考方案。

1）政府角度

（1）帮助企业提高对研发费用加计扣除政策的认识与应用程度

根据前文所述，在研发费用加计扣除政策宣传活动频次排名前列的省份如浙江省、福建省等，这些省份均进行过遍及全省各地市乃至区县的巡回培训宣讲活动；而研发投入和加计扣除减免税额均排名前列的广东省虽然活动频次中等，但是在有限频次中出现了两次遍及全省各地市企业的巡回培训活动，因此宣传质量突出。这些宣传活动切实将该政策相关知识输送给全省大部分企业，帮助其规范申报加计扣除优惠政策，切实享受了相关税收减免带来的助益。而从本书所选取的案例省份陕西省的宣传频次来看，其对研发费用加计扣除政策的培训、宣讲等活动举办频次在我国各省市中排在第23位，明显落后于我国大部分省市，说明陕西省对于研发费用加计扣除政策所进行的切实深入企业并促使企业在研发活动中提高加计扣除政策享受意识和享受能力的宣传活动十分缺乏，宣讲活动频次明显较低，同时省内各地市的宣讲频次参差不齐，且并未出现过涉及全省所有地市的巡回培训活动，反映了陕西省在宣传方面落实不足，因此在宣讲活动的举办力度上陕西省大大落后于全国许多省市，不利于陕西省企业加深对研发费用加计扣除政策的了解和运用能力。据此，陕西省有关部门必须采取措施加大对企业关于该政策的宣讲和指导力度，保证企业积极申报该优惠政策，也能切实享受到相关优惠。

综上所述，本书提出了在加强税收优惠政策宣传力度方面的政策建议，力求促进我国各省市，尤其是目前宣传工作有待提升的省市改善税收优惠政策落实效果，以激励企业自主研发，推动经济高质量发展。建议具体如下：一方面，省（自治区、直辖市）有关部门如税务机关、科技厅等应积极举办切实深入企业的相关宣讲活动，尤其是定期（如以一年为一个周期）选取一定期间对省（自治区、直辖市）内各地市的企业进行研发费用加计扣除政策巡回宣讲会，并实地开展座谈，聆听企业在实施过程中的问题，及时对政策实施水平进行修正。另一方面，省（自治区、直辖市）税务机关和科技厅等有关部门应抽调专门人员组成政策推广小组，每年定期对经常参与研发活动的企业的税收相关政策申报和落实情况进行跟进调研，协助其更为熟练和规范地获得合理税收优惠，以此为榜样推动更多企业学习相关经验，共同为激发省（自治区、直辖市）创新研发活力提供税收保障和补贴。

具体来说，各省（自治区、直辖市）的税务部门和科技部门应与企业共同推动适用企业对这一政策的认识和运用水平的提升，具体方式如图7-17所示。

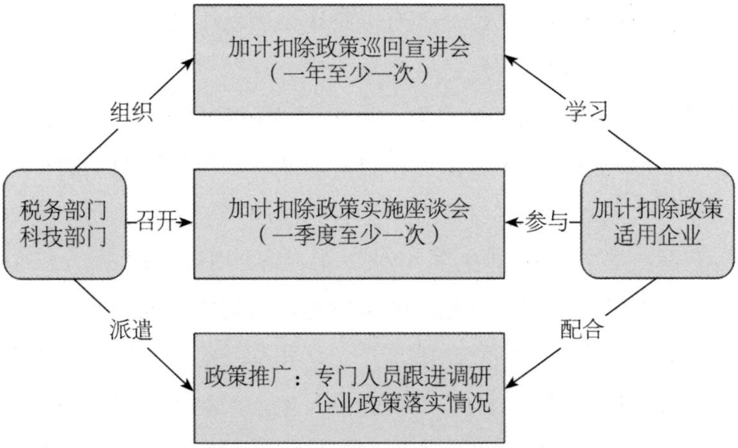

图7-17 政策宣传方式汇总图

（2）优化研发费用加计扣除政策申请备案流程

根据实地调研和相关资料收集可以看出，企业为了获得研发费用加计扣除相关优惠需要完成的手续过于复杂，每一环节所需的手续和相关材料数量颇多，导致企业申报该政策所需成本常常超过可获得的税收优惠，削弱了企业申报加计扣除政策的意愿。基于上文分析，本书提出优化企业研发项目备案流程的具体建议主要包括如下几个方面：

首先，简化申请步骤，提高企业研发活动备案申请无纸化程度，为企业研发项目建立企业、科技部门和税务部门信息共享的电子档案平台。具体步骤如下：

① 企业完成立项后，先将相关立项资料在电子档案中进行上传存档，在申报备案之前的整个年度中，由主管税务机关同级的科技部门负责定期对企业自主研发项目的相关立项资料分批进行创新性等方面的在线审核（至少一季度一次），并出具具体审核意见，从而筛选有异议研发项目。需要说明的是，具有政府批文的研发项目上传立项资料时应将政府立项批文同步上传，可免去审核步骤；对科技部门审核有异议的，企业可申请更高一级科技部门仲裁复核或申请科技部门认可的第三方权威科技机构出具鉴定报告，通过后上传相关鉴定结果文书即可在申报备案期间交由税务部门审核加计扣除情况。

② 对于科技部门在线审核通过的企业研发项目，税务部门在申报备案规定时间内对企业在线录入的相关财务处理信息进行审核的基础上，通知企业提交其他纸质版资料一并进行审核，对于账务处理符合规范的企业准予完成备案工作并享受研发费用加计扣除税收优惠，对于账务处理不合规的企业予以通知并做出补充材料、补缴税款及罚款等处理。

其次，注重发挥第三方权威科技机构的作用。对于科技部门而言，企业研发的审核鉴定工作仍是不小的工作量，尤其是在二次鉴定环节，在较短时间内保质保量进行审核鉴定难度较大，因此第三方权威科技机构的作用显得尤为重要。而科技部门应该建立规范严格的招投标制度，在招投标过程中对第三方科技机构的权威性和专业性进行全面的审核把关，保证第三方科技机构的资质能够获得社会各界的信任，同时在招标完成后及时发布被认定的独立的第三方权威科技机构具体名单，提高信息透明度。通过建立第三方权威科技机构协同鉴定机制，不仅能够减轻科技部门工作量，保证企业申诉过程中二次鉴定结果的科学性，从而提高企业对二次鉴定结果的信任程度，也能够充分保障企业通过研发项目合理享受税收优惠的合法权利。

再次，设计涉及面更为清楚易懂的申报备案相关资料内容。税务部门、科技部门等应在线上文档及公布的纸质文档模板中对要求企业填写的申报材料常用项目进行明确列示，并出具清晰的填写说明，避免企业因填写不准确而影响加计扣除优惠政策的及时响应。

最后，税务部门应与省科技厅等科技部门共同协商来优化企业享受研发费用加计扣除政策的流程和环节。研发费用加计扣除政策涉及税务部门、科技部门、财政部门等多个部门的互相协作和明确分工配合，因此在提高企业研发项目备案审批效率时，需要各个部门协商后明确自身职能划分并负责相应工作，充分发挥各部门技术优势从而各司其职。

综上所述，切实降低享受研发费用加计扣除政策的难度和复杂性，保证更多企业有能力为自身创新研发活动获得更大程度的税收政策优惠，从而进一步激发进行研发投入的企业选择申请并享受该项税收优惠政策的意愿。根据以上方面本研究设计了调整后的申报流程图，如图7-18所示。

通过建立电子档案，企业在准备备案资料时，立项相关资料已经全部被收录于电子档案中，不需要企业重复提供。而由于电子档案是根据研发进度同时提供的，因此研究开发项目的效用情况说明、研究成果报告等资料因为往往在研发项目进行到一定程度后，有成果产出之后才能提供，在申报时这项资料是否需要提供则根据电子档案中对应的申报进度来决定。在这样的流程设计中，对于企业之前申报时需要提供的资料中有一半可以被省略，申请时需要提交的资料就大大减少了。而且，因为有了电子档案，税务部门和科技部门能够提前掌握可能申请加计扣

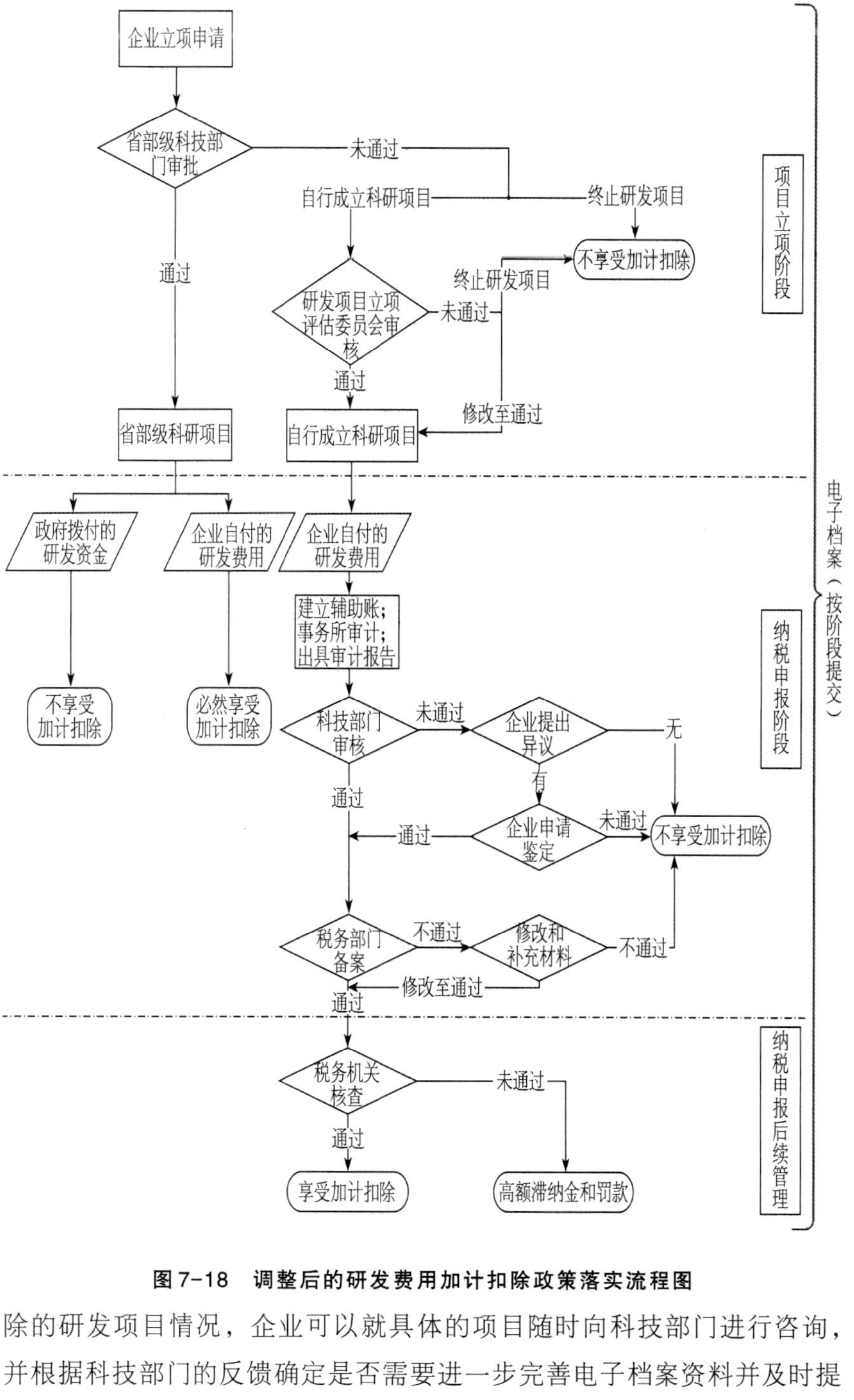

图 7-18 调整后的研发费用加计扣除政策落实流程图

除的研发项目情况，企业可以就具体的项目随时向科技部门进行咨询，并根据科技部门的反馈确定是否需要进一步完善电子档案资料并及时提交以便科技部门在规定时间进行鉴定，提高企业研发项目获得科技部门审核通过进入下一环节的概率。同时，由于科技部门组织审核的时间较早，企业有充分时间来选择是否申诉，即选择在二次鉴定中获得通过从而自动进入税务部门审核环节或是直接放弃申请该政策。这样可以降低企业收到未通过的通知时即使申诉通过也来不及享受该优惠的风险，避免了审批时间较长导致申请政策过期的问题。因为提交给税务部门的资料数量大幅减少，税务部门审批需要的时间也会相应缩减；同时由于可随时向科技部门进行咨询，部分有争议的账务处理也可提前获得科技部门的反馈并为税务部门审核提供参考，降低了发生税企争议的风险从而削减了工作量，促使原来需要大约两周的时间，现在预计一周左右即可向企业反馈初审结果。即使有资料需要补充或修改，在数量大量减少的情况下，企业能够更为快速地完成，这样就使得原来需要近一个月的审批过程缩短到10天左右，大大提高了政策的审批效率，使相关机构能够接受更多企业的申请。建立信息共享系统，完善研发项目电子档案还可以保证遇到持续好几年的研发项目时，由于之前提供过的资料都会被放入电子档案中，以后期间需要时不用企业重复提供，减少了税务部门和企业的工作量。

（3）对高新技术企业加大研发费用加计扣除政策的优惠力度

经过研究调查可发现，将高新技术企业所适用的税率式减免政策和税基式减免政策综合来看，高新技术企业所能获得的减免税额仅为适用25%所得税税率的企业的40%，甚至有高新技术企业可减免的税额仅占企业研发投入的4%，导致高新技术企业对享受研发费用加计扣除政策的积极性明显不足。由此可以看出，高技术产业虽然通常是创新研发活动的重要力量，但是由于多重税收优惠政策的共同作用，研发费用加计扣除政策对这些企业的优惠力度稍弱，该政策难以落实从而激励高新技术企业进行研发活动。因此科技部门及税务部门应进一步协商，调整并提高对这类企业的研发费用加计扣除政策的优惠力度，可提高加计扣除比例，或提高可加计扣除研发费用中部分按比例扣除的费用的可扣除比例，促使这类企业真正在这一政策中享受到研发投入所带来的实惠，更大程度地激励其进行创新研发活动。

（4）提高税务部门和科技部门责任环节之间的协作对接

根据调查和分析可看出，目前在研发费用加计扣除政策的实施过程中，税务部门拥有对企业研发项目备案的裁量权，成为了企业研发项目创新性等技术水平的第一责任人，超出了税务部门的专业能力范畴；而科技部门主要参与了政策解读和规章制定，对政策实施过程中发挥的作用有限，其专业技术能力优势略有浪费。

基于以上情况，本书认为应该优化申报备案流程，并在上文提出了部门分工的具体步骤建议，即由科技部门负责对企业研发项目创新性等技术水平进行审核鉴定从而完成初步筛选之后，再由税务部门在鉴定通过的企业中审核筛选账务处理材料合理合规的研发企业，完成其备案手续，并对未通过鉴定的企业提出修正意见。在这一流程中，还应注意提高税务部门与科技部门的协作水平，保证双方及时沟通和环节完成时的尽快对接，同时保证在企业申诉过程中建立的研发项目二次鉴定机制结果及时反馈衔接，并使科技部门成为第三方权威科技机构的质量保证以及第三方权威科技机构和税务部门之间的沟通桥梁；同时要求科技部门及时对税务部门审核研发费用归集时所遇到的相关技术问题进行解答判断，从而实现税务部门财税能力与科技部门技术能力的合作互补，并协助科技部门为企业最大可能地获得享受加计扣除政策的机会提供保证。综上所述，科技部门、税务部门和第三方科技机构之间的链接环节如图7-19所示。

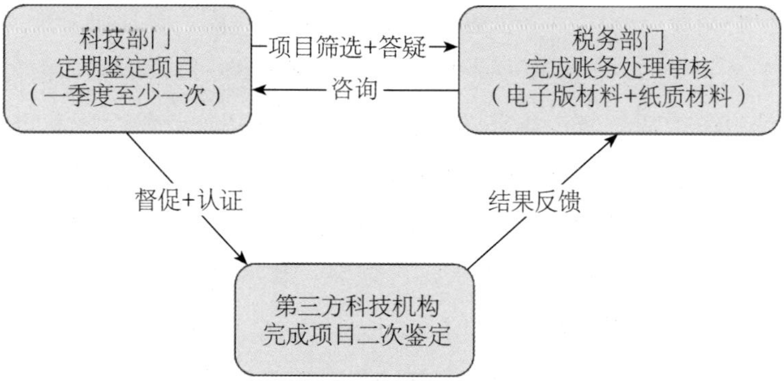

图7-19　科技部门、税务部门及第三方科技机构链接关系图

通过由科技部门优先审核研发项目质量是否达标，提高企业备案项目创新水平审阅结果的权威性，并通过完备鉴定机制为企业切实享受应得的研发投入税收优惠提供保障，降低税企争议发生的频率，推进陕西省研发费用加计扣除政策落实力度的提升。因此，税务部门与科技部门及第三方科技机构相互链接和协作，保证了政策适用企业研发项目享受税收优惠的权利，提高了其研发积极性。

（5）加大研发费用加计扣除政策研发费用计算口径

以陕西省为例，陕西省企业研发投入中适用研发费用加计扣除政策的相关费用存在的问题削弱了该政策对陕西省企业的优惠力度，因此陕西省税务部门应与科技部门、财政部门共同协商，一方面根据实际情况及研发项目特点最大程度上减弱与会计处理上认定的研发费用之间的不一致，切实减少税企争议；另一方面充分考虑企业中几类大额研发投入被归为“其他研发费用”项目这一实际情况，提高这一部分金额的可加计扣除优惠力度。

综上所述，建议存在类似问题的省市相关部门考虑增加研发所用不动产的租赁费用或建造费用及相关固定资产的维护保养费用等为“其他研发费用”；同时提高“其他研发费用”项目的可加计扣除比例，从10%提高为20%左右，从而为企业创新研发活动提供更大优惠。

（6）在现有政策规定中针对中小企业客观实际提出具体优惠措施

现有研发费用加计扣除政策仅适用于具有应纳税所得额，需要缴纳所得税的企业，而中小企业通常处于发展起步阶段，高额研发投入虽然有利于企业发展，但是现有的加计扣除比例依然难以避免企业出现负值的应纳税所得额，使企业难以享受现有研发费用加计扣除政策的优惠。财政部、国家税务总局、科技部联合发布了《关于提高科技型中小企业研究开发费用税前加计扣除比例的通知》（财税〔2017〕34号），将2017年1月1日至2019年12月31日期间，科技型中小企业开展研发活动中实际发生的研发费用加计扣除比例，由原通用的50%提升到75%。因此各省市相关部门应积极落实这一政策调整，设立专门人员每年定期通过培训和宣讲切实向科技型中小企业传达这一政策精神，并结合各省市科技型中小企业具体客观实际加大可享受加计扣除的结转年限，在该政策基础上予以更大的优惠条件。

2）企业角度

（1）坚持政策学习，加强对研发费用加计扣除政策的了解与应用

通过本书研究团队对陕西省企业相关情况的调查发现：企业在政策具体执行中存在费用归集不规范、应税费用界定不准确、研发项目不适用于加计扣除政策的问题，说明陕西省有关部门如省科技厅、税务机关等应加强对企业相关政策知识的培训力度，帮助企业更好地了解自身创新研发活动的加计扣除优惠政策的适用性及申请流程，而企业则应该积极关注并争取参加省科技厅、税务机关等官方网站所发布的加计扣除政策宣讲会、培训会、座谈会等切实有效的宣传活动，在不断加深对该政策的了解的同时，能够更加熟练且规范地使用该政策来为自身研发活动降低成本和风险，积极维护自身合理申报适用研发费用加计扣除优惠政策的权利，从而增强企业对切实享受到研发费用加计扣除政策优惠效果的信心，保证企业真正能够在该政策中得到实惠。同时，全国其他省市内开展自主研发的企业也应参考陕西省企业响应研发费用加计扣除政策的具体情况积极进行查漏补缺，并不断提高自身学习认识，确保自身切实享受到税收优惠政策对自主研发活动的激励和实惠。

（2）完善企业财务处理制度，保证费用归集准确

通过调查分析可以看出，正确进行研究开发费用加计扣除的账务处理，是向税务机关准确申报的重要前提，而只有充分完善账务处理制度，能够将发生的研究开发费用按照费用项目准确归集，进而将发生的金额准确申报备案之后，才有可能成功申请享受加计扣除政策。

在企业的实际工作中，首先应该按照会计准则的相关规定设置专门的会计核算科目，分研发项目全面、准确地核算研发费用，同时应该尽可能细化科目的设置，分出尽可能多的明细科目，对发生的全部研发费用先按照研发项目，再按照该研发项目下所设的相应明细科目进行归集，平时进行账务处理时设置的科目越细、越规范，企业年终进行研发费用加计扣除的核算时就会越方便和准确。研发项目具体科目设置见表7-26。

表7-26 **研发项目科目设置表**

阶段一	阶段二
研发支出——资本化支出	管理费用——研发支出——×××研发项目
——费用化支出——×××研发项目	——直接材料
——直接材料	——直接人工
——直接人工	——折旧费用
——折旧费用	——租赁费用（设备、仪器）
——租赁费用（设备、仪器）	——无形资产摊销
——无形资产摊销	——制造费用
——制造费用	——评审鉴定费
——评审鉴定费	——其他直接费用
——其他直接费用	——其他费用
——其他费用	
（费用化支出最后转入管理费用）	

在日常工作中对研究开发费用进行精细化管理，将明细账分研发项目设置到位，只是对研发费用加计扣除准确核算的第一步。接下来应该做的是，在纳税年度终了之后，企业应在之前专账核算的基础上，按照财税〔2015〕119号文件规定的能够享受加计扣除的研发费用范围，对于企业在该年度发生的可加计扣除的研发费用金额进行准确归集。由于政策规定，对于那些未设置研发费用会计科目或者虽然设置了科目但没有进行明细核算或者划分不清费用归属的，不得实行加计扣除，并且如果企业研究开发费用各项目的实际发生额归集不准确、汇总额计算不准确，主管税务机关都有权利对其研发费用的税前扣除金额或者加计扣除金额进行调整，因此企业在进行日常账务处理时，完善研究开发费用的账务处理及核算制度非常重要。

（3）加强企业各部门之间的沟通，确定工作节点

根据实地调研发现，研发费用加计扣除政策的申报过程涉及企业内部多个部门和多个人员，这就需要企业相关领导高度重视，从高层落实对于申请这项政策十分重视的思想和认识，并且责成各相关业务部门积

极配合，及时提供需要的各项资料。在涉及的所有部门中，研发部门和财务部门是最为关键的两个部门，由于财务部门人员和科技部门人员对对方的业务不熟悉，因此加强沟通格外重要。客观实际要求财务部门做到给研发部门提供合理的要求和规范化的表格，方便研发部门相关人员了解财务部门的需求并且能够正确填写相关表格，也要让研发部门人员能够按要求使用经费和报销，使原始单据能够正确入账；而对于研发部门来说，在给财务部门提供原始凭证及相关资料时，应该提供足够的信息让财务人员准确识别所发生费用的类别与性质，能够将发生的费用准确归集到相关的核算会计科目内。

从近几年有关研发费用加计扣除政策的推出情况来看，我国对于促进企业加大研究开发投入，鼓励企业提升自身研发水平，提高企业的核心竞争力的态度并没有改变，并且可以合理预期在将来较长的时间内也不会改变，研发费用加计扣除优惠政策在近几年内也将继续执行下去，并且参考发达国家的做法，主要的OECD国家都对研究开发费用给予政策上的支持和优惠，这些政策的推出不仅早于我国，且其政策力度要强于我国，在这样的大环境下，我国经济处于高速发展阶段，国家更不可能取消相关政策。那么，既然能够确定研发费用加计扣除优惠政策在接下来的几年甚至十几年中都会存在，企业一旦决定了要申请享受这项政策，就应该将与这项政策有关的工作加以明确，并把相应的工作明确到具体负责人，制定相应的时间节点，规定相关负责人及时提供要求的资料给下一环节的人员。如果能够在企业向相关人员明确相关流程、相应的负责人和时间节点，就可以便于相关部门及时留存加计扣除政策相关资料；此外，为各部门提供所需数据的具体模板，每年进行备案申报之前由相关部门根据模板提供数据给财务人员统一填写则会更加快捷，从而能够最大程度地减轻财务人员的工作量，充分且规范地按照研发费用加计扣除政策要求上报的资料进行整理和填写，并且不受岗位人员轮换过程对工作顺利完成的影响。明确每个岗位的工作内容以及时间节点，能够很大程度地提升工作效率，提高企业申报享受研发费用加计扣除政策的积极性。

企业研发费用加计扣除政策申报工作节点设计图如图7-20所示。

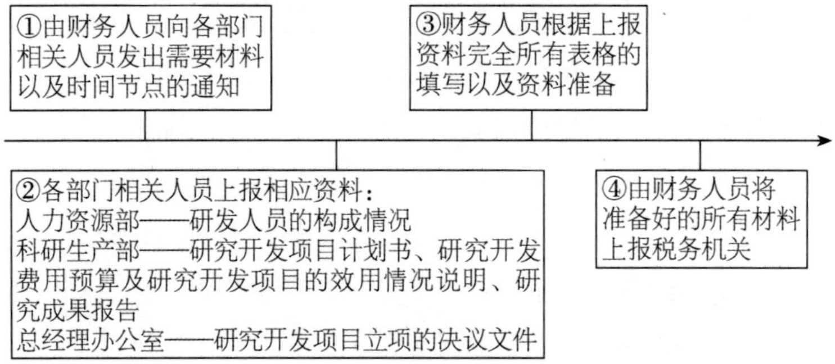

图7-20 企业研发费用加计扣除政策申报工作节点设计图

根据图7-20，建议企业每年都按照这样的时间节点完成研发费用加计扣除优惠政策的申报，其他相关资料由各部门负责人员主动上报，因此财务人员所要做的主要工作只有认真填写相应表格，有效提升加计扣除政策申报备案准备的效率。

7.4.2 通过税收优惠政策促进新旧动能转换方面

在经济发展模式方面，助力新旧动能转换也是经济高质量发展的重要方向。新旧动能转换离不开自主研发，但也不仅仅止于加强研发创新水平。因此在提高企业创新研发投入的基础上，更应推动企业产业转型升级，加快新旧动能转换，以促进实现经济高质量发展。而在助力新旧动能转换的过程中，更离不开一系列税收优惠政策的充分落实。基于此，本书结合相关研究结论，从政府和企业两个层面提出了提高税收优惠政策落实效率以促进新旧动能转换的针对性建议，具体分为如下几个方面。

1）政府层面

（1）支持企业创新税收政策

在继续落实好高新技术企业减按15%优惠税率征收企业所得税、固定资产加速折旧等税收政策的基础上，着力落实好其他鼓励企业创新的税收优惠政策：企业职工教育经费税前扣除限额比例由2.5%提高至8%；将企业研发费用加计扣除比例提高到75%的政策由科技型中小企业扩大至所有企业；将享受当年一次性税前扣除优惠的企业新购进的设备、器具单位价值上限提高到500万元；取消企业委托境外研发费用不得加计扣除限制；将高新技术企业和科技型中小企业亏损结转年限由5年延长至10年。

（2）支持企业产业升级税收政策

创新税收激励政策，促进新兴产业发展，引导传统企业加快产业升级，研究选择部分国家重点扶持的战略性新兴产业和新旧动能转换重点行业（项目），按程序先行先试临时性的期末留抵退税政策。

（3）支持开放型经济发展税收政策

依托国家级新区、国家级经济技术开发区、国家级高新技术开发区和海关特殊监管区域，充分借鉴自贸试验区改革试点经验，扩大服务业对外开放，大力发展服务外包产业，培育新的增长点。着力抓好技术先进型服务企业组织认定工作，落实技术先进型服务企业减按15%的优惠税率征收企业所得税政策；落实服务出口免税或零税率政策；积极争取海关特殊监管区内企业享受增值税一般纳税人资格试点政策。

（4）支持科技成果转化税收政策

强化科技与经济、创新成果与产业对接，推进科技成果转移转化。在继续落实好技术转让、技术开发和与之相关的技术咨询、技术服务免征增值税政策以及技术转让所得免征、减征企业所得税等税收政策的基础上，科技人员转让科技发明、专利技术等，在计算个人所得税时不能准确计算财产原值的，由税务机关依法核定财产原值；对依法批准设立的非营利性研究开发机构和高等学校根据《中华人民共和国科技成果转化法》的规定，从职务科技成果转化收入中给予科技人员的现金奖励，减按50%计入科技人员当月“工资、薪金所得”，缴纳个人所得税。

（5）支持绿色节能发展税收政策

促进节能环保、资源综合利用企业发展，积极推进生态文明建设。在继续落实好环境保护、节能节水生产企业“三免三减半”等税收政策的基础上，着力实施节能节水和环境保护专用设备投资抵免企业所得税优惠政策，符合条件的企业可按专用设备投资额的10%抵免当年企业所得税应纳税额；不足抵免的，可在以后5个纳税年度内结转抵免。

2）企业层面

（1）在现有的税收优惠政策下，企业应当根据自身情况选择合适的纳税方案。例如，生物产业中的生物医药制造企业可以根据13%的增值税税率销售其研发的抗癌药或罕见病药品，也可以采用3%征收率的简易计税方法缴纳增值税。在企业面临多种税收优惠政策可选的情形下，企业应当根据自身财务状况和生产经营状况选择最有利的纳税方案。

（2）加大研发费用投入，推动研发成果资本化。根据现有的税收优惠政策，符合条件的研发费用可以在税前加计扣除，这为广大高新技术企业开展研发创新活动提供了政策利好。此外，加快推动研发成果资本化在将科研成果转化为可销售产品的同时，帮助企业降低费用占比，优化财务结构。

7.5 本章小结

企业在自主研发和产业优化升级过程中，所面对的风险和不确定性难以避免，由此带来的资金压力也不容忽视。因此有效落实税收优惠政策，实现企业减税减费，减轻企业资金负担，无疑能够激励企业自愿开展自主研发，积极培育新动能，实现产业结构优化升级，并最终助力实现经济高质量发展。

本章首先从研发费用加计扣除政策落实方面展开了研究讨论。研究发现，我国各省市加计扣除减免税额波动情况差异明显，说明在我国研发费用加计扣除政策下，各省市进行研发活动的企业获得优惠的程度各有不同，一定程度上证明了各省市对这一政策的实施效果有高有低；同时，广东省、江苏省、浙江省、上海市的加计扣除减免税额在我国各省市中一直稳居前四位，说明我国东南沿海地区在加计扣除政策落实方面表现更为突出，而西部地区除了四川省外，大部分省市的减免税额水平都位于中下游位置，说明政策实施效果不够理想。而从自主研发水平与加计扣除减免力度的匹配度来看，各省市在这两方面的排名中各有优势，但是多数省市政策优惠力度与创新能力匹配度相对较低，说明研发费用加计扣除政策的实施效果尚有不足，该政策的激励作用未得到充分发挥，研发费用加计扣除政策的税额减免幅度大多落后于研发投入规模的增加幅度。

由此可见，对于我国多数省市而言，有必要加大研发费用加计扣除优惠政策落实力度，以匹配地区内企业的自主研发热情。不仅如此，促进税收优惠政策切实惠及企业，从而激励企业更大程度地投入自主研发活动，降低企业自主研发活动所承担的风险，对于企业自主研发活力尚有待提高的地区更为重要。同时，我国各省市中类似陕西省这种落实力度名次水平呈现稳定甚至退步状态的现象较为常见，说明各省市在落实研发费用加计扣除政策过程中都或多或少存在落实力度改善进程缓慢的情况，可以相互借鉴政策落实经验，促进通过在全国范围内提高税收优惠作用来进一步激发企业自主研发积极性。

而在各省市大力推进新旧动能转换的进程中，税收优惠政策也发挥了较为重要的作用。以陕西省为例，当前陕西省针对新旧动能转换的税收优惠政策主要集中在增值税和企业所得税两个税种上，通过减税率、免征增值税、增值税即征即退、出口退（免）税、研发费用加计扣除等方式为战略性新兴产业发展提供切实的税收优惠。然而鉴于相关政策实施时间较短，虽然目前可看出政策的实施已取得一定成效，但暂时无法准确分析税收优惠对于新旧动能转换具体的实际激励效果，且在政策实施过程中仍存在缺少针对本省企业“因地制宜”的优惠政策和优惠力度有限的问题。因此，需要积极关注并评估地区税收优惠政策的实施效果，并据此不断完善相关政策，以期更好地助力地区新旧动能转换工作，促进经济高质量发展。

在完成现状分析的基础上，本书在研发费用加计扣除等税收优惠政策落实促进企业自主研发方面系统总结了现行政策执行中存在的一系列问题，包括企业惠及面较窄、部分类型企业如高新技术企业优惠力度不足、部分落实环节设计对企业享受优惠的效率带来一定障碍、不同行业及地市之间适用加计扣除政策优惠研发支出水平分布不均衡等在内，为进一步提出改进建议、完善政策落实打下了基础。根据以上结论，本书在研究影响研发费用加计扣除政策落实效果的内外部因素的基础上，归纳出了导致政策执行问题的主要原因，如宣传力度不足、部分执行环节设计不科学、相关方作用发挥不到位、企业对税收优惠政策促进自主研发顺利推进的信息不足、企业的相关财务处理意识和能力欠缺等。

而从促进新旧动能转换角度来说，以陕西省为例，在促进新旧动能转换过程中税收优惠政策颁布与实施中出现的主要问题有如下方面：(1) 针对新旧动能转换的税收优惠政策多而杂，优惠重点不明确，往往是重产品、轻投入，重科研成果、轻科研转化；(2) 企业所得税优惠多，流转税优惠少；(3) 税收优惠政策对战略性新兴产业的支持在范围、力度、制度等方面存在问题。

最终，本书就提高税收优惠政策实施效率以促进经济高质量发展提出了一系列针对性建议。具体来说，在提升研发费用加计扣除政策等税收优惠政策实施效果方面，本书提出了包括建立政府推动和企业参与并举的宣传互动机制、推行电子信息共享平台取代部分纸质材料提交、进一步发挥科技部门及第三方权威科技鉴定机构的研发项目审核作用、督促企业提高财务处理能力和申报流程分工协作能力等建议。同时，在运用税收优惠政策促进新旧动能转换方面，本书提出了在政府层面完善支持企业创新税收政策、支持企业产业升级、支持开放型经济发展、支持科技成果转化和支持绿色节能发展等方面的税收政策，和在企业层面制定合理纳税方案以及加大研发费用投入，推动研发成果资本化等具体建议。

通过本章的相关分析以及建议的提出，本书期望能够为政府相关部门、税收优惠政策适用企业、科技鉴定机构等各政策相关方提高政策执行效率，从而推动并保障企业积极开展自主研发活动、促进新旧动能转换更大程度地获得政策支持提供参考，并最终助力我国经济高质量发展。

8 税收优惠政策与企业价值创造

合理掌握和运用自主研发和产业结构升级等方面相关的税收优惠政策能够更好地激励企业进行自主研发，促进企业技术进步、累积技术创新所必要的资金，并积极培养优秀人才队伍，构建新的竞争优势，从而推动产业结构优化升级，促进企业价值创造。在本章中，本书归纳了研究团队在微观层面关于以研发费用加计扣除政策为代表的税收优惠政策的落实对企业价值创造重要意义的理论、数据分析和实证研究结论，为深入认识有效实施税收优惠政策的作用和意义提供了参考依据。

8.1 研发费用加计扣除政策与企业研发投入

8.1.1 理论分析与研究假设

研发费用税前抵扣政策是我国研发税收优惠政策的重要内容，具体抵扣的形式主要有两个方面，分别是研发费用税前加计扣除和研发设备加速折旧，其中又以研发费用税前加计扣除最为重要。

1996年，财政部、国家税务总局联合下发的《关于促进企业技术进步有关财务税收问题的通知》规定，企业研究开发新产品、新技术和新工艺发生的研究开发费用，当年比上一年增长达到10%及以上时，除了正常全额扣除外，另外再按照发生额的50%加计扣除，但当期加计扣除额不得超过应纳税所得额，而且不允许向以后年度结转未抵扣的部分。该规定对企业享受加计扣除有所限制，只有企业当年的研究开发费用增长幅度达到10%时才能享受加计扣除政策，但是在现实中很少有企业能够达到该标准，所以为了让更多的企业能够享受到研发费用加计扣除的优惠政策，2006年财政部和国家税务总局出台政策取消了相关限制条款，新政策重新规定无论企业是否盈利，无论企业当年研发费用支出是否增长10%，除正常扣除外均允许加计50%扣除，如果当年不足抵扣，未抵扣部分可以向后结转5年继续抵扣。

现有理论表明，企业研发活动具有公共物品性质，研发企业难以控制该企业研发成果对外扩散，所以企业的研发成果会使其他没有进行该项研发活动的企业无偿受益，从而导致了研发企业的私人收益降低，低于其对整个社会带来的收益，因为企业是根据自身的研发边际收益和边际成本决定其研发强度的，所以企业的研发投资低于社会理想水平。各国政府普遍会使用税收政策来校正研发市场失灵，根本原因可以从两个层面进行分析。首先是企业层面，当企业享受国家推出的研发投资税收优惠政策时，企业研发投资的边际成本降低了，从而缩小了研发投资私人收益与社会收益的差距。其次是国家层面，当国家让企业享受税收优惠时，其所得税税收金额减少了，这其实可以看成政府对企业研发投资的另一种形式的补贴，并且该补贴在某些程度上降低了企业研发投资的风险，补偿了研发企业因研发成果外溢而损失的利益，在很大程度上纠正了研发市场失灵。基于上述分析，本书提出如下假设：

假设8-1：研发费用加计扣除优惠政策对企业的研发强度具有促进作用。

我国政府对于企业研发的资助可以分为直接资助和间接资助两种类型，其中直接资助是指政府将一部分财政资金在企业进行研发活动之前直接支付给企业，政府的直接资助对于企业及其研发方向有一定的限制条件。例如，国家863计划是针对在国际上有较大影响力的战略性项目，并且能够发展高科技或解决国家经济发展中所遇到的首要问题。中小型企业要想得到该计划的支持，需要通过多个院校联合的方式。同时，企业需要对项目经费实施单独核算，做到专款专用。除了国家863计划外，星火计划、国家科技支撑计划、中小企业技术创新基金等对于企业自身和研发项目都有一定的要求。政府的间接资助是对企业研发活动的事后补贴，主要有研究开发奖励奖金、科技成果转化补助以及税收优惠政策等。

张璇（2013）通过研究发现，由于我国特定的制度背景，国有企业成为政府资助的主要对象，相比于民营企业，国有企业更容易获得政府的各类扶持和资金补贴，同时，由于我国民营企业具有自身研发能力不足、缺乏技术创新的各种资源等特点，当民营企业申请享受了研发费用加计扣除税收优惠政策时，企业的研发投资将会得到较大的促进。也就是说，国有企业相比于民营企业，在申请享受研发费用加计扣除政策后，产生的激励效果较弱。

另外，有学者研究表明，我国的国有企业主要集中在垄断性行业，其利润更多地来源于垄断行为而非企业内部技术创新或研究开发活动，即使企业可以申请享受研发费用加计扣除优惠政策，该政策也很难有效促进企业加大研发强度。相比而言，我国的民营企业主要集中于竞争性市场中，通过开展研发活动进行技术创新从而增加企业利润，但是民营企业缺乏大量和持续的技术研发资源，所以如果民营企业能够享受到研发费用加计扣除优惠政策，民营企业将会加大自身研发强度。因此，本书认为研发费用加计扣除政策对民营企业研发投资的促进作用更大，提出如下假设：

假设8-2：相比于国有企业，研发费用加计扣除优惠政策对民营企业研发强度的促进作用较强。

高技术产业一直是我国重点发展的战略产业，我国政府为了支持高新技术企业发展，于1994年（财税字〔1994〕1号文件）规定，对于经国务院批准的高新技术产业区内的新办高新技术企业，自投产年度起两年免税，免税期满后按照15%的税率征收企业所得税。但是在现实中，新办高新技术企业投产前两年很难盈利，所以这样的所得税优惠政策对企业基本上没有起到优惠作用，于是在2006年税收法规中进一步将相关内容修订为“自盈利年度起两年免税，免税期满后按照15%征收企业所得税”。我国现行企业所得税法规定，对于经国家认定的高新技术企业，在有效期内使用15%的所得税税率。

高新技术企业的核心竞争力是拥有自主知识产权的核心技术，由于企业进行技术研发具有高风险、投资规模大等特点，所以政府对高新技术企业提出所得税税率优惠的政策，该优惠政策主要是为了促进高新技术企业加大其研发投资力度。高新技术企业的15%优惠税率与其他税前扣除优惠政策相比，具优惠力度和强度更大。我国现有所得税法中对于研发方面的优惠政策主要有研发费用加计扣除政策、研发设备的加速折旧政策以及技术转让所得收入500万元以内免征所得税政策。这三方面的所得税优惠都属于税前扣除优惠，其最终的优惠力度会受到所得税税率的影响。所得税税率优惠是指应纳税所得额按一定比例扣除，这与税前抵扣优惠相比较，优惠力度更大，并且该优惠力度并非所有企业都可以享受到的。

税收政策作为国家调控市场的重要政策工具，能够纠正研发市场的失灵，政府通过税收方面的补偿从而降低企业进行研发的投资成本，分散企业的研发投资风险，缩小研发企业私人收益和社会收益的差距，从而最终起到促进企业增加研发投资的作用。对于高新技术企业而言，其所得税税率优惠能够促使企业增加研发的人力资本投资，其中包括对研发人员举办的各项培训工作，从而进一步实现企业研发水平的提升。通常情况下，一个企业中研发人员的工资水平较其他岗位都要高一些，同时针对研发人员的培训活动也需要较多的费用支出，高新技术企业的所得税税率优惠能够帮助企业将更多的资金用于提升研发活动人力资本的质量。同时除了能够提升企业自身的技术研发能力外，对于政府而言，随着研发人员的流动，研发人员技术外溢产生的社会效应也是不可估量的。

目前我国企业所得税税率的基本值为25%，但是根据相关规定，享受研发费用加计扣除政策的企业与高新技术企业的重合度较高，因此多数适用15%的所得税税率。然而适用15%所得税税率的高新技术企业与适用25%所得税税率的企业相比，在加计扣除金额相同时，适用15%所得税税率的高新技术企业最终享受到的税收优惠金额要比适用25%所得税税率的企业减少40%。而且，在现实中，有的企业同时被认定为高新技术企业和国家规划布局内重点软件企业（所得税税率为10%），对该类企业来说，研发费用加计扣除产生的激励效果并不明显，因此本书提出如下假设：

假设8-3：相比于非高新技术企业，研发费用加计扣除优惠政策对高新技术企业研发强度的促进作用较弱。

8.1.2 样本选取与数据说明

本书通过问卷调查的形式获取样本数据，问卷由研究团队设计，并通过E-mail统一发放，调查的对象是西安市2013年享受研发费用加计扣除政策的企业，共发放195份，最终全部收回。

研发费用加计扣除政策是一项事后行为，现实中企业对该项优惠政策的反应并不会在当年立即体现出来，即其对企业研发投资的影响具有滞后性，所以本书中研发强度指标使用的数据涉及的年份是2009—2012年，研发费用加计扣除政策的指标为对应的滞后一期的数据，为2008—2011年，剔除研究变量缺失的样本，以及企业所有权性质为外企及其他性质的企业，最终得到有效的样本企业145家，合计观测样本580个，具体见表8-1。相关研究的变量全部来源于所调查的问卷，并经手工汇总整理得到。

表8-1 问卷调查回收及样本情况

发放问卷	回收问卷	剔除样本企业	有效样本企业	有效的观测样本数
195份	195份	50家	145家	580个

8.1.3 变量选取及模型构建

1）变量选取与定义

变量选取和定义与现有研发相关研究保持一致，具体见表8-2。

表8-2　　　　　　　　　　**变量定义表**

变量类型	变量名称	变量符号	变量定义
被解释变量	研发强度	Rd	研发支出÷营业收入
解释变量	研发费用加计扣除优惠政策指标	Deduc_Dum	享受研发费用加计扣除政策的企业取1，否则取0
		Deduction	可加计扣除的研发支出×加计扣除率×企业所得税税率÷利润总额
	企业规模	Size	期末总资产取自然对数
	市场竞争程度	Sellratio	销售费用÷营业收入
	人力资本	Hum	本科及以上学历的研发人员数÷研发人员总数
	营业利润率	Operatio	营业利润÷营业收入
控制变量	资产负债率	Leverage	总负债÷总资产
	企业类型	Type	高新技术企业取1，非高新技术企业取0
	所有权性质	Own	民营企业取1，国有企业取0
	企业成立时间	Age	企业成立至当年时间

2）模型构建

在确定了被解释变量、解释变量及控制变量的基础上，研究构建了模型（8-1a）和模型（8-1b）对假设8-1进行检验，其中模型（8-1a）中使用了虚拟变量（Deduc_Dum）作为衡量研发费用加计扣除优惠政策的指标，而模型（8-1b）中使用的是连续变量（Deduction）作为衡量研发费用加计扣除优惠政策优惠强度的指标。本书构建模型（8-2）和模型（8-3）分别对假设8-2和假设8-3进行检验。

$$Rd_{i,t} = \alpha + \beta_1 Deduct\_Dum_{i,t-1} + \beta_2 Size_{i,t-1} + \beta_3 Sellratio_{i,t-1} + \beta_4 Hum_{i,t-1} + \beta_5 Operatio_{i,t-1} + \beta_6 Leverage_{i,t} + \beta_7 Type_{i,t} + \beta_8 Own_{i,t} + \beta_9 Age_{i,t} + \varepsilon_{i,t} \quad (8\text{-}1a)$$

$$Rd_{i,t} = \alpha + \beta_1 Deduction_{i,t-1} + \beta_2 Size_{i,t-1} + \beta_3 Sellratio_{i,t-1} + \beta_4 Hum_{i,t-1} + \beta_5 Operatio_{i,t-1} + \beta_6 Leverage_{i,t} + \beta_7 Type_{i,t} + \beta_8 Own_{i,t} + \beta_9 Age_{i,t} + \varepsilon_{i,t} \quad (8\text{-}1b)$$

$$Rd_{i,t} = \alpha + \beta_1 Deduction_{i,t-1} + \beta_2 Deduction_{i,t-1} \times Own_{i,t} + \beta_3 Size_{i,t-1} + \beta_4 Sellratio_{i,t-1} + \beta_5 Hum_{i,t-1} + \beta_6 Operatio_{i,t-1} + \beta_7 Leverage_{i,t} + \beta_8 Type_{i,t} + \beta_9 Own_{i,t} + \beta_{10} Age_{i,t} + \varepsilon_{i,t} \quad (8\text{-}2)$$

$$Rd_{i,t} = \alpha + \beta_1 Deduction_{i,t-1} + \beta_2 Deduction_{i,t-1} \times Type_{i,t} + \beta_3 Size_{i,t-1} + \beta_4 Sellratio_{i,t-1} + \beta_5 Hum_{i,t-1} + \beta_6 Operatio_{i,t-1} + \beta_7 Leverage_{i,t} + \beta_8 Type_{i,t} + \beta_9 Own_{i,t} + \beta_{10} Age_{i,t} + \varepsilon_{i,t} \quad (8\text{-}3)$$

在以上模型中，α为截距，β为变量系数，ε为残差，i代表不同的企业，t代表数据所采用的年份。模型中各变量的含义见表8-2。上文已经提到，考虑税收政策及其他相关因素对企业研发投入的影响存在滞后性，解释变量研发费用加计扣除优惠政策指标（Deduc_Dum和Deduction）、企业规模（Size）、市场竞争程度（Sellratio）、人力资本（Hum）及营业利润率（Operatio）使用滞后一期（t-1）的数据，涉及年份为2008—2011年，被解释变量研发强度（Rd）及其他控制变量采用当年（t）的数据，涉及年份为2009—2012年。若前述假设8-1成立，则模型（8-1a）及模型（8-1b）中的β_1系数均显著为正；若假设8-2成立，则模型（8-2）中交互项的系数β_2显著为正；若假设8-3成立，则模型（8-3）中交互项的系数β_2显著为负。

8.1.4 描述性统计

表8-3是上述模型中各变量的描述性统计分析结果。580个观测样本的研发强度均值为2.55%，表明西安市享受研发费用加计扣除优惠政策企业的研发投入较高，但研发投入的差距较大，最小的为0，最大的达到81.56%。研发费用加计扣除优惠政策指标中虚拟变量（Deduc_Dum）的均值为0.6，说明有348（0.6×580）个是当年享受研发费用加计扣除政策的观测样本，而其余232个是当年未享受研发费用加计扣除政策的观测样本。表示研发费用加计扣除优惠政策指标中的连续变量（Deduction）的均值为0.14%，表明研发费用加计扣除政策优惠程度较低。样本企业的市场竞争程度指标的均值为5.96%，表明西安市享受该优惠政策的企业的市场竞争很激烈。人力资本中本科及以上学历研发人员所占比例的均值为74.1%，表明西安市享受研发费用加计扣除优惠政策的企业拥有优秀的研发团队，研发人员技能水平很高。营业利润率的均值为5.56%，表明西安市享受该政策的企业的盈利能力很强。企业成立时间的均值为15.2586年，表明西安市享受该优惠政策的企业的

成立年限不是很长，发展速度快。统计分析结果还显示，18.62%的企业为民营企业，66.03%的企业为高新技术企业。接下来对各变量之间的相关性进行检验。

表8-3 变量描述性统计分析结果（N=580）

变量	均值	标准差	最小值	最大值
Rd	0.0255	0.0556	0.0000	0.8156
Deduc_Dum	0.6000	0.4903	0.0000	1.0000
Deduction	0.0014	0.0038	0.0000	0.0540
Size	9.8520	1.9194	4.6634	14.4299
Sellratio	0.0596	0.0953	0.0000	0.6987
Hum	0.7410	0.2454	0.0100	1.0000
Operatio	0.0556	0.4756	-9.2391	0.8862
Leverage	0.5238	0.2369	0.0000	1.0376
Type	0.6603	0.4740	0.0000	1.0000
Own	0.1862	0.3896	0.0000	1.0000
Age	15.2586	14.9324	0.0000	64.0000

8.1.5 回归分析

表8-4是模型（8-1a）的普通最小二乘法（OLS）回归分析结果，即在控制了其他变量的基础上对研发强度和衡量研发费用加计扣除优惠政策的虚拟变量指标的回归分析结果。回归结果显示，该模型调整后的 R^2 为16.6%，可见模型整体的解释力并不是特别高。研发强度（Rd）与研发费用加计扣除优惠政策指标（Deduc_Dum）在1%的水平上显著正相关，表明研发费用加计扣除优惠政策对企业研发强度具有促进作用，假设8-1得到证实。其他变量的回归结果显示，企业总资产与企业研发强度负相关，并达到1%的显著性水平，导致这一结果的原因可能是研究选取的样本有限，所以结果与预期存在偏差；市场竞争程度与研发强度在1%的水平上显著正相关，说明市场竞争程度越高，企业研发强度

越大；人力资本指标与研发强度在5%的水平上显著正相关，说明研发团队中员工的平均学历水平越高，企业研发强度越大；营业利润率与研发强度在10%的水平上显著正相关，说明企业盈利能力越强，其研发强度越大；企业类型与研发强度正相关，说明高新技术企业比非高新技术企业的研发强度高，但并不显著；企业所有权性质指标及企业成立时间都与研发强度正相关，但并不显著。回归结果与已有研究结论基本一致。

表8-4　　模型（8-1a）普通最小二乘法回归结果

变量	系数	标准差	t值	P值
Deduc_Dum	0.0191	0.0048	4.00***	0.0000
Size	-0.0046	0.0013	-3.50***	0.0000
Sellratio	0.1466	0.0243	6.03***	0.0000
Hum	0.0200	0.0090	2.22**	0.0270
Operatio	0.0089	0.0046	1.93*	0.0540
Leverage	-0.0331	0.0094	-3.54***	0.0000
Type	0.0023	0.0048	0.49	0.6260
Own	0.0071	0.0061	1.16	0.2470
Age	0.0002	0.0002	1.49	0.1360
常数项	0.0465	0.0158	0.0030	0.0030
样本数	580			
F值	12.6***			
R^2	0.166			

表8-5是模型（8-1b）的普通最小二乘法回归分析结果，该模型是在控制了其他变量的基础上，对研发强度和衡量研发费用加计扣除优惠政策的连续变量指标的回归分析结果。回归结果显示，该模型调整后的R^2为20.83%，与使用虚拟变量衡量研发费用加计扣除优惠政策的模型（8-1a）相比，解释力有所提高，但仍然并不是很高。研发强度（Rd）

与研发费用加计扣除优惠政策指标（Deduction）在1%的水平上显著正相关，系数为3.9625，表明研发费用加计扣除优惠政策对企业研发强度具有较强的促进作用，说明西安市研发费用加计扣除优惠政策在激励企业增加研发投资方面具有积极作用，假设8-1再次得到证实。

表8-5 **模型（8-1b）普通最小二乘法回归结果**

变量	系数	标准差	t值	P值
Deduction	3.9625	0.5761	6.88***	0.0000
Size	-0.0016	0.0013	-1.23	0.2180
Sellratio	0.1484	0.0236	6.28***	0.0000
Hum	0.0207	0.0087	2.37**	0.0180
Operatio	0.0083	0.0045	1.85*	0.0640
Leverage	-0.0296	0.0091	-3.24***	0.0010
Type	0.0036	0.0045	0.8	0.4270
Own	0.0063	0.0059	1.06	0.2910
Age	0.0003	0.0002	1.79*	0.0740
常数项	0.0191	0.0155	1.23	0.2200
样本数	580			
F值	16.66***			
R^2	0.2083			

表8-6是模型（8-2）的普通最小二乘法回归分析结果，该模型是在控制了其他变量的基础上，考虑将企业所有权性质作为研发强度和研发费用加计扣除优惠政策指标之间的调节变量进行分析，该模型调整后的R^2为22.18%。回归结果显示，首先，研发强度（Rd）与研发费用加计扣除优惠政策指标（Deduction）在1%的水平上显著正相关，表明研发费用加计扣除优惠政策对企业研发强度有很强的激励作用，也说明西安市研发费用加计扣除优惠政策在激励企业增加研发投资方面具有积极作用，假设8-1成立。其次，研发强度和研发费用加计扣除优惠政策指

标（Deduction）与企业所有权性质（Own）的交叉项在1%的水平上显著正相关，由于本书对企业所有权性质变量的定义是，民营企业该变量取值为1，国有企业取值为0，因此该结果表明，民营企业对于“研发强度与研发费用加计扣除优惠政策的正相关关系”具有正向调节作用，即研发费用加计扣除优惠政策对民营企业研发强度的促进作用比国有企业要强。该结论与前文提出的假设8-2相符。

表8-6　**模型（8-2）普通最小二乘法回归结果**

变量	系数	标准差	t值	P值
Deduction	3.0635	0.6392	4.79***	0.0000
Deduction×Own	4.1786	1.3295	3.14***	0.0020
Size	-0.0016	0.0013	-1.25	0.2120
Sellratio	0.1441	0.0235	6.13***	0.0000
Hum	0.0183	0.0087	2.11**	0.0350
Operatio	0.0079	0.0045	1.77*	0.0780
Leverage	-0.0289	0.0091	-3.19***	0.0020
Type	0.0037	0.0045	0.84	0.4030
Own	-0.0003	0.0062	-0.04	0.9660
Age	3.0635	0.6392	4.79***	0.0000
常数项	0.0220	0.0155	1.42	0.1560
样本数	580			
F值	16.21*			
R^2	0.2218			

表8-7是模型（8-3）的普通最小二乘法回归分析结果，该模型是在控制了其他变量的基础上，考虑企业的类型，即是否是高新技术企业，将该变量作为研发强度和研发费用加计扣除优惠政策指标之间的调节变量进行分析，该模型调整后的R^2为23.69%。回归结果显示，首先，

研发强度（Rd）与研发费用加计扣除优惠政策指标（Deduction）在1%的水平上显著正相关，表明研发费用加计扣除优惠政策对企业研发强度有很强的激励作用，假设8-1依然成立。其次，研发强度和研发费用加计扣除优惠政策指标与企业类型（Type）的交叉项在1%的水平上显著负相关，由于本书对企业类型变量的定义是，高新技术企业取1，非高新技术企业取0，因此该结果表明，高新技术企业对于“研发强度与研发费用加计扣除优惠政策的正相关关系”具有负向调节作用，即研发费用加计扣除优惠政策对高新技术企业研发强度的促进作用比非高新技术企业要弱。该结论与前文提出的假设8-3相符。

表8-7 **模型（8-3）普通最小二乘法回归结果**

变量	系数	标准差	t值	P值
Deduction	11.8068	1.7891	6.6***	0.0000
Deduction×Type	-8.6321	1.8676	-4.62***	0.0000
Size	-0.0016	0.0013	-1.25	0.2120
Sellratio	0.1367	0.0234	5.85***	0.0000
Hum	0.0186	0.0086	2.17**	0.0310
Operatio	0.0082	0.0044	1.85*	0.0650
Leverage	-0.0273	0.0090	-3.04***	0.0030
Type	0.0108	0.0047	2.3**	0.0220
Own	0.0067	0.0058	1.16	0.2480
Age	0.0003	0.0002	1.69*	0.0910
常数项	0.0144	0.0153	0.94	0.3490
样本数	580			
F值	17.67***			
R^2	0.2369			

8.1.6 小结

本书使用问卷调查的方式获取样本数据，并选取了西安市145家样本企业，使用其2008—2012年的数据，对提出的假设逐个进行实证验证。

首先，本书分别使用了是否享受研发费用加计扣除政策的虚拟变量以及表示享受该政策优惠强度的连续变量这两种衡量方法对假设8-1进行回归分析检验，研究结果表明，西安市研发费用加计扣除优惠政策在促进企业增加研发投资方面起到了积极作用，研发所得税优惠减少了企业的税收负担，降低了企业研发投资的成本，提升了企业研发投资的积极性。

其次，研究使用了普通最小二乘法证实了假设8-2成立，即研发费用加计扣除政策对民营企业研发强度的促进作用更大。因此，政府在实施该项优惠政策时，需要重点关注民营企业，通过做好对民营企业的重点推广和服务工作，从而使得该项政策能够取得较好的激励效果。

再次，假设8-3也得到证实，即研发费用加计扣除政策对西安市的高新技术企业的激励效果比非高新技术企业要弱，出现该结果的原因是高新技术企业使用的是更优惠的所得税税率，在加计扣除金额相同时，高新技术企业最终享受到的税收优惠金额要比使用一般所得税税率的非高新技术企业要少。而且，在现实中，有的企业同时被认定为高新技术企业和国家规划布局内重点软件企业，对该类企业来说，研发费用加计扣除产生的激励效果并不明显。因此，政府在落实研发费用加计扣除政策时，可以更多地关注非高新技术企业，从而使得该项政策的激励效果得到落实。同时，政府可以使用其他方法加强对高技术产业的支持，例如可以进一步降低高新技术企业的税率，对高新技术企业研发所需资金政府可以加大担保和贴息力度等。

8.2 研发费用加计扣除政策与企业研发效率

8.2.1 理论分析

任何企业的创新活动，都是基于自身特点和外部创新环境开展的，因此研发效率的影响因素可以从企业特征和创新活动两个层面进行解读。

从企业自身特征的角度，现有研究主要从企业股权性质、企业规模，以及董事会规模的角度，对企业特征与企业创新效率的关系进行检验。国有企业创新效率相较于非国有企业较低。这是由于国有企业为了获得政府保护会投入较多资源进行寻租活动，从而降低了其对创新的重视程度；在中国，大型企业相较于小型企业，在政策支持、信贷支持等影响企业创新效率方面更容易获得有用资源；董事会规模较大的企业更容易吸取不同董事的知识与经验，也更容易获取较多的社会资源，为企业创新研发活动提供资金和知识方面的支持，从而提高企业的创新研发效率。

从企业外部的创新环境角度，本书检验了企业产学研合作、新产品市场需求度对企业创新效率的影响。高新技术企业长期从事创新研发活动，在进行产学研合作时与科研机构交流成本更低，产学研合作有利于提高企业创新活动效率；如果企业新产品的市场需求度较高，企业通过创新研发更容易获得利润、提高产品市场占有率，此时企业便有动力投资于创新研发活动，并且由于市场反应良好，企业在创新研发时不确定性较低，可以使企业的创新活动少走弯路，提升企业创新效率。

在外部创新的角度中，相关税收优惠政策是一个重要的视角。企业所得税是企业经营过程中的主要开支之一，如果通过研发活动可以降低企业所得税税负，企业更有动力从事创新研发，增加企业利润。2008年，国家税务总局发布了企业“研发费用加计扣除政策”，政策规定：“企业为开发新技术、新产品、新工艺发生的研究开发费用，未形成无形资产计入当期损益的，在按照规定据实扣除的基础上，按照研究开发费用的50%加计扣除；形成无形资产的，按照无形资产成本的150%摊销”①。2018年国家进一步提高研发费用税前加计扣除比例，由50%提升至75%；无形资产的税前摊销比例由150%提升至175%②。“研发费用加计扣除政策”将企业所得税与研发支出相结合，更好地促进了企业进行研发成果转化的动力。因此，本书相关研究预期研发费用加计扣除政策有利于提升企业创新效率。

8.2.2 效率测算模型

目前评测企业创新效率的方法主要有参数法和非参数法两种。非参数法以Chames等（1978）提出的数据包络分析（data envelopment analysis）为主；参数法以Aigner等（1977）、Meeusen和broeck（1977）、Battese和Corra（1977）提出的随机前沿分析（stochastic frontier analysis，SFA）为主。相较于非参数法，参数法应用经济学知识，具有更坚实的理论基础。现有文献中，SFA方法广泛应用于区域层次的创新效率评测（白俊红、江可申和李靖，2009）、行业层次创新效率分析（朱有为、徐康宁，2006），更在企业层次的创新效率研究中得到广泛应用（夏业良、程磊，2010；李晨光、张永安，2014；张洪辉、夏天和王宗军，2010）。因而，本书采用SFA方法，对西安市195家企业的创新效率进行研究。

借鉴Battese和Coelli（1995）的模型设定，随机前沿生产函数可以被看作Cobb-Douglas生产函数的对数化形式，从而可以被表示为一个线性函数，本书相关研究构建如下SFA生产模型：

$$\ln sales_{it} = \beta_0 + \beta_1 \ln RD_{it} + \beta_2 \ln pdf_{it} + v_{it} - u_{it} \tag{8-4}$$

式（8-4）中，sales表示企业新产品销售收入；i和t分别表示第i个企业和第t个年份；RD代表企业R&D内部支出量；rdp代表R&D研发人员数量。误差项$(v_{it} - u_{it})$为复合结构。v_{it}服从$N(0, \sigma_{it}^2)$，表示不可控制的系统性误差；u_{it}为技术非效率项，服从非负断尾正态分布，即u_{it}

① 根据《中华人民共和国企业所得税法》。
② 根据《关于提高研究开发费用税前加计扣除比例的通知》（财税〔2018〕99号）。

服从 $N^+(u, \sigma_{it}^2)$。$e^{-U_{it}}$表示企业i在时间t的创新效率，$e^{-U_{it}}$越接近1，则说明企业创新效率越高。

根据前述分析，本书将创新效率影响因素模型定义为：

$$U_{it} = \delta_0 + \delta_1 nonstate_{it} + \delta_2 size_{it} + \delta_3 boardsize_{it} + \delta_4 UI_{it} + \delta_5 demand + \delta_6 rdp + W_{it} \tag{8-5}$$

式（8-5）中，i和t分别表示第i个企业和第t个年份；nonstate代表企业性质，nonstate=1时为非国有企业，nonstate=0时为国有企业；size代表企业规模，以企业当年总资产的自然对数衡量；boardsize表示企业董事会规模，以董事会人数的自然对数表示；UI代表产学研关系，该指标通过企业在问卷中填写是否与高校、科研机构有过合作获得，如果有过合作，UI=1，否则UI=0；demand代表企业新产品的市场需求度，以企业新产品销售收入除以企业营业收入表示；rdp代表企业研发费用加计扣除政策，以企业研发费用加计扣除总额的自然对数表示。式（8-5）中，nonstate、size、boardsize从企业特征的角度衡量了其对企业创新效率的影响；demand、UI、rdp从企业创新外部环境特征测度了其对企业创新效率的影响。

8.2.3 数据来源

研究数据为本书研究团队在陕西省税务系统的支持和配合下，通过对西安市195家企业的重点走访与问卷调查获得。这195家企业的研发领域属于《国家重点支持的高新技术领域》，从而保证企业对政策的适用性。根据《高新技术企业认定管理办法》，在这195家企业中，有高新技术企业150家，非高新技术企业45家。调研数据包括195家企业2008—2012年的各类财务指标、创新活动指标，以及创新活动所享受的各类优惠政策的数据。根据所从事研发活动的研发范围，样本企业可以分为高新技术改造传统产业、电子信息技术、新材料技术、新能源及节能技术等八个研发领域的企业。样本最初包含975个观察值，在剔除财务指标、创新活动数据、优惠政策数据缺失值后，最终包含329个观察值。

8.2.4 实证结果分析

本书相关研究使用stata13.0软件，依照是否获得了高新技术企业认证的标准，将全样本企业划分为高新技术企业组和非高新技术企业组。在此基础上，利用SFA方法对西安市195家企业的创新效率及创新效率影响因素进行了测算和分析如下：

1）统计检验值说明

通过SFA方法估算出的σ^2、γ以及LR统计检验在三个样本组中均在1%的统计水平上显著，见表8-8，这说明随机误差项和非效率误差项存在，若使用传统OLS方法进行估计可能会存在系数偏误，因而SFA方法的使用是有必要的。

表8-8　　企业创新投入弹性及效率影响因素

待估参数	全样本	高新技术企业组	非高新技术企业组
β_0	8.613*** (17.13)	3.277*** (11.03)	8.262*** (13.13)
β_1	0.346*** (7.14)	0.678*** (11.83)	0.267*** (2.99)
β_2	0.035 (0.55)	0.269*** (3.77)	0.102 (0.72)
技术无效函数			
δ_0	11.786*** (19.39)	7.485*** (9.08)	16.240*** (11.07)
δ_1	-0.183 (-1.60)	-0.681*** (-3.18)	-0.626** (-1.98)
δ_2	-0.753*** (-16.28)	-0.177** (-2.56)	-0.965*** (-9.10)
δ_3	0.124 (1.00)	-0.988*** (-4.07)	-1.750*** (-2.73)
δ_4	-0.346*** (-2.99)	-0.696*** (-3.31)	1.224*** (3.36)

续表

待估参数	全样本	高新技术企业组	非高新技术企业组
δ_5	−2.770*** (−16.71)	−7.256*** (−9.26)	−6.584*** (−6.24)
δ_6	−0.887*** (−3.52)	−1.450*** (−3.29)	0.765 (0.96)
σ^2	1.295*** (4.12)	1.322*** (4.37)	0.674*** (3.96)
γ	0.752*** (9.35)	0.887*** (10.51)	0.532*** (8.13)
样本数	329	293	36
LR检验	67.11***	368.43***	14.78***
创新效率均值	0.269	0.274	0.240

注：***、**、*分别表示在1%、5%、10%的水平上显著，() 内数据为t统计值。

2）创新投入要素产出弹性系数分析

从研发活动资本投入和人力投入的角度看，在全样本中，β_1=0.346、β_2=0.035，说明企业研发资金投入每增加1%，新产品销售收入可以提高0.346%，而研发人员投入的弹性系数在统计上并不显著；在高新技术企业样本中，研发资金投入每增加1%，新产品销售收入可以提升0.678%，而研发人员投入每增加1%只能得到新产品销售收入0.269%的提高；在非高新技术企业中，研发资金投入每增加1%，新产品销售收入只能提高0.267%，而研发人员投入并不能显著提高新产品销售收入。

以上结果反映，高新技术企业创新效率的提升主要依赖于研发资金投入，研发资金投入的边际效益要高于研发人员投入的边际效益；非高新技术企业研发资金投入可以提高创新效率，研发人员投入并不能提高企业的创新效率。结果说明，西安市企业研发人员数量的增加对企业创新效率的提升作用远远小于研发资金对企业创新效率的贡献，这可能由两种情况导致：（1）企业研发人员数量饱和，研发人员增加对企业创新效率的边际贡献递减。(2)企业研发人员专业素养较低，企业需要高素质研发人才的投入提高企业的创新效率。

3)影响创新效率的企业特征分析

从企业股权性质的角度看，δ_1在高新技术企业组和非高新技术企业组中都是负向显著，说明相较于国有企业，非国有企业的创新效率较高，这一结论亦与现有文献相一致(董小庆、赵坚和袁朋伟，2014；吴延兵，2012)。

从企业规模的角度看，δ_2在高新技术企业组中等于-0.177，在非高新技术企业组中等于-0.965。系数反映出高新技术企业资产规模每提高1%，企业的创新效率提高0.177%；而非高新技术企业资产规模每提高1%，企业创新效率提高0.965%。结果说明，非高新技术企业的创新活动规模效应相较于高新技术企业更加显著。这可能是由于高新技术企业创新活动已经过了通过规模提高效率的阶段，单纯依靠企业规模提升很难对企业创新效率有较大贡献；而非高新技术企业目前正处在扩张发展阶段，规模经济性可以对企业创新效率产生正面影响。

从董事会规模的角度看，δ_3在两组中都通过了显著性检验。在高新技术企业组中，企业董事会规模每提高1%，企业创新效率提高0.988%；在非高新技术企业组中，企业董事会规模每提高1%，企业创新效率提高1.750%。以上结果说明，董事会规模的提升有利于更好地发挥其建议的职能，促进企业投资效率提升，有利于企业创新成果的转化。

4)影响企业创新效率的环境因素分析

从产学研合作的角度看，δ_4在高新技术企业组中等于-0.696，并且在1%的水平上显著；而δ_4在非高新技术企业组中等于1.224，在1%的水平上显著。结果反映，高新技术企业与高校、科研机构的产学研合作可以提高企业创新效率，而非高新技术企业产学研合作会显著降低企业的创新效率。这说明高新技术企业的产学研合作容易发挥创新的协同作用，产生“1+1>2”的创新结果；而非高新技术企业由于自身在创新活动上的投入相对较少，各方面创新知识的积累程度相对较低，因而在进行产学研合作时的沟通、协调成本较高，反而降低了企业的创新效率。以上结果验证了相关假设。

从新产品市场需求的角度看，δ_5在两组中的统计结果均为负向显著。在高新技术企业组中δ_5等于-7.256，说明企业新产品市场需求每提高1%，企业创新效率提高7.256%；非高新技术企业新产品市场需求每提高1%，企业创新效率提高6.584%。结果说明，企业新产品的市场需求对企业创新效率具有较大的促进作用。

从企业享受“研发费用加计扣除”政策的角度看，δ_6在高新技术企业组中等于-1.450，并在1%的水平上显著；而在非高新技术企业组中并不显著。结果反映了“研发费用加计扣除政策”有利于提升高新技术企业的创新效率，而对非高新技术企业的作用并不显著。这可能是由于高新技术企业研发费用投入比例较大，创新活动转化能力较强，因而享受的加计扣除金额较高，从而企业有更多资金进行创新活动投入，有利于企业创新效率的提高。而非高新技术企业相较而言享受的政策福利较少，对其创新效率的提高作用并不显著。

5）高新技术企业与非高新技术企业研发效率比较

图8-1反映为两组企业创新效率年度变化图，总的来说，西安市企业的创新效率偏低，说明企业创新投入转化为新产品的能力较差。分组比较可以发现，高新技术企业的创新效率较为平稳，且总体高于非高新技术企业；非高新技术企业的创新效率波动较大，且呈现递减的趋势。

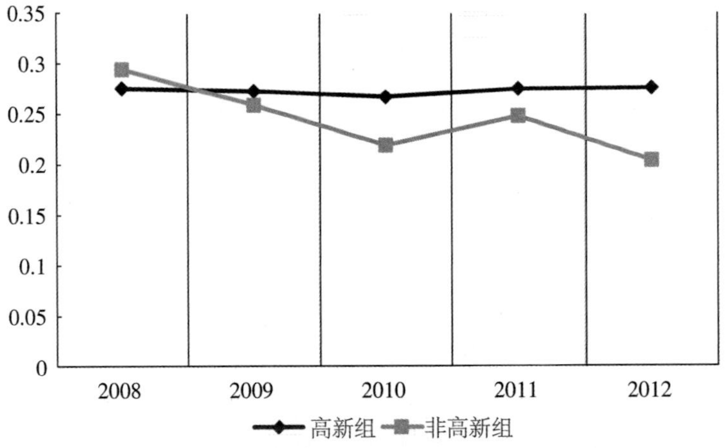

图8-1 分组创新效率年份折线图

本研究认为，高新技术企业与非高新技术企业创新效率差异来源于两个方面。一方面，企业之间由于自身特质，高新技术企业创新投入强度较高，企业通过不断的创新活动积累了大量无形资产，相较于非高新技术企业具有较强的知识竞争优势，因而彼此间创新效率具有一定差异，且有扩大的趋势。另一方面，现行创新鼓励政策更倾向于对高新技术企业的扶持，非高新技术企业由于在税收优惠等政策上无法享受到与高新技术企业同等的优惠，创新成本相对较大，因而造成二者间创新效率差异不断增加。为了进一步分析现行创新政策对不同组企业创新效率的影响，本书相关研究在已有分析的基础上，进行了政策检验的进一步分析。

8.2.5 进一步分析

目前而言，企业所得税优惠是高新技术企业所享受的最大优惠政策。根据2008年1月1日起施行的《中华人民共和国企业所得税法》，高新技术企业所得税按15%的税率征收。为了检验高新技术企业税收优惠政策对高新技术企业创新效率的影响，本书相关研究利用配对样本和双倍差分（difference-in-difference，DID）的方法，对政策效果进行检验。

1）模型构建

为了剔除其他因素对企业创新效率的影响，单独测度高新技术企业所得税优惠对企业创新效率的影响，本书相关研究在根据年份、研发领域，以及资产规模配对样本的基础上（每一个高新技术企业配对一个非高新技术企业），使用DID模型对政策效果进行检验。为了保证样本被认证前后都有数据，本书相关研究剔除了在2008年和2012年被认证为高新技术企业的样本，保留了认证前后一年有数据的实验组和控制组样本。本书相关研究通过变量将样本分为四个组：（1）post=0、hitech=0，被认证为高新技术企业前的控制组；（2）post=0、hitech=1，被认证为高新技术企业前的实验组；（3）post=1、hitech=0，被认证为高新技术企业后的控制组；（4）post=1、hitech=1，被认证为高新技术企业后的实验组。通过比较（1）、（3）组创新效率的差异与（2）、（4）组创新效率的差异之间的差异是否显著，DID方法可以较好地克服内生性等问题，从而反映政策因素对企业创新效率的影响。为实现此目标，在将上文影响创新效率变量作为控制变量的基础上，本书相关研究构建如下DID模型：

$$TE_{it} = \beta_0 + \beta_1 post_{it} + \beta_2 hitech_{it} + \beta_3 posthitech_{it} + \beta_4 nonstate_{it} + \beta_5 size_{it} + \beta_6 boardsize_{it} + \beta_7 UI_{it} + \beta_8 demand_{it} + \beta_9 rdp_{it} + \varepsilon_{it} \quad (8-6)$$

式（8-6）中，post为时间变量；hitech为分组变量；hitechpost为本书相关研究所关心的政策效应对企业创新效率的影响变量；其余变量与上文相同。当系数$\beta_3>0$，且统计上显著时，说明高新技术企业认证后所享受的税收优惠政策促进了企业创新效率的提升；反之则说明现行税收优惠政策并未提升企业创新效率。

2）实证结果分析

在表8-9中，hitechpost变量的系数为负数，且在统计上不显著。这说明，在控制了其他可能影响企业创新效率的因素后，企业被认证为高新技术企业从而享受的税收优惠政策并未提升企业的创新效率。

表8-9　　　**高新技术企业认证对企业创新效率的影响**

待估变量	系数 / t值
post	-0.021 (-1.14)
hitech	-0.002 (-0.11)
hitechpost	-0.059 (-1.58)
nonstate	0.084*** (5.02)
size	0.068*** (10.17)
boardsize	-0.023 (-0.97)
UI	-0.009 (-0.54)
demand	0.375*** (15.61)

续表

待估变量	系数 / t值
rdp	−0.006 (−0.85)
常数项	−0.438*** (−6.23)
σ^2	0.122*** (4.13)
样本数	284
LR检验	253.12***

注：***、**、*分别表示在1%、5%、10%的水平上显著，() 内数据为t统计值。

本书认为，产生这种结果的主要原因在于：税收优惠政策使高新技术企业所得税税负降低，然而企业创新活动与优惠政策关联性并不高，这可能使企业将资本投资于回报丰厚的项目。而对于需要大量资本投入但并不能较短时间实现回报的创新研发项目，企业可能并不重视，这样会导致高新技术企业享受的税收优惠政策并不能提升企业的创新效率的局面。下一步政策改革，应将企业创新活动过程作为税收优惠对象，而不是企业最终所得。

8.2.6 小结

通过将企业分为高新技术企业组与非高新技术企业组，本书相关研究应用SFA方法对西安市企业创新效率进行了测度，并分别分析了影响企业创新效率的内外部因素。结果发现：西安市企业创新效率普遍较低，高新技术企业创新效率比非高新技术企业创新效率平均高3%。企业非国有所有权性质、企业规模、董事会规模，以及新产品市场需求对企业创新效率具有正向影响；企业产学研合作能较大程度促进高新技术企业创新效率，而对非高新技术企业创新效率有负面影响；研发费用加计扣除政策能够提升高新技术企业创新效率，而对非高新技术企业创新效率没有显著影响。在进一步分析中，本书在配对样本的基础上，使用DID方法对高新技术企业认证所带来的税收优惠政策进行检验，发现税收优惠政策并不能提升高新技术企业的创新效率。

8.3 本章小结

在本章中，本书收集并运用了关于陕西省研发费用加计扣除政策实施现状的调研数据，使用计量经济学的实证模型，分析了陕西省现行加计扣除政策在企业研发投入和研发能力等方面对企业价值创造的影响，测算了税收优惠政策执行在企业研发方面的实际效力，从微观层面上说明了税收优惠政策对激励企业自主研发、促进企业价值创造的积极影响。

9　税收优惠政策与经济高质量发展

对于地方政府来说，有效落实税收优惠政策，可以大力推动地区科技水平的进步，并提高产业结构升级的效率，从而加强地区自主创新能力，促进培育新动能，加快新旧动能转换，并最终有效助力全地区乃至全国的经济高质量发展。在本章中，本书分析了税收优惠政策，尤其是研发费用加计扣除政策的落实对宏观层面经济高质量发展（如区域经济增长模式、地区生产水平、新旧动能转换）等方面重要意义的理论和数据分析，为深入认识有效实施税收优惠政策对于促进经济高质量发展的作用和意义提供了有力的证据支持。

进一步地，结合“中国制造2025”国家层面的重大研判和陕西省相关实际，可以看出陕西省在科技教育领域已成为国家重要战略布局的中心省份之一，并且突出发展某些领域对陕西省经济崛起和弯道超车起到了关键性作用。因此，本书着眼于陕西省相关数据和文字资料，运用上文所述研究方法，深入分析了税收优惠政策对促进陕西省经济高质量发展的重要意义。

9.1 研发费用加计扣除政策与区域经济增长模式

我国的经济已经进入新常态，表现为速度和动力的转变：一方面，经济增长速度由高速增长转变为中高速增长，年均增长速度放缓，但仍保持在7%～8%的水平；另一方面，由要素驱动、投资驱动的粗放型发展转变为由创新驱动的集约型发展，摒弃资源依赖和污染性发展，转入遵循经济规律的科学发展、遵循自然规律的可持续发展。这一系列转变离不开创新的驱动，而技术进步需要耗费大量的科研设备、资金和人工成本，高投入和高风险限制了企业自主研发的积极性。

税收政策是经济调节的重要杠杆，主要体现在提高资源配置效率、调节收入分配、实现经济稳定增长等方面。国家税务总局于2019年6月发布的新版《“大众创业 万众创新”税收优惠政策指引》，展示了在鼓励科技创新方面的相关税收优惠政策最新成果：一是为进一步促进创新主体孵化，科技企业孵化器和大学科技园免征增值税、房产税、城镇土地使用税政策享受主体已扩展到省级孵化器、大学科技园和国家备案的众创空间；创业投资企业和天使投资个人所得税政策已推广到全国实施。二是为进一步促进创业资金聚合，金融机构向小微企业、个体工商户贷款利息免征增值税的单户授信额度，已由10万元扩大到1 000万元；金融机构与小型微型企业签订借款合同免征印花税。三是为进一步促进创新人才集聚，对职务科技成果转化现金奖励减征个人所得税。四是为进一步促进创新能力提升，研发费用加计扣除力度逐步加大，企业委托境外发生的研发费用纳入加计扣除范围，所有企业的研发费用加计扣除比例均由50%提高至75%，固定资产加速折旧政策已推广到所有制造业领域。五是为进一步促进创新产业发展，软件和集成电路企业所得税优惠政策适用条件进一步放宽。

税收优惠政策降低了企业创新的税收成本，提高企业研发水平，从而进一步推动区域经济发展的可持续增长，其中适用范围最广泛的是研发费用加计扣除政策，然而技术创新还受到成本收益和成果转化难度等因素的限制，因此本书通过列示各省市加计扣除减免税额与全要素生产率水平并做出一定对比，检验了税收优惠政策对生产效率的贡献。

表9-1列示了各省市加计扣除减免税额与全要素生产率水平及排名，并对比了各省市的两项排名的差异，以检验加计扣除政策和生产效率是否能够对应。总体来看，东部地区的减免税额和生产效率都较高，尤其是广东省，加计扣除额度最高，TFP排名也最高，说明广东省的企业很好地享受到了加计扣除政策带来的优惠，不断积累创新成果，将创新成果转化为生产力，大大提高了生产效率。在绝大多数省市，两项指标排名的差距并不大，说明加计扣除减免税额和该省市生产效率具有同步性，加计扣除减免税额可以有效预测区域经济增长模式。

表9-1　各省市加计扣除减免税额与全要素生产率水平对比

省市	区域	加计扣除减免税额（亿元）	减免税额排名	2013年TFP	TFP排名	排名差值
广东省	东部	44.4	1	1 009.3	1	0
浙江省		42.1	2	676.7	4	-2
江苏省		41.7	3	988.7	2	1
上海市		29.9	4	484.2	10	-6
吉林省		18.8	5	344.3	21	-16
山东省		15.5	6	920.1	3	3
辽宁省		10.5	10	506.4	9	1
安徽省		9.2	13	411.5	14	-1
北京市		8.9	14	423.5	13	1
河北省		8.2	15	536.5	6	9
福建省		7.8	16	462.4	12	4
天津市		7.0	17	361.0	17	0
黑龙江省		2.1	23	345.9	20	3
区域均值	—	18.9	—	574.7	—	—

续表

省市	区域	加计扣除减免税额（亿元）	减免税额排名	2013年TFP	TFP排名	排名差值
湖北省	中部	15.3	7	481.6	11	-4
湖南省		14.9	8	524.1	7	1
河南省		9.4	12	587.1	5	7
山西省		5.5	18	299.7	23	-5
江西省		3.7	20	363.9	16	4
内蒙古自治区		2.2	22	400.6	15	7
区域均值	—	8.5	—	442.8	—	—
陕西省	西部	12.8	9	357.6	18	-9
四川省		9.6	11	516	8	3
重庆市		3.8	19	305.6	22	-3
广西壮族自治区		3.2	21	352.2	19	2
新疆维吾尔自治区		2.1	23	218	26	-3
甘肃省		1.5	25	192.5	27	-2
云南省		1.4	26	299	24	2
贵州省		0.8	27	219.5	25	2
宁夏回族自治区		0.6	28	101.5	29	-1
海南省		0.6	29	115.1	28	1
青海省		0.1	30	86.9	30	0
西藏自治区		0.0	31	53.7	31	0
区域均值	—	3.0	—	234.8	—	—
全国均值	—	10.8	—	417.6	—	—

注：1.加计扣除减免税额数据来源于《中国区域创新能力监测报告》，中华人民共和国科学技术部；本省（自治区、直辖市）科技年鉴，省（自治区、直辖市）科技厅官方网站。

2.TFP根据柯布-道格拉斯函数计算。

3.排名差值=减免税额排名-FTP排名，排名差值越接近0，说明加计扣除政策越能有效预测全要素生产率。

9.2 研发费用加计扣除政策与地区生产水平

除了对生产效率进行检验，本书的相关研究还对生产水平做出分析。地区生产总值（即地区GDP）是指本地区所有常住单位在一定时期内生产活动的最终成果，反映了地区经济实力。表9-2列示了各省市加计扣除减免税额与地区GDP水平及排名，并对比了各省市的两项排名的差异，以检验加计扣除政策和地区生产水平是否能够对应。

表9-2　　各省市加计扣除减免税额与地区GDP对比

省市	区域	加计扣除减免税额（亿元）	减免税额排名	地区GDP（亿元）	地区GDP排名	排名差值
广东省	东部	44.4	1	62 474.8	1	0
浙江省		42.1	2	37 756.6	4	-2
江苏省		41.7	3	59 753.4	2	1
上海市		29.9	4	21 818.2	12	-8
吉林省		18.8	5	13 046.4	21	-16
山东省		15.5	6	55 230.3	3	3
辽宁省		10.5	10	27 213.2	7	3
安徽省		9.2	13	19 229.3	14	-1
北京市		8.9	14	19 800.8	13	1
河北省		8.2	15	28 443.0	6	9
福建省		7.8	16	21 868.5	11	5
天津市		7.0	17	14 442.0	19	-2
黑龙江省		2.1	23	14 454.9	17	6
区域均值	—	18.9	—	30 425.5	—	—

续表

省市	区域	加计扣除减免税额（亿元）	减免税额排名	地区GDP（亿元）	地区GDP排名	排名差值
湖北省	中部	15.3	7	24 791.8	9	-2
湖南省		14.9	8	24 621.7	10	-2
河南省		9.4	12	32 191.3	5	7
山西省		5.5	18	12 665.3	23	-5
江西省		3.7	20	14 410.2	20	-0
内蒙古自治区		2.2	22	16 916.5	15	7
区域均值		8.5	—	20 932.8	—	—
陕西省	西部	12.8	9	16 205.5	16	-7
四川省		9.6	11	26 392.1	8	3
重庆市		3.8	19	12 783.3	22	-3
广西壮族自治区		3.2	21	14 449.9	18	3
新疆维吾尔自治区		2.1	23	8 443.8	25	-2
甘肃省		1.5	25	6 330.7	27	-2
云南省		1.4	26	11 832.3	24	2
贵州省		0.8	27	8 086.9	26	1
宁夏回族自治区		0.6	28	2 577.6	29	-1
海南省		0.6	29	3 177.6	28	1
青海省		0.1	30	2 122.1	30	0
西藏自治区		0.0	31	815.7	31	0
区域均值	—	3.0	—	9 434.8	—	—
全国均值	—	10.8	—	20 462.8	—	—

注：1.加计扣除减免税额数据来源于《中国区域创新能力监测报告》，中华人民共和国科学技术部；本省（自治区、直辖市）科技年鉴，省（自治区、直辖市）科技厅官方网站。

2.地区GDP为本地区所有常住单位在一定时期内生产活动的最终成果。

3.排名差值=减免税额排名-地区GDP排名，排名差值越接近0，说明加计扣除政策越能有效预测地区GDP。

总体来看，东部地区的减免税额和生产水平都较高，尤其是广东省，加计扣除额度最高，地区GDP的排名也最高，说明广东省的企业很好地享受到了加计扣除政策带来的优惠，将创新成果得以转化，不仅提高了生产效率，也大大提高了生产水平。西部地区的省市大多两项指标排名20位以后，说明西部地区没有将加计扣除政策这一税收优惠进行良好运用，这主要是由于政策惠及企业数量不足和政策实施过程烦琐等原因，应完善政策实施设计，提高宣传力度，提高企业申报研发费用加计扣除优惠的积极性。在绝大多数省市，两项指标排名的差距并不大，说明加计扣除减免税额和该地区的生产力水平具有同步性，加计扣除减免税额可以有效预测区域经济实力。

9.3 税收优惠政策与新旧动能转换

在本节中，本书主要从陕西省立足新旧动能转换，助力经济高质量发展过程中税收优惠政策落实的现状和未来前景分析着手，以实际案例深入分析了税收优惠政策的有效实施在新旧动能转换方面的作用和意义，力求为我国各地区结合自身实际，运用好税收优惠政策，促进实现经济发展中新旧动能有效转换，以为推动经济高质量发展提供参考。

具体来说，作为高等教育强省，陕西省在教育部第四次学科评估中共有8所高校的25个专业获得A-以上评级，陕西高校可为陕西省创新发展提供人才支持与科技支持。具体而言，西安交通大学在高档数控机床和机器人领域、节能和新能源汽车领域、电力装备等领域具有主导地位，西北工业大学在新材料、航空航天装备领域具有很强实力，而西安电子科技大学在新一代信息技术和机器人领域具有明显优势。

2019年6月30日，中国科协发布了20个“硬骨头”科技难题，分别为：暗物质是种能探测到的基本粒子吗，对激光核聚变新途径的探索，单原子催化剂的催化反应机理，高能量密度动力电池材料电化学，情绪意识的产生根源，细胞器之间的相互作用，单细胞多组学技术，废弃物资源生态安全利用技术集成，全智能化植物工厂关键技术难题，近地小天体调查、防御与开发问题，大地震机制及其物理预测方法，原创药物靶标发现的新途径与新方法，中医药临床疗效评价创新方法与技术，人工智能系统的智能生成机理，氢燃料电池动力系统，可再生合成燃料，绿色超声速民机设计技术，重复使用航天运输系统设计与评估技术，千米级深竖井全断面掘进技术，海洋天然气水合物和油气一体化勘探开发机理和关键工程技术。

结合陕西省现有经济结构的优势和区位发展目标，20个难题中单原子催化剂、高能量密度动力电池、废弃物资源安全、全智能化植物工厂、人工智能、氢能源电池、绿色超音速飞机、深竖井全断面掘进技术8个难题契合时代发展需要，结合陕西省省情实际，可以作为陕西省未来发展需要攻克的重要难题去探讨和实施。因为这些难题涉及能源、交通、农业、系统工程领域的重大问题，通过重点投入研发，一旦取得突破将改变各省的经济结构，从而实现陕西省弯道超车的目的，并且这8个难题能够充分利用陕西省现有的资源优势和配套设施，若取得突破必将带领陕西省经济飞速发展。

9.3.1 “十三五”时期陕西省经济发展新动力

2017年5月，中国共产党陕西省第十三次代表大会确定了今后5年陕西省的奋斗目标：经济总量突破3万亿元；民主法治建设持续加强，社会大局和谐稳定；文化资源优势充分发挥，社会文明程度全面提升；居民人均可支配收入力争赶上全国平均水平，生态环境明显改善，治污降霾实现突破性进展。在这次会议上提出了陕西省未来5年的战略即“五新战略”：培育新动能、构筑新高地、激发新活力、共建新生活、彰显新形象。陕西省经济开始迈向高质量发展阶段。

陕西省政府工作报告指出2019年的重点工作中有三点是围绕陕西省新旧动能转换展开的，包括：(1) 突出制造业高质量发展，加快建设现代产业体系。陕西省将在这个方面抓好重大技改项目建设，促进传统行业智能化升级，清退“僵尸企业”并且加快发展战略性新兴产业。(2)培育激发市场活力，持续释放内需潜力。这一部分工作重点在于发挥投资效用，投资引领经济发展，同时扩大消费需求，培育壮大物流、会展、金融等现代服务业，推进体育、健康、养老等消费，推动文化旅游融合，从而为经济增长输入持续性动力。(3)加快发展“三个经济”，深度融入“一带一路”建设。

在中国共产党成立一百周年之际，如何评价陕西省近年来经济发展状况成为一项具有重要风向意义的工作。从陕西省2010—2018年的GDP发展状况与发展结构可以窥见陕西省经济结构调整的情况，如图9-1所示。

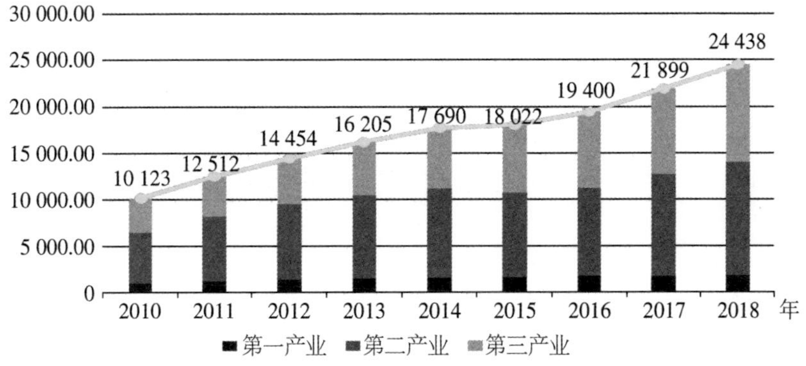

图9-1 2010—2018年陕西省各产业的GDP总量（单位：亿元）

从2010年以来，陕西省经济结构逐渐调整，地区生产总值逐年迅速提升。其中第二产业占据陕西省经济主导地位，占地区生产总值超高比重，而第三产业比重也在逐年增加。从结构来看，陕西省经济结构已经日趋完善，比较接近一线城市的经济结构模式（第二、三产业占主导地位，甚至以第三产业为主导），陕西省下一步工作是要逐渐优化第二、三产业中高附加值行业的增长和可持续发展，尤其是以轻资产、高附加值产业为代表，比如互联网产业、文化旅游产业、生物技术产业、人工智能产业等。

从各产业对陕西省GDP贡献的角度来看（如图9-2所示），第二产业占据GDP贡献的绝大部分，但第三产业的贡献度逐年上升，2015—

2018年对陕西省GDP增长的贡献已经达到40%以上，这说明第三产业在陕西省经济结构中扮演着越来越重要的角色，如何引导第三产业的发展将是下一个五年规划的重要研判点。

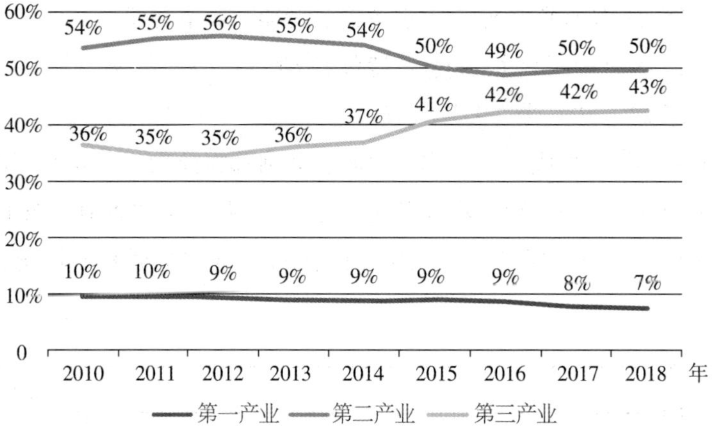

图9-2 2010—2018年陕西省各产业的GDP贡献度

9.3.2 陕西省税收政策与新旧动能转换的前景预测

1）陕西省战略性新兴产业的发展前景预测

根据陕西省统计局发布的《2018年战略性新兴产业发展简析》和《2019年全省战略性新兴产业发展简析》，搜集了2018年与2019年各战略性新兴产业的增加值、增速，并计算了其结构占比。根据上述数据，将从增速预测、结构占比预测和增加值预测三个方面对陕西省战略性新兴产业的发展前景进行分析，预测期为2020—2022年。

（1）结构占比预测：结构占比即各战略性新兴产业当年增加值除以全部产业当年增加值合计数。以2017—2019年三年的结构占比和预计增长速度为基础，以过去三年的平均占比预测下一年的结构占比，对2020—2022年各产业的结构占比进行了预测，见表9-3。

（2）增加值预测：通过分析2017—2019年三年陕西省战略性新兴产业增加值和GDP总量的关系，可以计算战略性新兴产业合计增加值占GDP的比例，以过去三年的平均占比预测下一年战略性新兴产业合计增加值占GDP的比例。根据世界银行在2020年6月的《世界经济展望》报告中对中国GDP的增速预期，2020年的GDP预测增速为1%，2021年的预测增速为6.9%，2022年暂未发布，仍沿用6.9%的增速[②]。通过预测未来年度的GDP总量及战略性新兴产业的占比，计算得出当年战略性新兴产业预计的合计增加值，再结合表9-3对于结构占比的预测，可以对2020—2022年各战略性新兴产业的增加值进行预测，预测结果见表9-4中括号内的预测增加值。据财税部门测算，减税降费拉动2019年GDP增长0.8个百分点[③]，假定减税降费对GDP增长的促进作用不变，可以预测2020—2022年考虑减税降费促进作用后的各战略性新兴产业增加值，预测结果见表9-4后三列中括号外所示的预测增加值。减税降费预计将为陕西省战略性新兴产业带来数十亿元的增长。

表9-3　**陕西省战略性新兴产业结构占比变化预测表**[①]

项目	2017年结构占比	2018年结构占比	2019年结构占比	2020年预计占比	2021年预计占比	2022年预计占比
节能环保产业	17.20%	17.61%	17.80%	17.54%	17.65%	17.66%
新一代信息技术产业	25.63%	25.58%	27.21%	26.14%	26.31%	26.55%
生物产业	15.51%	15.29%	14.94%	15.25%	15.16%	15.12%
高端装备制造业	15.41%	15.08%	14.68%	15.06%	14.94%	14.89%
新能源产业	8.59%	8.94%	8.73%	8.75%	8.81%	8.76%
新材料产业	15.36%	15.46%	14.57%	15.13%	15.05%	14.92%
新能源汽车产业	2.24%	2.04%	2.07%	2.12%	2.08%	2.09%

（3）增速预测：以2019年各战略性新兴产业增速及增速变化为基础，在假定当前市场条件和增速不变的情况下，对2020—2022年各产

① 具体产业预测年度预计占比=具体产业过去三年的年度增加值的平均值。

② World Bank.2020.Global Economic Prospects，June 2020.Washington，DC：World Bank. © World Bank. https：//openknowledge. worldbank. org/handle/10986/33748 License：CC BY 3.0 IGO.。

③ 来源链接：http：//paper.people.com.cn/rmrbhwb/html/2020-01/07/content_1965315.htm。

表9-4 **陕西省战略性新兴产业增加值预测表**[①] 单位：亿元

项目	2017年增加值	2018年增加值	2019年增加值	2020年预计增加值	2021年预计增加值	2022年预计增加值
节能环保产业	406.2	466.7	492.4	496.4（492.5）	538.5（530.0）	579.6（565.9）
新一代信息技术产业	605.0	677.7	752.9	740.0（734.1）	802.8（790.1）	871.4（850.9）
生物产业	366.0	405.1	413.3	431.5（428.1）	462.5（455.2）	496.0（484.3）
高端装备制造业	363.7	399.5	406.1	426.2（422.8）	455.7（448.5）	488.6（477.1）
新能源产业	203.9	237.0	241.5	247.8（245.8）	268.8（264.5）	287.6（280.8）
新材料产业	362.5	409.7	403.2	428.3（424.9）	459.4（452.1）	489.6（478.1）
新能源汽车产业	54.5	54.1	57.2	60.6（60.1）	63.6（62.5）	68.8（67.2）
合计	2 360.3	2 649.8	2 766.6	2 830.8（2 808.3）	3 051.2（3 002.9）	3 281.7（3 204.2）
GDP总量	21 854.6	24 535.2	25 793.2	26 259.5（26 051.1）	28 296.0（27 848.7）	30 490.4（29 770.2）

业的预计增速进行了预测。预测结果见表9-5，括号外为考虑了减税降费促进作用后的预计增速，括号内为未考虑减税降费促进作用时的预计增速。

① 本表内各个产业的预计年增加值。具体产业预测年度预计增加值=当年战略性新兴产业预计增加值合计×具体产业结构占比，2017年、2018年、2019年数据来自陕西省统计局。

表9-5　**陕西省战略性新兴产业发展增速预测表**①

项目	2017年增速	2018年增速	2019年增速	2020年预计增速	2021年预计增速	2022年预计增速
节能环保产业	-4.90%	14.98%	5.51%	0.81%（0.01%）	8.48%（7.62%）	7.63%（6.78%）
新一代信息技术产业	57.39%	12.02%	11.10%	-1.72%（-2.50%）	8.48%（7.62%）	8.56%（7.69%）
生物产业	5.38%	10.68%	2.02%	4.41%（3.58%）	7.17%（6.32%）	7.25%（6.40%）
高端装备制造业	5.60%	9.84%	1.65%	4.94%（4.11%）	6.94%（6.09%）	7.22%（6.37%）
新能源产业	218.71%	16.92%	1.90%	2.61%（1.79%）	8.47%（7.61%）	7.01%（6.16%）
新材料产业	-22.24%	13.02%	-1.59%	6.23%（5.39%）	7.25%（6.40%）	6.59%（5.74%）
新能源汽车产业	27.63%	-0.73%	5.73%	5.88%（5.04%）	4.94%（4.10%）	8.26%（7.41%）

2）陕西省战略性新兴产业的投资额预测

前文已阐述了陕西省当前新旧动能转换减税降费的具体现状。根据国家税务总局陕西省税务局2018年公布的数据，根据各类减税的额度计算了增值税减税、高新技术企业减税、小微企业减税和出口退（免）税的结构占比，如图9-3中内圈数字所示。自2019年4月1日起，增值税税率又在2018年降税的基础上再一次调低，原16%的增值税税率降为13%，原10%的增值税税率降为9%。由此不难推测，在以后年度的减税结构占比中，增值税减税将占有更大的比重。

基于战略性新兴产业中工业战新和服务业战新的比例及其适用的增值税税率，对2019年4月1日后新的减税结构占比进行了估算，结合GDP和战略性新兴产业增加值的增长，对未来年度减税额度进行粗略的预测，如图9-3所示。

① 预测年度预计增速=（预测年度增加值-前一年度增加值）÷前一年度增加值。

外圈：2019年4月1日税率调整后各类减税预计结构占比（%）*
内圈：2018年各类减税实际结构占比（%）

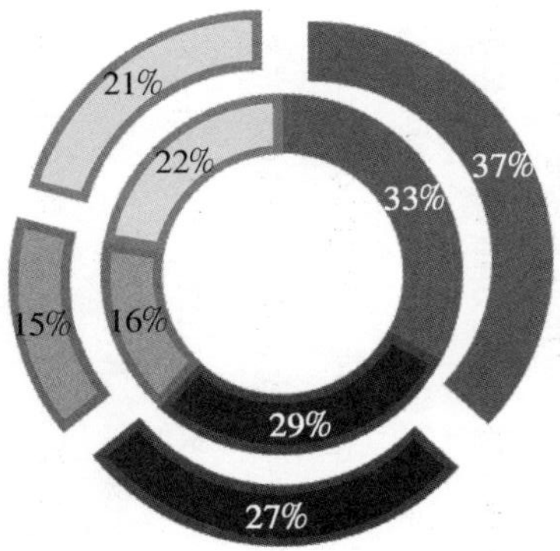

	2018年减税额度（亿元）**	2019年预计减税额度（亿元）***	2020年预计减税额度（亿元）***	2021年预计减税额度（亿元）	2022年预计减税额度（亿元）
增值税减税	84.60	102.18	110.35	119.18	128.71
高新技术企业减税	75.10	76.38	82.49	89.09	96.22
小微企业减税	40.10	40.78	44.05	47.57	51.38
出口退（免）税	57.20	58.18	62.83	67.86	73.29

* 根据2019年4月1日增值税税率调整结果估算。
** 数据来源：陕西省税务局。
*** 根据2018年实际减税额度与GDP、战略性新兴产业增加值的关系，以预测年度GDP和战略性新兴产业增加值为基础，乘以预计结构占比计算得出。

图 9-3 陕西省新旧动能转换减税降费的前景预测[①]

① 暂无公开披露的2019年、2020年陕西省各类减税额度的实际数据。

9.4 本章小结

在本章中，本书着眼于宏观层面，通过收集和对比相关宏观经济数据，并剖析地区经济发展模式，发现研发税收优惠政策有助于帮助实现在经济发展过程中充分践行创新驱动发展模式，同时生产水平也与税收减免水平高度匹配，说明自主研发的税收优惠力度能够有效反映经济发展程度和质量。同时，本书以陕西省的相关资料和数据为例，通过一系列分析，对战略性新兴产业的发展前景（增速、结构占比和增加值）和投资额等方面进行了合理预测，并提出了关于通过有效落实税收优惠政策实现减税降费对促进新旧动能转换重要作用的未来前景的预期，并对具体预测内容通过绘制相关图表进行了说明。

主要参考文献

[1] Aghion P, Howitt P. A model of growth through creative destruction [J]. Economica, 1990, 60 (2): 323-51.

[2] Aigner D J, Cain G G. Statistical theories of discrimination in labor markets [J]. Industrial & Labor Relations Review, 1977, 30 (2): 175-187.

[3] Aigner D, Lovell C A K, Schmidt P. Formulation and estimation of stochastic frontier production function models [J]. Journal of Econometrics, 1977, 6 (1): 21-37.

[4] Alfranca O, Huffman W E. Aggregate private R&D investments in agriculture: the role of incentives, public policies, and institutions [J]. Economic Development and Cultural Change, 2003, 52 (1): 1-21.

[5] Arora A, Ceccagnoli M, Cohen W M. R&D and the patent premium [J]. International Journal of Industrial Organization, 2008, 26 (5): 1153-1179.

[6] Artz K W, Norman P M, Hatfield D E, et al. A longitudinal study of the impact of R&D, patents, and product innovation on firm performance [J]. Journal of Product Innovation Management, 2010, 27 (5): 725-740.

[7] Battese G E, Coelli T J. A model for technical inefficiency effects in a stochastic frontier production function for panel data [J]. Empirical

Economics, 1995, 20 (2): 325-332.

[8] Battese G E, Corra G S.Estimation of a production frontier model: with application to the pastoral zone of Eastern Australia [J]. Australian Journal of Agricultural Economics, 1977, 21 (3): 169-179.

[9] Branch B. Research and development activity and profitability: a distributed lag analysis [J]. The Journal of Political Economy, 1974, 82 (5): 999-1011.

[10] Bosworth D, Rogers M.Market value, R&D and intellectual property: an empirical analysis of large Australian firms [J]. Economic Record, 2001, 77 (239): 323-337.

[11] Carlin T, Pham L T, Hoang H V.Determinants of technical efficiency in Vietnamese enterprises during transition: 2001—2005 [J]. Available at SSRN 1286685, 2008.

[12] Charoenrat T, Harvie C. Technical efficiency of Thai manufacturing SMEs: a stochastic frontier analysis [J]. Australasian Accounting, Business and Finance Journal, 2013, 7 (1): 99-121.

[13] Charoenrat T, Harvie C, Amornkitvikai Y.Thai manufacturing small and medium sized enterprise technical efficiency: evidence from firm-level industrial census data [J]. Journal of Asian Economics, 2013, 27: 42-56.

[14] Cho SP, Lim K, Kwon GJ, et al.R&D investment and performance in Korea: Korean R&D scoreboard 2005 [J]. Asian Journal of Technology Innovation, 2008, 16 (1): 143-160.

[15] Czarnitzki D, Licht G.Additionality of public R&D grants in a transition economy [J]. Economics of Transition, 2006, 14 (1): 101-131.

[16] Dagenais M G, Mohnen P, Therrien P.Do Canadian firms respond to fiscal incentives to research and development? [M]. Montreal: CIRANO, 1997.

[17] Griliches Z.Productivity, R and D, and Basic Research at the Firm Level in the 1970's [J]. The American Economic Review, 1986, 76 (1): 141-154.

[18] Grossman G M, Helpman E. Innovation and growth in the global economy [M]. Cambridge: MIT press, 1991.

[19] Guellec D, Van Pottelsberghe De La Potterie B.The impact of public R&D expenditure on business R&D [J]. Economics of innovation and

new technology, 2003, 12 (3): 225-243.

[20] Hall B H, Mairesse J. Exploring the relationship between R&D and productivity in French manufacturing firms [J]. Journal of Econometrics, 1995, 65 (1): 263-293.

[21] Han B H, Manry D. The value - relevance of R&D and advertising expenditures: evidence from Korea [J]. The International Journal of Accounting, 2004, 39 (2): 155-173.

[22] Hinloopen J. Strategic R&D co-operatives [J]. Research in Economics, 2000, 54 (2): 153-185.

[23] Jorgenson D W, Fraumeni B M. Relative prices and technical change [M]. Heidelberg: Physica-Verlag HD, 1983.

[24] Kanwar S, Evenson R. Does intellectual property protection spur technological change? [J]. Oxford Economic Papers, 2003, 55 (2): 235-264.

[25] Léger A. Intellectual property rights and innovation around the world: evidence from panel data [J]. Working Paper, 2007.

[26] Leonard W N. Research and development in industrial growth [J]. Journal of Political Economy, 1971, 79 (2): 232-256.

[27] Li M Y L, Hwang N R. Effects of firm size, financial leverage and R&D expenditures on firm earnings: an analysis using quantile regression approach [J]. Abacus, 2011, 47 (2): 182-204.

[28] Lin C, Lin P, Song F. Property rights protection and corporate R&D: evidence from China [J]. Journal of Development Economics, 2010, 93 (1): 49-62.

[29] Mairesse J, Sassenou M. R&D productivity: a survey of econometric studies at the firm level [J]. National Bureau of Economic Research. Working Paper, 1991.

[30] Mankiw N G, Romer D, Weil D N. A contribution to the empirics of economic growth [J]. The Quarterly Journal of Economics, 1992, 107 (2): 407-437.

[31] Mansfield E. Rates of return from industrial research and development [J]. The American Economic Review, 1965, 55 (1/2): 310-322.

[32] Meeusen W, Van den Broeck J. Efficiency estimation from Cobb - Douglas production functions with composed error [J]. International Economic Review, 1977, 5 (2): 435-444.

[33] Minasian J R. Research and development, production functions, and rates of return [J]. The American Economic Review, 1969, 59 (2): 80-85.

[34] O'Regan N, Sims M A, Ghobadian A.Does R&D really drive competitive advantage and performance? [J]. International Journal of Manufacturing Technology and Management, 2008, 15 (3): 376-403.

[35] Pavitt K. R&D, patenting and innovative activities: a statistical exploration [J]. Research Policy, 1982, 11 (1): 33-51.

[36] Pavitt K, Townsend J.The size distribution of innovating firms in the UK: 1945-1983 [J]. Journal of Industrial Economics, 1987, 35 (3): 297-316.

[37] Pham L T, Carlin T, Hoang H V. Institution-management approach to state owned enterprise reforms: the case of vietnam [J]. Available at SSRN 1286704, 2008.

[38] Romer P M. Endogenous technological change [J]. Journal of Political Economy, 1990, 98 (5): 71-102.

[39] Sohn D W, Hur W, Kim H J.Effects of R&D and patents on the financial performance of Korean venture firms [J]. Asian Journal of Technology Innovation, 2010, 18 (2): 169-185.

[40] Solow R M. Technical change and the aggregate production function [J]. The Review of Economics and Statistics, 1957, 39 (3): 312-320.

[41] Somaya D, Williamson I O, Zhang X. Combining patent law expertise with R&D for patenting performance [J]. Organization Science, 2007, 18 (6): 922-937.

[42] 白俊红，江可申，李婧. 应用随机前沿模型评测中国区域研发创新效率 [J]. 管理世界，2009 (10): 51-61.

[43] 白俊红，江可申，李婧. 中国地区研发创新的相对效率与全要素生产率增长分解 [J]. 数量经济技术经济研究，2009 (3): 139-151.

[44] 曹婕. 专业科技孵化器打造专业研发平台 [J]. 华东科技，2010 (3): 42-43.

[45] 曹志来. 科技创新投入产出绩效的评价与解析——基于东北三省一区的相对分析 [J]. 东北亚论坛，2008 (4): 63-67.

[46] 陈贝力. 企业孵化器对创业板上市公司的影响分析 [J]. 现代经济信息，2014 (6).

[47] 陈海声，卢丹．研发投入与企业价值的相关性研究［J］．软科学，2011（2）：20-24.

[48] 陈恒，陈伟．基于DEA的中外跨国公司研发效率比较分析［J］．科技进步与对策，2006，23（8）：7-9.

[49] 陈伟，杨增煜，杨栩．科技型中小企业技术创新模式选择研究［J］．社会科学文摘，2020（6）：8-11.

[50] 陈晓，李静．地方政府财政行为在提升上市公司业绩中的作用探析［J］．会计研究，2001（12）：20-28.

[51] 陈勇星，屠文娟，杨晶照．基于技术能力的企业技术创新模式选择及其演进研究［J］．科技进步与对策，2012，29（14）：83-89.

[52] 陈勇星，杨晶照，屠文娟．企业技术创新模式选择与能力的匹配性研究［J］．统计与决策，2010（20）：174-177.

[53] 陈羽，李小平，白澎．市场结构如何影响R&D投入？——基于中国制造业行业面板数据的实证分析［J］．南开经济研究，2007（1）：135-144.

[54] 储德银．鼓励自主创新的财税政策研究［J］．技术经济，2006（5）：81-84.

[55] 程华，朱文晶．浙江R&D投入促进创新能力研究［J］．浙江统计，2009（7）：10-12.

[56] 程华，赵祥，杨华，等．政府科技资助对我国大中型工业企业R&D产出的影响——基于省际面板数据的研究［J］．科学学与科学技术管理，2008（2）.

[57] 程文仕，曹春，陈英，等．意愿调查法在征地区片综合地价评估中的应用——以兰州市安宁区城市规划区征地区片综合地价评估为例［J］．中国土地科学，2006，20（5）：20-25.

[58] 董静，苟燕楠．研发投入与上市公司业绩——基于机械设备业和生物医药业的比较研究［J］．科技进步与对策，2010（20）.

[59] 董鸣皋．基于多指标决策的循环经济发展水平综合评价方法［J］．干旱区资源与环境，2014，28（3）：11-16.

[60] 董晓庆，赵坚，袁朋伟．国有企业创新效率损失研究［J］．中国工业经济，2014（2）：97-108.

[61] 杜文献，吴林海．政府R&D投入对企业R&D投入的诱导效应——基于1991—2004年中国科技统计数据的实证分析［J］．科技进步与对策，2007（11）：20-23.

[62] 范金，赵彤，周应恒．企业研发费用税前加计扣除政策：依据及对策［J］．科研管理，2011，32（5）：141-148.

[63] 范珂宏. 产业集群中企业间合作创新行为分析 [D]. 重庆大学, 2014.
[64] 范宣丽, 白艳娟, 何忠伟, 等. 区域经济社会发展评价指标体系构建研究 [J]. 科技和产业, 2016, 16 (6): 33-36.
[65] 樊纲. 中国市场化指数: 各地区市场化相对进程2006年报告 [M]. 北京: 经济科学出版社, 2007.
[66] 樊纲, 王小鲁, 张立文, 等. 中国各地区市场化相对进程报告 [J]. 经济研究, 2003 (3): 9-89.
[67] 樊霞, 赵丹萍, 何悦. 企业产学研合作的创新效率及其影响因素研究 [J]. 科研管理, 2012, 33 (2): 734-738.
[68] 冯根福, 温军. 中国上市公司治理与企业技术创新关系的实证分析 [J]. 中国工业经济, 2008 (7).
[69] 冯文娜. 高新技术企业研发投入与创新产出的关系研究——基于山东省高新技术企业的实证 [J]. 经济问题, 2010 (9): 74-78.
[70] 傅博娜. 西安科技型中小企业技术创新能力研究 [D]. 西安科技大学, 2005.
[71] 关晓光, 葛志杰. 质量经济效益的模糊综合评价 [J]. 管理工程学报, 2000 (4): 65-68.
[72] 何寿奎. 长江经济带环境治理与绿色发展协同机制及政策体系研究 [J]. 当代经济管理, 2019 (41): 1-7.
[73] 何悦, 朱桂龙, 戴勇. 企业创新绩效影响因素的系统动力学研究 [J]. 软科学, 2010 (7).
[74] 侯建, 陈恒. 高技术产业自主创新模式驱动专利产出机理研究——知识产权保护视角 [J]. 科学学与科学技术管理, 2016, 37 (10): 63-73.
[75] 胡君, 郭平. 融资异质性如何影响中国制造业企业创新模式选择? [J]. 商业研究, 2019 (1): 78-87.
[76] 华坚, 胡金昕. 中国区域科技创新与经济高质量发展耦合关系评价 [J]. 科技进步与对策, 2019 (8): 4.
[77] 黄顺春, 何永保. 区域经济高质量发展评价体系构建——基于生态系统的视角 [J]. 财务与金融, 2018 (6): 46-51.
[78] 贾美娟, 陈守明. 政府科技资助对企业自身科技投入的效应分析 [J]. 上海管理科学, 2008 (5): 70-74.
[79] 蒋建军, 齐建国. 激励企业R&D支出的税收政策效应研究 [J]. 中国软科学, 2007 (8): 65-70.
[80] 解维敏, 唐清泉. 企业研发投入与实际绩效: 破题A股上市公司 [J]. 改革, 2011 (3).

[81] 解维敏，唐清泉．知识产权保护提高了企业自主创新么？——来自中国上市公司的经验证据［J］．现代管理科学，2008（7）：33-35.
[82] 解维敏，唐清泉，陆姗姗．政府R&D资助，企业R&D支出与自主创新——来自中国上市公司的经验证据［J］．金融研究，2009（6）：86-99.
[83] 景保峰，周霞，吕健权．广东省高技术产业研发效率实证研究——基于随机前沿分析法［J］．技术经济与管理研究，2011（10）：96-100.
[84] 李晨光，张永安．区域创新政策对企业创新效率影响的实证研究［J］．科研管理，2014，35（9）.
[85] 李春玲．企业自主创新模式的选择［J］．统计与决策，2014（13）：174-176.
[86] 李丹，杨建君．关系状态、信任、创新模式与合作创新绩效［J］．科研管理，2018，39（6）：103-111.
[87] 李丹蒙，夏立军．股权性质、制度环境与上市公司R&D强度［J］．财经研究，2008（4）.
[88] 李栋华，顾晓敏，任爱莲．知识来源与企业创新：基于DEA的研究［J］．科研管理，2010，31（2）：42-49.
[89] 李丽青．我国现行税收政策对企业R&D投入的激励效应分析［J］．科技管理研究，2007（9）.
[90] 李明惠．生命周期视域下大企业集群自主创新模式选择［J］．科技进步与对策，2018，35（8）：92-99.
[91] 李新科．企业孵化器的建设、发展及实证研究［D］．重庆大学，2002.
[92] 李旭辉．“五位一体”总布局视角下经济社会发展绩效综合评价研究［J］．科技管理研究，2019（6）：63-71.
[93] 李旭辉，朱启贵，胡加媛．基于“五位一体”总布局的长江经济带城市经济社会发展动态平价研究［J］．统计与信息论坛，2018，33（7）：74-83.
[94] 李莹，何得桂．贫困治理背景下贫困县（区）县域经济发展评价——以陕西省为例［J］．特区经济，2019（363）：56-62.
[95] 梁莱歆，张焕凤．高科技上市公司R&D投入绩效的实证研究［J］．中南大学学报：（社会科学版），2005（2）：232-236.
[96] 林毅夫．自主创新当遵循比较优势［J］．江苏企业管理，2007（4）：14-15.
[97] 刘干，郑思雨．我国区域经济高质量发展综合评价［J］．生产力研究，2018（10）：59-63.
[98] 刘鹤，易纲，宋国青，等．中国经济增长的可持续性［J］．管理世界，1999（1）：3-5.

[99] 刘丽波，曾毅漫，孙岩，等．区域经济高质量发展统计监测评价指标体系的构建［J］．中国统计，2018（12），62-64.

[100] 刘湘琴，吴勇．基于企业生命周期的科技型中小企业创业风险研究［J］．现代管理科学，2009（6）：93-94.

[101] 刘勇利．科技企业孵化器建设创意产品研发中心的意义和作用［J］．硅谷，2014，7（16）：69-154.

[102] 马丁玲，颜颖颖．宁波经济高质量发展评价及路径初探［J］．宁波通讯，2018（9），40-41.

[103] 毛昊，张洪吉，王锦旺．基于我国地区经济实力、科技研发费用投入和职务发明专利申请数量产出的计量学分析［J］．科技进步与对策，2008（2）：110-115.

[104] 梅月华．关于促进自主创新的税收政策及相关税政管理体制研究［D］．财政部财政科学研究所，2012.

[105] 裴潇，蒋安璇，叶云，等．民间投资、环境规制与绿色技术创新——长江经济带11省市空间杜宾模型分析［J］．科技进步与对策，2019，36（8）：44-51.

[106] 其格其，高霞，曹洁琼．我国ICT产业产学研合作创新网络结构对企业创新绩效的影响［J］．科研管理，2016，37（S1）：110-115.

[107] 钱莹，永梅．西安经开区与高校产学研互动战略浅谈［J］．中国城市经济，2009：157-158.

[108] 全小梅，任曼．西安中小企业的产学研联合创新调查与分析［J］．西安石油大学学报（社会科学版），2010，19（3）：15-19.

[109] 任晓敏，陈岱云．我国孵化器支持中小企业技术创新的服务模式研究［J］．科学管理研究，2015，33（4）：18-21.

[110] 上海财经大学课题组，徐国祥．上海“创新驱动，转型发展”评价指标体系研究［J］．科学发展，2014（5）：5-16.

[111] 生延超．基于技术能力视角的技术联盟演化机理研究［J］．科技进步与对策，2009，26（23）：21-25.

[112] 施洁．深圳经济高质量发展评价研究［J］．深圳社会科学，2019（1）：70-159.

[113] 史欣向，陆正华．基于中间产出、最终产出效率视角的企业研发效率研究——以广东省民营科技企业为例［J］．中国科技论坛，2010（7）：77-83.

[114] 宋明顺，张霞，易荣华，等．经济发展质量评价体系研究及应用［J］．经济学家，2015（2）：35-43.

[115] 苏盛安，赵付民. 政府科技投入对我国技术进步的贡献 [J]. 科技管理研究，2006，25 (9)：4-7.

[116] 孙绮阳. 战略性新兴企业自主创新的税收政策研究 [D]. 哈尔滨理工大学，2013.

[117] 孙绪华，陈诗波，王艳芬，等. 我国科技资源研发效率监测及其影响因素分析 [J]. 管理评论，2012，24 (9).

[118] 孙兆斌. 股权集中，股权制衡与上市公司的技术效率 [J]. 管理世界，2006 (7)：115-124.

[119] 唐清泉，高亮，李懿东. 企业转型升级与研发投入的外部环境研究——基于政治关系和市场化进程的视角 [J]. 当代经济管理，2011，33 (6)：20-31.

[120] 唐清泉，徐欣，曹媛. 股权激励、研发投入与企业可持续发展——来自中国上市公司的证据 [J]. 山西财经大学学报，2009 (8).

[121] 唐清泉，易翠. 高管持股的风险偏爱与R&D投入动机 [J]. 当代经济管理，2010 (2)：20-25.

[122] 陶用之，曾艳，袁界平. 提高我国高新技术产业专利产出水平的对策研究 [J]. 科技进步与对策，2006 (4)：1-104.

[123] 汪艳霞，钟书华. 高新区企业“孵化-加速”中的创新资源优化配置 [J]. 当代经济管理，2015，37 (10)：25-30.

[124] 王帮俊，朱荣，冯朝磊. 区域创新创业孵化体系建设的现状分析与对策研究 [J]. 智库时代，2018 (45)：1-3.

[125] 王君彩，王淑芳. 企业研发投入与业绩的相关性——基于电子信息行业的实证分析 [J]. 中央财经大学学报，2008 (12).

[126] 王莉卿. 政府科技投入对企业R&D支出的效应分析 [J]. 西北大学学报 (自然科学版)，2008 (1).

[127] 王琳. 运用税收政策支持企业自主创新 [D]. 吉林财经大学，2010.

[128] 王铁山，裴兵兵. 自贸试验区：推动陕西经济高质量发展 [J]. 国际经济合作，2019 (2)：125-133.

[129] 王燕玲. 武汉地区专利产出与R&D投入相关性定量分析 [J]. 科技创业月刊，2008 (4)：9-26.

[130] 王烨，游春. R&D投入与绩效相关关系实证研究——基于中小企业板上市公司面板数据 [J]. 财会通讯，2009 (12).

[131] 王玉春，郭媛嫣. 上市公司R&D投入与产出效果的实证分析 [J]. 产业经济研究，2008 (6)：44-52.

[132] 王志博. 中国区域经济实现高质量发展的思路和政策——基于高质量发展

的评价指标体系构建与分析［J］．全国流通经济，2019（6）：86-87.
［133］ 温东琰，于光．AHP及模糊综合评价法在电子资源评价中的应用［J］．现代情报，2006，26（8）：166-167.
［134］ 温迎新．基于“一带一路”背景下城市经济发展状况评价研究——以连云港市为例［J］．物流工程与管理，2019（4）：29-37.
［135］ 温忠麟，侯张．调节效应与中介效应的比较和应用［J］．心理学报，2005（2）.
［136］ 吴秀波．税收激励对R&D投资的影响：实证分析与政策工具选拔［J］．研究与发展管理，2003，15（1）：36-41.
［137］ 吴延兵．国有企业双重效率损失研究［J］．经济研究，2012（3）：15-27.
［138］ 伍凤兰．经济发展质量的综合评价研究——以深圳市为例［J］．证券市场导报，2014（2）：42-46.
［139］ 夏杰长，尚铁力．企业R&D投入的税收激励研究——基于增值税的实证分析［J］．涉外税务，2007（3）：9-12.
［140］ 夏杰长，尚铁力．自主创新与税收政策：理论分析，实证研究与对策建议［J］．税务研究，2006（6）：6-10.
［141］ 夏业良，程磊．外商直接投资对中国工业企业技术效率的溢出效应研究——基于2002—2006年中国工业企业数据的实证分析［J］．中国工业经济，2010（7）：55-65.
［142］ 夏芸，唐清泉．最终控制人，高管薪酬与技术创新［J］．山西财经大学学报，2011（5）：86-92.
［143］ 肖静，程如烟，姜桂兴．基于超效率DEA方法的研发效率国际比较研究［J］．情报杂志，2009，28（6）：89-92.
［144］ 谢伟，胡玮，夏绍模．中国高新技术产业研发效率及其影响因素分析［J］．科学学与科学技术管理，2008，29（3）：144-149.
［145］ 谢小芳，李懿东，唐清泉．市场认同企业的研发投入价值吗？来自沪深A股市场的经验证据［J］．中国会计评论，2009（3）：299-314.
［146］ 熊麟．供应商参与合作创新的研发投入研究［D］．电子科技大学，2013.
［147］ 徐玲，于珍．陕西省高新企业技术创新模式现状及影响因素研究［J］．价值工程，2012，31（32）：156-157.
［148］ 徐彤．经济增长、环境质量与产业结构的关系研究——以陕西为例［J］．经济问题，2011（4）：48-52.
［149］ 徐伟民．科技政策与高新技术企业的R&D投入决策——来自上海的微观实证分析［J］．上海经济研究，2009（5）：55-64.
［150］ 徐欣，唐清泉．R&D活动、创新专利对企业价值的影响——来自中国上市

公司的研究［J］. 研究与发展管理，2010（4）：20-29.

［151］薛永杰，闫金玲. 区域经济社会发展评价分析——以青岛市为例［J］. 统计与管理，2017（1）：50-51.

［152］杨洪涛，刘分佩，左舒文. 研发费用加计扣除政策实施效果及影响因素分析——以上海民营科技企业为例［J］. 科技进步与对策，2015，32（6）：132-135.

［153］姚树洁，冯根福，韦开蕾. 外商直接投资和经济增长的关系研究［J］. 经济研究，2006（12）：35-46.

［154］易纲，樊纲，李岩. 关于中国经济增长与全要素生产率的理论思考［J］. 经济研究，2003（8）：13-20.

［155］游达明，孙理. 企业创新驱动发展模式选择［J］. 统计与决策，2017（7）：178-181.

［156］余亮，梁彤缨，彭雯. 区域知识资本视角下的企业研发效率实证研究［J］. 软科学，2011，25（6）：11-15.

［157］余泳泽，武鹏. 我国高技术产业研发效率空间相关性及其影响因素分析——基于省级面板数据的研究［J］. 产业经济评论，2010，9（3）：71-86.

［158］余泳泽，武鹏，林建兵. 价值链视角下的我国高技术产业细分行业研发效率研究［J］. 科学学与科学技术管理，2010，31（5）：60-65.

［159］岳书敬. 中国区域研发效率差异及其影响因素——基于省级区域面板数据的经验研究［J］. 科研管理，2008，29（5）：173-179.

［160］张庆利，吴梦宸. 研发经费及人员投入对企业技术效率双重影响的实证分析［J］. 统计与决策，2011（13）.

［161］袁晓玲，景行军，赵志华，等. 区域经济增长质量评价体系的构建——基于陕西省1998—2014年数据的实证分析［J］. 统计与信息论坛，2017（6）：42-47.

［162］张洪辉，夏天，王宗军. 公司治理对我国企业创新效率影响实证研究［J］. 研究与发展管理，2010，22（3）：44-50.

［163］赵洪江，陈学华，夏晖. 公司自主创新投入与治理结构特征实证研究［J］. 中国软科学，2008（7）.

［164］张鸿，薛舒心，侯光文. “三个经济”助推陕西数字经济高质量发展对策研究［J］. 西部学刊，2019（83）：86-88.

［165］张立杰，梁锦凯. 我国丝绸之路经济带沿线省（市、区）高技术产业创新效率研究［J］. 科技进步与决策，2019（13）：1-8.

［166］张蕊. 企业战略经营业绩评价问题研究——基于高质量经济发展的视角

[J]. 会计之友，2018 (22)：2-5.
[167] 张云云，张新华，李雪辉. 经济发展质量指标体系构建和综合评价 [J]. 调研世界，2019 (4)：11-18.
[168] 郑苗秧. 服装企业质量经济效益模糊综合评价模型 [J]. 浙江教育学院学报，2006 (6)：53-86.
[169] 周立群，邓路. 企业所有权性质与研发效率——基于随机前沿函数的高技术产业实证研究 [J]. 当代经济科学，2009，31 (4)：70-75.
[170] 周艳，曾静. 企业 R&D 投入与企业价值相关关系实证研究——基于沪深两市上市公司的数据挖掘 [J]. 科学学与科学技术管理，2011 (1).
[171] 朱冬林. 知识经济呼唤我国企业技术创新 [J]. 经济师，2001 (10)：158-159.
[172] 朱平芳，徐伟民. 政府的科技激励政策对大中型工业企业 R&D 投入及其专利产出的影响——上海市的实证研究 [J]. 经济研究，2003 (6)：45-53.
[173] 朱有为，徐康宁. 中国高技术产业研发效率的实证研究 [J]. 中国工业经济，2007 (11)：38-45.
[174] 朱月仙，方曙. 我国专利申请及 R&D 经费支出情况统计分析 [J]. 情报科学，2006 (9)：1419-1424.

附录

附录1

陕西省软科学重点研究项目

“研发费用加计扣除政策的实施现状及对策研究”

调查问卷

尊敬的女士/先生：

为了配合陕西省科技厅组织实施的软科学重点科研项目“陕西省研发费用加计扣除政策的实施现状及对策研究”，我们需要获得陕西省属国有企业、民营企业、外资企业等相关企业的调查资料，渴望得到贵公司和企业领导、相关部门的支持和配合。

我们郑重承诺：我们获取的数据仅供本研究之用，并不直接对外发表。如果需要发表，我们一定会对数据进行必要的统计处理。同时，我们会对所有参与调研人员以及提供的数据保密。

我们对您的真诚合作致以衷心的感谢。

陕西省软科学重点课题课题组

课题主持人：西安交通大学教授张俊瑞

一、企业基本信息

企业名称（请填写全称）	
企业所有制形式（单选，划勾）	a.省国资委管辖国有企业 b.其他国有企业 c.民营企业 d.外资企业（包括独资和合资） e.其他企业
如果是上市公司（单选，划勾）	a.主板　b.中小板　c.创业板 证券代码：
企业类型（单选，划勾）	a.高新技术企业　b.非高新技术企业
企业规模	a.特大型　b.大型　c.中型　d.小型
纳税人类别	a.一般纳税人　b.小规模纳税人
是否享受研发费用加计扣除政策?	a.是　b.否　c.其他
所属行业	a.农、林、牧、渔业 b.制造业 c.电力、煤气及水的生产和供应业 d.建筑业 e.交通运输、仓储及邮政业 f.信息传输、计算机服务和软件业 g.批发和零售业 h.住宿和餐饮业 i.金融保险业 j.房地产业 k.租赁和商务服务业 l.科学研究、技术服务和地质勘查业 m.水利、环境和公共设施管理业 n.居民服务和其他服务业 o.教育 p.卫生、社会保障和社会福利业 q.文化、体育和娱乐业 r.公共管理和社会组织 s.国际组织
企业职工总数（人）	
企业研发人员/技术人员	研发人员总数：　技术人员数： 研发人员占职工总数比例：

二、企业人员信息

1. 企业职工总人数结构信息

项目	男			女		
性别	人数：		占比：	人数：	占比：	
年龄（人数）	20岁以下	21～30岁	31～40岁	41～50岁	51～60岁	60岁以上
最后学历（人数）	高中及以下	中专	大专	本科	硕士研究生	博士研究生
职称（人数）	无职称	初级	中级	副高级	正高级	

2. 企业研发人员结构信息

项目	男			女		
性别	人数：		占比：	人数：	占比：	
年龄（人数）	20岁以下	21～30岁	31～40岁	41～50岁	51～60岁	60岁以上
最后学历（人数）	高中及以下	中专	大专	本科	硕士研究生	博士研究生
职称（人数）	无职称	初级	中级	副高级	正高级	

三、主要财务指标

财务指标	2007年	2008年	2009年	2010年	2011年	2012年
总资产						
无形资产						
营业收入						
利润总额						
所得税						
所得税前扣除数						
加计扣除数						
净利润						
经营现金流量						
净现金流量						

四、主要研发费用、政府补助、知识产权产出指标

金额单位：元

项目	2007年	2008年	2009年	2010年	2011年	2012年
研发费用总额						
其中：研究费用						
开发费用						
资本化的研发费用						
费用化的研发费用						
人均研发费用						
政府补贴收入总额						
其中：来自财政部门						
来自科技部门						
来自开发区						
来自环保部门						

续表

项目	2007年	2008年	2009年	2010年	2011年	2012年
专利申请书（个）						
专利授权批准数（个）						
专有技术（个）						
省部级科技奖（个）						
新产品数（个）						
新产品产量（×单位）						
新产品销售额						
GDP						

五、企业研究开发投入情况

金额单位：万元

<table>
<tr><th colspan="2">费用项目</th><th>2010年度发生额</th><th>2011年度发生额</th><th>2012年度发生额</th></tr>
<tr><td colspan="2">一、产值</td><td></td><td></td><td></td></tr>
<tr><td colspan="2">二、销售收入</td><td></td><td></td><td></td></tr>
<tr><td colspan="2">三、利税</td><td></td><td></td><td></td></tr>
<tr><td rowspan="4">四、企业研发总投入</td><td>其中：政府拨款</td><td></td><td></td><td></td></tr>
<tr><td>企业自筹</td><td></td><td></td><td></td></tr>
<tr><td>金融贷款</td><td></td><td></td><td></td></tr>
<tr><td>小　计</td><td></td><td></td><td></td></tr>
<tr><td rowspan="2">五、研发经费是否按照不同开发项目设置明细科目（请根据实际情况打“√”）</td><td>是</td><td></td><td></td><td></td></tr>
<tr><td>否</td><td></td><td></td><td></td></tr>
</table>

续表

费用项目	2010年度发生额	2011年度发生额	2012年度发生额
若按照不同开发项目设置明细科目，请填列如下内容：			
（一）研发活动直接消耗的材料、燃料和动力费用			
1.材料			
2.燃料			
3.动力费用			
（二）直接从事研发活动的本企业在职人员费用			
1.工资、薪金			
2.津贴、补贴			
3.奖金			
（三）新购置的专门用于研发活动的仪器、设备			
1.仪器			
2.设备			
（四）专门用于研发活动的有关租赁费			
1.仪器			
2.设备			
（五）专门用于研发活动的有关无形资产摊销费			
1.软件			
2.专利权			
3.非专利技术			
（六）专门用于中间试验和产品试制的模具、工艺装备开发及制造费			
（七）专门用于中间试验和产品试制的测试费、试验外协费			
（八）研发成果论证、鉴定、评审、验收费用			

续表

费用项目	2010年度发生额	2011年度发生额	2012年度发生额
（九）与研发活动直接相关的其他费用			
1.新产品设计费			
2.新工艺规程制定费			
3.技术图书资料费			
4.资料翻译费			

六、研发投入、加计扣除政策实施与企业价值创造、地区经济发展的关系

（一）陕西省对研发费用加计扣除政策实施的总体认识和态度

1.陕西省对建立创新型省份的态度是（　　）。

□1非常积极　□2积极　□3不确定　□4不积极　□5非常不积极

2.陕西省对通过增加研发投入实现促进经济增长的认识是（　　）。

□1非常同意　□2同意　□3不确定　□4不同意　□5非常不同意

3.实施研发费用加计扣除政策是建设创新型国家/省份不可或缺的措施（　　）。

□1非常同意　□2同意　□3不确定　□4不同意　□5非常不同意

4.研发费用加计扣除政策实施的好坏直接影响陕西省企业的技术创新动力（　　）。

□1非常同意　□2同意　□3不确定　□4不同意　□5非常不同意

5.科技主管机关对在陕西省实施研发费用加计扣除政策持有的态度是（　　）。

□1非常支持　□2支持　□3不确定　□4不支持　□5非常不支持

6.税务机关对在陕西省实施研发费用加计扣除政策持有的态度是（　　）。

□1非常支持　□2支持　□3不确定　□4不支持　□5非常不支持

7.财政机关对在陕西省实施研发费用加计扣除政策持有的态度是（　　）。

$\square_1$非常支持　$\square_2$支持　$\square_3$不确定　$\square_4$不支持　$\square_5$非常不支持

8.陕西省对研发费用加计扣除政策实施的程度是（　　）。

$\square_1$非常普遍　$\square_2$普遍　$\square_3$不确定　$\square_4$不普遍　$\square_5$非常不普遍

9.陕西省是否出台了研发费用加计扣除政策的实施细则（　　）。

$\square_1$非常同意　$\square_2$同意　$\square_3$不确定　$\square_4$不同意　$\square_5$非常不同意

10.陕西省相关主管部门对研发费用加计扣除政策实施是否建立了协调机制（　　）。

$\square_1$非常同意　$\square_2$同意　$\square_3$不确定　$\square_4$不同意　$\square_5$非常不同意

（二）企业对研发费用实施政策的认识和态度

11.企业对于研发费用加计扣除相关政策的了解程度（　　）。

$\square_1$非常清楚　$\square_2$清楚　$\square_3$不确定　$\square_4$不清楚　$\square_5$非常不清楚

12.企业经理人或管理者对增加研发投入的态度（　　）。

$\square_1$非常同意　$\square_2$同意　$\square_3$不确定　$\square_4$不同意　$\square_5$非常不同意

13.与直接减免税相比，加计扣除的对象是针对企业科技研发项目，在这些项目上支出越多，得到的优惠越大。这就明显带动了企业的研发创新积极性（　　）。

$\square_1$非常同意　$\square_2$同意　$\square_3$不确定　$\square_4$不同意　$\square_5$非常不同意

14.实施研发费用加计扣除政策的企业，其技术创新优于未实施的企业（　　）。

$\square_1$非常同意　$\square_2$同意　$\square_3$不确定　$\square_4$不同意　$\square_5$非常不同意

15.实施研发费用加计扣除政策的企业，其新产品开发促进了收入和利润增长（　　）。

$\square_1$非常同意　$\square_2$同意　$\square_3$不确定　$\square_4$不同意　$\square_5$非常不同意

16.实施研发费用加计扣除政策的企业，其年上缴的税收总额超过了未实施前（　　）。

$\square_1$非常同意　$\square_2$同意　$\square_3$不确定　$\square_4$不同意　$\square_5$非常不同意

17.实施研发费用加计扣除政策越早的企业，其发展速度越快（　　）。

□$_1$非常同意　□$_2$同意　□$_3$不确定　□$_4$不同意　□$_5$非常不同意

18.贵企业的研发投入是在逐年增加吗？（　　）。

□$_1$非常同意　□$_2$同意　□$_3$不确定　□$_4$不同意　□$_5$非常不同意

19.企业对当地政府落实企业研发费税前扣除政策的效果满意（　　）。

□$_1$非常同意　□$_2$同意　□$_3$不确定　□$_4$不同意　□$_5$非常不同意

20.未实施研发费用加计扣除政策的企业，其原因主要是不了解该政策（　　）。

□$_1$非常同意　□$_2$同意　□$_3$不确定　□$_4$不同意　□$_5$非常不同意

21.未实施研发费用加计扣除政策的企业，其原因主要是税务机关反对（　　）。

□$_1$非常同意　□$_2$同意　□$_3$不确定　□$_4$不同意　□$_5$非常不同意

22.未实施研发费用加计扣除政策的企业，其原因主要是缺乏实施细则（　　）。

□$_1$非常同意　□$_2$同意　□$_3$不确定　□$_4$不同意　□$_5$非常不同意

23.未实施研发费用加计扣除政策的企业，其原因主要是各个部门扯皮不清（　　）。

□$_1$非常同意　□$_2$同意　□$_3$不确定　□$_4$不同意　□$_5$非常不同意

24.从企业角度看，政府应该帮助、促进企业实施研发费用加计扣除政策，而不是阻碍、推诿、消极（　　）。

□$_1$非常同意　□$_2$同意　□$_3$不确定　□$_4$不同意　□$_5$非常不同意

（三）企业对研发费用加计扣除政策实施的操作和要求

25.政府补助不宜超过企业研发投入的一定比例，同时，还需要按照行业设置资金补助的比例（　　）。

□$_1$非常同意　□$_2$同意　□$_3$不确定　□$_4$不同意　□$_5$非常不同意

26.在财务价值方面，研发强度与资产收益率ROA之间存在显著的正相关关系（　　）。

□$_1$非常同意　□$_2$同意　□$_3$不确定　□$_4$不同意　□$_5$非常不同意

27.研发投入绝对量与主营业务收入、营业收入、营业利润、净利润显著正相关（　　）。

□$_1$非常同意　□$_2$同意　□$_3$不确定　□$_4$不同意　□$_5$非常不同意

28.企业对当地政府实施的研发费用加计扣除相关政策的满意程度（　　）。

□$_1$非常满意　□$_2$满意　□$_3$不确定　□$_4$不满意　□$_5$非常不满意

29.针对本企业具体情况和可能遇到的实际问题向税务专家咨询，并和当地税务机关沟通衡量申请该优惠政策将发生的成本与节税效果以便进行决策（　　）。

□$_1$非常同意　□$_2$同意　□$_3$不确定　□$_4$不同意　□$_5$非常不同意

30.通过税务筹划，根据企业的实际情况，通过对研发活动起止时间的界定，对研发费用进行更有效的归集，从而及时、充分地享受研发费用加计扣除优惠政策（　　）。

□$_1$非常同意　□$_2$同意　□$_3$不确定　□$_4$不同意　□$_5$非常不同意

31.做好企业集团内部各个板块及其子公司研发费用加计扣除的专项管理工作，做到专人专项管理，以使企业获得更大利益（　　）。

□$_1$非常同意　□$_2$同意　□$_3$不确定　□$_4$不同意　□$_5$非常不同意

32.研发活动只适用于自然科学，即企业为获得科学与技术新知识，创造性运用科学技术新知识，或实质性改进技术、工艺、产品（服务）而持续进行的具有明确目标的研究开发活动，不包括人文社会科学需要（　　）。

□$_1$非常同意　□$_2$同意　□$_3$不确定　□$_4$不同意　□$_5$非常不同意

33.企业依法取得知识产权后，在境内外发生的一些知识产权维护费、诉讼费、代理费、“打假”及其他相关费用支出不在上述研发费用之列，只能作为一般管理费用，不能享受加计扣除的所得税优惠（　　）。

□$_1$非常同意　□$_2$同意　□$_3$不确定　□$_4$不同意　□$_5$非常不同意

34.对当地政策落实企业研发费税前扣除政策效果不满意的主要原因是（　　）。

1）享受政策优惠设定的门槛较高，优惠范围较窄，普惠性不强。

□$_1$非常同意 □$_2$同意 □$_3$不确定 □$_4$不同意 □$_5$非常不同意

2）政策执行程序较烦琐，影响政策的落实效果。

□$_1$非常同意 □$_2$同意 □$_3$不确定 □$_4$不同意 □$_5$非常不同意

3）委外研发费容易造成本地研发资源的流失。

□$_1$非常同意 □$_2$同意 □$_3$不确定 □$_4$不同意 □$_5$非常不同意

4）企业管理制度不健全导致无法享受政策的优惠。

□$_1$非常同意 □$_2$同意 □$_3$不确定 □$_4$不同意 □$_5$非常不同意

5）其他，请说明：____________________

35.造成本企业未参与享受该政策的几个重要原因（ ）。

1）申请程序复杂。

□$_1$非常同意 □$_2$同意 □$_3$不确定 □$_4$不同意 □$_5$非常不同意

2）成本较高。

□$_1$非常同意 □$_2$同意 □$_3$不确定 □$_4$不同意 □$_5$非常不同意

3）研发领域受到限制。

□$_1$非常同意 □$_2$同意 □$_3$不确定 □$_4$不同意 □$_5$非常不同意

4）对刚起步的中小企业的研发激励不足。

□$_1$非常同意 □$_2$同意 □$_3$不确定 □$_4$不同意 □$_5$非常不同意

5）其他，请说明：____________________

36.以下哪些因素的存在削弱了加计扣除政策的激励效果（ ）。

1）政策自身设计不完善。

□$_1$非常同意 □$_2$同意 □$_3$不确定 □$_4$不同意 □$_5$非常不同意

2）政策缺乏实施细则。

□$_1$非常同意 □$_2$同意 □$_3$不确定 □$_4$不同意 □$_5$非常不同意

3）政策执行效率低下。

□$_1$非常同意 □$_2$同意 □$_3$不确定 □$_4$不同意 □$_5$非常不同意

4）政策相关机构服务不到位。

□$_1$非常同意 □$_2$同意 □$_3$不确定 □$_4$不同意 □$_5$非常不同意

5）其他，请说明：____________________

37.根据贵公司的情况，你认为税务机关不认可的项目中有哪些应该计入加计扣除项目：

____

____

____

38.根据贵公司的情况，你认为税务机关认可的项目中哪些实际上不应该计入加计扣除项目：

____

____

____

39.您对落实研发费用加计扣除相关政策的建议：

____

____

____

附录2

陕西省研发费用加计扣除政策的实施现状及对策研究项目组调查访谈

调查主题：科研院所对研发费用加计扣除政策实施的认识和态度

1.您认为，陕西省对建立创新型省份的态度是（　　）。

□$_1$非常积极　□$_2$积极　□$_3$不确定　□$_4$不积极　□$_5$非常不积极

2.您认为，陕西省对通过增加研发投入实现促进经济增长的认识是（　　）。

□$_1$非常同意　□$_2$同意　□$_3$不确定　□$_4$不同意　□$_5$非常不同意

3.您认为，实施研发费用加计扣除政策是建设创新型国家/省份不可或缺的措施（　　）。

□$_1$非常同意　□$_2$同意　□$_3$不确定　□$_4$不同意　□$_5$非常不同意

4.您认为，研发费用加计扣除政策实施的好坏直接影响陕西省企业的技术创新动力（　　）。

□$_1$非常同意　□$_2$同意　□$_3$不确定　□$_4$不同意　□$_5$非常不同意

5.您认为，科技主管机关对在陕西省实施研发费用加计扣除政策持有的态度是（　　）。

□$_1$非常支持　□$_2$支持　□$_3$不确定　□$_4$不支持　□$_5$非常不支持

6.您认为，税务机关对在陕西省实施研发费用加计扣除政策持有的态度是（　　）。

□$_1$非常支持　□$_2$支持　□$_3$不确定　□$_4$不支持　□$_5$非常不支持

7.您认为，财政机关对在陕西省实施研发费用加计扣除政策持有的态度是（　　）。

□$_1$非常支持　□$_2$支持　□$_3$不确定　□$_4$不支持　□$_5$非常不支持

8.您认为，陕西省目前对研发费用加计扣除政策实施的程度（　　）。

□$_1$非常普遍　□$_2$普遍　□$_3$不确定　□$_4$不普遍　□$_5$非常不普遍

9.您认为，陕西省是否出台了研发费用加计扣除政策的实施细则（　　）。

□$_1$非常同意　□$_2$同意　□$_3$不确定　□$_4$不同意　□$_5$非常不同意

10.您认为，陕西省相关主管部门对研发费用加计扣除政策实施是否建立了协调机制（　　）。

□$_1$非常同意　□$_2$同意　□$_3$不确定　□$_4$不同意　□$_5$非常不同意

11.您是否认为，政府补助不宜超过企业研发投入的一定比例，同时，还需要按照行业设置资金补助的比例（　　）。

□$_1$非常同意　□$_2$同意　□$_3$不确定　□$_4$不同意　□$_5$非常不同意

12.您认为，研发活动只适用于自然科学，即企业为获得科学与技术新知识，创造性运用科学技术新知识，或实质性改进技术、工艺、产品（服务）而持续进行的具有明确目标的研究开发活动，不包括人文社会科学需要（　　）。

□$_1$非常同意　□$_2$同意　□$_3$不确定　□$_4$不同意　□$_5$非常不同意

13.您认为，企业依法取得知识产权后，在境内外发生的一些知识产权维护费、诉讼费、代理费、“打假”及其他相关费用支出不在上述研发费用之列，只能作为一般管理费用，不能享受加计扣除的所得税优惠（　　）。

□$_1$非常同意　□$_2$同意　□$_3$不确定　□$_4$不同意　□$_5$非常不同意

附录3

研发费用加计扣除政策实地访谈问题

（一）政策实施现状

1.贵机构自身申请享受政策时的情况

（1）贵机构是否曾经或正在使用研发费用加计扣除政策？

（2）您对研发费用加计扣除政策了解程度如何？

（3）由于科研院所涉及较多的研发活动，那么贵机构在具体实施加计扣除政策时，如何准确认定研发费用的发生项目以及归集？

（4）贵机构在申报享受政策时是否考虑将财税〔2013〕70号中新增的五类费用计入可加计扣除的研发费用？

（2013年9月29日，《财政部 国家税务总局关于研究开发费用税前加计扣除有关政策问题的通知》（财税〔2013〕70号）在国家税务总局《关于印发〈企业研究开发费用税前扣除管理办法（试行）〉的通知》（国税发〔2008〕116号）第四条规定的研发费用加计扣除范围的基础上，新增了五类费用）

（5）贵机构是否对研发费用实行专账管理？是否在同时承担生产经营任务时，应对研发费用和生产经营费用分开进行核算，准确、合理的计算各项研究开发费用支出？

（6）贵机构不同的研发项目之间是否产生待分摊费用，采用何种方法准确归集各项目的研发费用发生额？

（7）贵机构准备申报材料一般需要多长时间？贵机构在申报享受加计扣除政策时出现跨年申报的情况多吗？您认为，申报享受优惠政策的时间是否构成了贵机构税收筹划的一部分？即是否出现预期利润高时，将申请时间推后的情况？

（8）请您大概介绍下××××××的“科研、中试、产业”三个阶段的实施情况。不同阶段在享受加计扣除政策过程中的难易程度有区别吗，分别是什么情况？是否有明显的阶段划分标准？采用何种方法准确归集各阶段的研发费用发生金额？

（9）贵机构的基础研究、材料研究、工艺技术研究的成果转化率和应用率达到何种水平，对促进收入和增加利润方面的贡献如何，研发费用加计扣除政策对上述几个方面的影响效果如何？

（10）贵机构是否建立研发管理体系（如研发项目事前、事中、事后的管理体系）以保障政策的顺利实施？

2.贵机构与其他单位合作或接受委托情况

（11）贵机构是否存在接受企业（××）委托进行开发产生研发费用的情况？这种情况如何享受研发费用加计扣除政策？是否能够协助受托方提供该研发项目的费用的详细支出明细资料？

（12）贵机构是否有与企业、高校合作的博后站、实验室等机构申报研发费用加计扣除的情况？如果有，能否举例说明在合作中遇到的关于享受政策或划分费用的问题？

（二）政策实施困难

（13）贵机构在具体申报流程中遇到过哪些困难？如何进行应对的？

（三）政策意见及建议

1.关于政策本身的意见及建议

（14）贵机构认为加计扣除政策的申请材料、申请流程的繁简程度如何，是否存在可添、删的内容？

（15）您认为加计扣除研发费用的计算口径是否恰当，是否存在可添、删的内容？

（16）您认为目前研发费用加计扣除政策的实施存在哪些削弱因素？

（17）相比于一般企业，您认为研发费用加计扣除政策对科研院所有无特殊意义？或您认为该政策对企业与科研院所之间的影响作用一致吗？有什么区别？

（18）贵机构对加计扣除政策实施效果是否满意，不满意的原因有哪些，改进的意见有哪些？

（19）研发费用加计扣除政策的实施对贵机构产生了哪些影响，比如对于研发再投入以及科研创新能力方面？

（20）您如何看待研发费用未形成无形资产和形成无形资产两种情况下的加计扣除政策规定？

（21）您对落实研发费用加计扣除相关政策的建议？

2.对科研院所内部建议

（22）您认为科研院所内部应该建立怎样的管理制度、各部门应该如何协调合作才能保障该政策的实施？

（23）您认为科研院所针对这一政策的实施，自身需要采取哪些相应的措施来响应？

3.对税务机关的意见和建议

（24）您认为政府机关比如税务局等在政策的实施中应该提供哪些服务或者帮助，目前的政策对于科研院所是否合适？

（25）贵机构与税务部门在具体实施政策时是否存在分歧和矛盾，主要争议点有哪些？比如对于研发项目和费用列支是否存在争议？如何解决这些分歧和争议？

索引